Aylin Said

Der Familie entkommst du nicht

Aylin Said

Eine wahre Geschichte
mitten aus Deutschland

Der Familie entkommst du nicht

Mein verzweifelter
Kampf gegen
die Zwangsehe

mvgverlag

Bibliografische Information der Deutschen Nationalbibliothek:

Die Deutsche Nationalbibliothek verzeichnet diese Publikation in der Deutschen Nationalbibliografie; detaillierte bibliografische Daten sind im Internet über http://dnb.de abrufbar.

Für Fragen und Anregungen:
info@m-vg.de

Originalausgabe, 5. Auflage 2025

Türkenstraße 89
80799 München
Tel.: 089 651285-0

Redaktion: Dennis Sand, Berlin
Lektorat: Silke Panten, Berlin
Umschlaggestaltung: Verena Frensch, München
Umschlagabbildung: shutterstock/ESB Professional
Satz: Helmut Schaffer Grafik + Satz, Hofheim a. Ts.
Druck: GGP Media GmbH, Pößneck
Printed in Germany

Wir produzieren nachhaltig
www.m-vg.de

ISBN Print 978-3-86882-773-6
ISBN E-Book (EPUB, Mobi) 978-3-96121-002-2

Weitere Informationen zum Verlag finden Sie unter:

www.mvg-verlag.de

Beachten Sie auch unsere weiteren Verlage unter www.m-vg.de.

Inhaltsverzeichnis

In Liebe den beiden Männern gewidmet,
die mein Leben zu dem gemacht haben, was es
heute ist: meinem Vater und Mahmoud.

Prolog
Träume

Es sind die Träume, die einen Menschen am Leben halten. Träume von einer Existenz, die besser ist als die unsere. Träume von einer Liebe, die bedingungslos ist, und Träume von einer Freiheit, die es uns ermöglicht, das Leben zu führen, das wir führen möchten. Wenn wir nicht mehr in der Lage sind zu träumen, dann verlernen wir zu leben. Es sind unsere Träume, die uns nach mehr streben lassen. Die uns größer machen, als wir sind. Die uns ermutigen, Risiken einzugehen. Zu kämpfen, für das, was noch nicht ist. Ein Mensch, der nicht mehr träumt, ist ein Mensch, der nicht mehr lebt.

Doch in jedem Traum liegt auch die Gefahr, dass er uns eines Tages erdrückt. Ich habe mein Leben lang geträumt, bis mein Leben zu einem Albtraum wurde. Aber das Kämpfen, das habe ich nie verlernt. Einen dieser Kämpfe führte ich am Abend des 2. Juli 2006. Und ich wusste noch nicht, wie dieser Kampf mein ganzes Leben verändern würde.

Es war der Geburtstag meiner großen Schwester. Leyla war eine der wenigen Personen, denen ich noch vertraute. Sie war meine erste und meine letzte Anlaufstelle. Ich liebte sie über alles. Den ganzen Tag über war ich auf der Arbeit, es war viel los, also wollte ich Leyla am Abend noch besuchen und ihr ein Geschenk bringen. Doch dazu sollte es nicht kommen.

Ich machte mich gerade im Badezimmer fertig, als mein Vater sich wieder in eine seiner paranoiden Vorstellungen reinsteigerte.

»Aylin, was machst du? Willst du noch weg?«

»Baba«, sagte ich, »ich gehe zu Leyla. Das weißt du doch.«

»Um diese Zeit? Es ist viel zu spät. Du gehst heute nicht mehr raus.«

»Ich gehe doch nur zu Leyla.«

Leyla wohnte nicht allzu weit von uns entfernt. Außerdem war sie meine Schwester. Was hätte mir schon passieren sollen? Ich war neunzehn Jahre alt, ich konnte auf mich allein aufpassen. Aber darum ging es meinem Vater nicht. Er sorgte sich um etwas ganz anderes.

»Du willst dich doch nur wieder mit deinem Freund treffen«, unterstellte er mir.

»Baba, das ist doch Unsinn.«

»Du bist einem anderen Mann versprochen! Vergiss das nicht. Verletz nicht unsere Ehre.«

Ich konnte es nicht mehr hören: Ehre, Ehre, Ehre. In meiner Familie ging es um nichts anderes mehr. Zieh dich ordentlich an, sonst beschmutzt du unsere Ehre. Geh nicht alleine weg, sonst beschmutzt du unsere Ehre. Tu was deine Brüder dir sagen, sonst …

Meine Familie war Ende der 1980er-Jahre aus dem Libanon nach Deutschland geflüchtet. Und wenn ich den Erzählungen meiner Verwandten glauben konnte, dann sind sie erst hier so fürchterlich strikt und verbohrt geworden. Sie entsprachen mittlerweile dem Klischeebild einer palästinensisch-libanesischen Großfamilie, wie die Medien es suggerierten: streng, konservativ, patriarchalisch.

Und es wurde immer schlimmer. Schon seit Wochen hatte sich mein Vater in den Gedanken hineingesteigert, dass ich mich heimlich mit Mahmoud treffen würde. Er wusste, dass er meine große Liebe war. Der Mann, den ich mehr begehrte als alles andere auf der Welt. Aber mein Vater hatte Unrecht. Ich hatte schon lange keinen Kontakt mehr zu Mahmoud. So weh mir das auch tat. Doch es ging einfach nicht. Ich war einem anderen Mann versprochen. Einem Mann, für den ich rein gar nichts empfand. Und der auch noch der Cousin meiner Mutter war. Mein Vater wusste, dass ich mich zwar fügte, aber alles andere als glücklich mit der Situation war.

»Du bist ein undankbares Kind. Du weißt nicht zu schätzen, was wir für dich tun.«

Ich spürte, wie er sich wieder in Rage redete. Ich kannte das. Bleib ruhig, Aylin. Lass dich nicht provozieren, sprach ich mir zu. Lass dich bloß nicht provozieren.

»Du willst doch gar keinen richtigen Mann. Du willst einen Mann, dem du auf der Nase rumtanzen kannst. So wie deinem Drogendealer-Freund. Deinem Mahmoud.«

»Baba, hör auf!«, schrie ich. Ich spürte, wie mir das Blut in den Kopf schoss.

»Du hast keinen Respekt!«, schrie er zurück.

In diesem Moment platzte es aus mir heraus: »Du verstehst doch überhaupt nichts! Wenn ich einen Mann haben wollte, dem ich auf der Nase rumtanzen kann, dann hätte ich doch den Erstbesten genommen, den ihr mir ins Haus gebracht habt. Dann hätte ich doch nicht diese Hölle durchgemacht, die ich durchmachen muss. Geht das nicht in deinen sturen Kopf?«

So ausfallend war ich gegenüber meinem Vater noch nie geworden. Ich wusste, dass ich kurz davor war zu explodieren. Ich lief in mein Zimmer und schlug die Tür hinter mir so heftig zu, wie ich nur konnte. Ich bereute es noch im selben Moment. Mein Vater kam mir mit hochrotem Kopf hinterhergerannt.

»Was ist los mit dir?«, schrie er und ging auf mich los. Instinktiv nahm ich die Hände vor mein Gesicht. Ich spürte, wie er zuschlug, wie er immer und immer wieder zuschlug. Doch ich war es gewohnt. Ob mein Vater zuschlug oder mein Bruder, machte keinen Unterschied. Schläge sind Schläge und mit der Zeit lernt man, dass die Schmerzen, die ein Schlag verursacht, irgendwann vorbeigehen. Sie hinterlassen nur Narben auf unserer Seele, aber mit den Jahren weiß man, seine Seele zu verbergen. Wenn man sie schon nicht schützen kann.

Doch dieses Mal war etwas anders. Es hatte sich in den letzten Wochen und Monaten so viel Wut und Ärger in mir aufgestaut. Ich war verzweifelt und jetzt brach alles aus mir heraus. Ich schubste meinen Vater weg und schrie ihn an. Er stürzte und riss mich mit zu Boden. Ich sah an seinem Gesicht, dass die Wut ihn jetzt komplett beherrschte. Er war so in Rage, dass er nicht mehr zurechnungsfähig war. Er schlug immer weiter auf mich ein. Doch dieses Mal war ich nicht bereit, die Schläge zu akzeptieren.

Ich sprang auf und schrie ihn an: »Es reicht!«

Er schaute mich einen Moment lang verwundert an. Noch nie hatte seine Tochter es gewagt, sich so gegen seinen Willen zu stellen.

»Es reicht!«, wiederholte ich mit Nachdruck. »Nie wieder, nie wieder wirst du mich anfassen! Nie wieder! Das war das letzte Mal, dass irgendjemand in dieser Familie eine Hand gegen mich erhebt oder mich berührt.«

Er schaute mich mit großen Augen an und sagte nichts mehr. Die Stille war unerträglich. Bis meine Mutter ins Zimmer gestürmt kam. Als sie meinen Vater auf dem Boden liegen sah, hielt sie sich die Hände vors Gesicht und weinte.

»Was tust du bloß, Aylin? Was tust du nur?«

Ich konnte das nicht mehr ertragen. Ich musste weg. Ich musste raus. Raus aus diesem Haus. Raus aus diesem Leben. Raus aus diesem Albtraum. Ich lief aus meinem Zimmer und ließ alles hinter mir. Ich lief in den Hausflur, die Treppen runter, hörte, wie mein Vater mir etwas hinterherbrüllte. Ich verstand kein Wort. Es war mir egal. In meinem Kopf war nur ein Gedanke: Raus! Als ich vor der Tür stand, im Freien, da merkte ich, dass ich weder mein Kopftuch noch meine Schuhe anhatte. Ich war barfuß. Aber es war mir vollkommen egal.

Es war eine fürchterliche Nacht. Es stürmte. Es regnete in Strömen. Kein Mensch war unterwegs. Aber auch das war mir egal. Ich lief weiter, immer weiter, die große Straße entlang. Meine Mutter stand auf dem Balkon und schrie herunter.

»Aylin, bitte Aylin, komm zurück. Komm doch zurück. Was machst du denn nur, mein Kind?«

Ich sah, wie die Lichter in den anderen Wohnungen angingen. Wie die Nachbarn die Fenster öffneten, um zu sehen, was denn los war. Ein letztes Mal drehte ich mich um. Dann lief ich weiter die nasse Straße entlang. Ich achtete nicht darauf, wo ich lang lief. Ich wollte einfach nur weg.

Ich hatte jedes Gefühl für Raum und Zeit verloren. Ich musste bestimmt eine gute Stunde gelaufen sein. Irgendwann wusste ich nicht mehr, wo ich war. Der Regen wurde immer stärker. Ich schaute auf mein Handy. Es war weit nach Mitternacht. Ich setzte mich auf eine Parkbank und atmete durch. Nach und nach fing ich an zu realisieren, was passiert war. Und ich wurde von Sekunde zu Sekunde nervöser.

Dann wählte ich die Nummer der Polizei.

Eine Frau meldete sich. »Polizei Berlin, was können wir für Sie tun?«

»Ich brauche Hilfe«, stammelte ich. »Ich muss hier weg. Ich muss weg aus meinem Leben.«

»Bleiben Sie ganz ruhig«, versuchte mich die Beamtin zu beruhigen. »Atmen Sie tief durch. Sagen Sie mir, wie Sie heißen, wo Sie sind und was passiert ist.«

Aber ich war so nervös, ich konnte keinen klaren Gedanken mehr fassen. Ich stammelte irgendetwas vor mich hin. Der Regen wurde immer heftiger und meine nassen Haare fielen mir in mein Gesicht.

»Bitte kommen Sie und holen Sie mich ab«, sagte ich. »Ich heiße Aylin. Ich will einfach nur weg. Bitte bringen Sie mich weg.«

»Was ist denn passiert?«

»Ich wurde geschlagen … bitte … bitte bringen Sie mich einfach weg«, flehte ich schon beinahe und spürte, wie sich mein Hals langsam zuschnürte.

»Wo sind Sie?«

Ich schaute mich um. Ich hatte wirklich keine Ahnung, wo ich war.

»Gibt es irgendeinen Laden, irgendein Restaurant, das Sie sehen?«, fragte die Polizistin.

»Ja«, sagte ich. Auf der anderen Straßenseite war ein italienisches Restaurant. Es war noch offen. Ich gab der Polizistin den Namen und legte auf.

Es dauerte eine Weile, aber als die zwei Polizisten endlich kamen, war ich unendlich erleichtert. Das ist meine Rettung, dachte ich. Diese Männer werden mich retten.

Ich atmete tief durch. Zum ersten Mal seit Monaten hatte ich das Gefühl, dass jetzt endlich alles gut werden könnte. Dass es zumindest die Chance gäbe, dass alles eine Wendung nimmt. Dass ich dieses Gefängnis, das mein Leben war, hinter mir lassen könnte.

Die beiden Polizisten setzten sich zu mir und ich erzählte ihnen, was passiert war.

»Möchten Sie Anzeige gegen Ihren Vater erstatten?«, fragten sie mich.

»Nein. Ich will keine Anzeige erstatten. Ich will einfach nur weg. Verstehen Sie? Ich will weg von dieser Familie.«

»Gibt es einen Ort, an den Sie gehen könnten?«

Ich dachte kurz nach. Nein. Es gab keinen Ort, an den ich gehen könnte. Alles, was ich hatte, war meine Familie.

»Keine Sorge«, sagte einer der Polizisten. »Es gibt Frauenhäuser. Dort wird man sich um Sie kümmern. Dort sind Sie geschützt.«

Ich nickte. Als ich aufstand, um mit den Polizisten zum Streifenwagen zu gehen, bemerkten sie, dass ich keine Schuhe trug.

»Haben Sie keine Schuhe dabei?«, fragten sie mich.

Ich schüttelte den Kopf.

»Wir müssen Sie in ein Krankenhaus bringen«, sagte einer der Beamten und zeigte auf meine Kopfwunde. »Das muss untersucht werden. Aber erst einmal fahren wir zu Ihnen nach Hause und holen Ihre Sachen. Vor allem Ihre Schuhe.«

Mir stockte der Atem. »Nein!«, protestierte ich sofort. »Auf keinen Fall! Ich will auf keinen Fall zurück.« Ich blieb stehen.

»Sie müssen nicht zurück, das versprechen wir Ihnen. Sie müssen nur Ihre Sachen holen. Wir sind ja bei Ihnen. Machen Sie sich keine Sorgen.«

Die Polizisten drückten mich sanft Richtung Ausgang. Mein Herz überschlug sich. »Nein! Nein! Ich will auf keinen Fall wieder in die Wohnung! Bitte! Ich brauche keine Schuhe. Es geht auch so. Alles, nur nicht zurück nach Hause.« Meine Kehle schnürte sich zu.

Der Polizist legte seine Hand auf meine Schulter.

»Vertrauen Sie uns. Wir versprechen Ihnen, dass Ihnen nichts passieren wird. Aber Sie müssen Ihre Sachen holen. Sie brauchen einen Ausweis. Sie brauchen Klamotten. Sie brauchen Schuhe.«

Es hatte keinen Sinn. Ich konnte flehen, wie ich wollte. Die Polizisten wollten unbedingt meine Sachen holen. Ich setzte mich in den Streifenwagen. Alle meine Hoffnungen wurden in diesem Moment zunichtegemacht. Ich wusste, dass das nicht gut ausgehen konnte. Ich musste zurück. Zurück in die Hölle.

Der Streifenwagen fuhr los und ich schaute aus dem Fenster. Es regnete noch immer, auf den Straßen hatten sich mittlerweile große Pfützen gebildet. Das Licht einer roten Ampel wurde vom nassen Asphalt reflektiert, als wir durch Kreuzberg fuhren. Das überlebe ich nicht, dachte ich. Ich werde diese Nacht nicht überleben.

Dann bog der Streifenwagen in unsere Straße ein. Mein Herz schlug wie verrückt.

»Oh, scheiße«, hörte ich einen der Polizisten sagen.

»Was?«, fragte ich und sah in diesem Moment, dass vor unserer Haustür fünfundzwanzig, vielleicht dreißig Männer standen.

»Gehören die zu Ihrer Familie?«, fragte mich einer der Polizisten, der nun auch sichtlich nervös war.

»Ja«, sagte ich. Das waren meine Brüder, meine Cousins, deren Schwiegerväter und meine Onkel.

Mein Puls raste wie verrückt.

»Bitte, fahren Sie wieder weg. Das wird nicht gut enden.«

»Wir kriegen das hin«, sagte der Beamte wohl mehr zu sich selbst als zu mir und forderte über Funk Verstärkung an. Dann sprach er mir noch einmal gut zu. »Wir kriegen das hin. Kommen Sie.«

Wir stiegen aus dem Auto aus und sofort kam mein älterer Bruder Seyed auf mich zugelaufen.

»Aylin, pfuu, was machst du? Was kommst du hier mit der Polizei an? Hast du den Verstand verloren?«

Ich ging instinktiv einen Schritt zurück. Ich hatte Todesangst. Der Polizist stellte sich vor mich.

»Ganz ruhig«, sagte er zu meinem Bruder. »Ganz ruhig. Wir haben hier das Sagen und nicht …«

»Da scheiß ich drauf!«, schrie mein Bruder ihm aggressiv ins Gesicht. Das artet hier gleich aus, dachte ich. Doch der Polizist blieb ruhig.

»Entweder«, sagte er und blickte meinem Bruder fest in die Augen. »Entweder du verschwindest – oder wir buchten dich ein. Verstanden?«

Dann gingen wir an den kopfschüttelnden Verwandten vor der Haustür vorbei und betraten den Hausflur. Ich rechnete die ganze Zeit damit, dass ich von hinten angegriffen würde. Dass mir irgendjemand ein Messer in den Rücken stechen würde. Auch die Polizisten waren nervös. Beide hielten eine Hand an ihrer Waffe.

»Damit kommst du nicht durch, du Miststück!«, schrie mein Bruder uns hinterher. »Egal, wo du hingehst, egal, was du tust, wir werden dich finden! Wir werden uns rächen! Verrat ist unentschuldbar!«

Er hörte nicht auf.

»Blutschande!«, schrie er. Und mit jedem seiner Worte wurde ich noch unsicherer. Mit jeder Stufe, die wir in den vierten Stock hochgingen, wurde ich panischer.

»Machen Sie schnell«, flüsterte mir der Polizist zu, als wir die Wohnung betraten. Ich lief in mein Zimmer und packte schnell die wichtigsten Sachen zusammen. Tatsächlich hatte ich schon seit Wochen eine Reisetasche vorbereitet. Ich weiß nicht, wieso ich das getan hatte. Ich hatte nicht vor wegzugehen. Aber ich spürte, dass der Tag kommen würde, an dem alles eskalierte. Es hatte sich so viel aufgestaut. Ich wusste, dass ich das nicht ewig durchhalten würde.

Als wir die Wohnung verließen, lag meine Mutter weinend auf dem Wohnzimmerboden. Sie krümmte sich, als hätte sie große

Schmerzen. Mein Vater saß nur auf dem Sofa und hielt sich die Hände vor sein Gesicht. Der ganze Raum wurde von Blaulicht eingefärbt. Man hörte die Polizisten unten mit meinen Verwandten verhandeln.

»Was willst du, Aylin? Was willst du denn?«, fragte meine Mutter noch, doch da fiel die Tür bereits ins Schloss.

Ja, was möchte ich?, fragte ich mich selbst. Ich wollte nicht viel. Ich verlangte nie viel. Ich wollte nur nicht den Cousin meiner Mutter heiraten. Einen Mann, den ich nicht liebte. Ich wollte raus aus dieser Gefangenschaft. Ich wollte nicht mehr geschlagen werden. Aber ich wollte auch nicht, dass es so endet, wie es gerade endete. Ich wollte nicht, dass meine Familie leiden muss. Obwohl ich jahrelang unter ihr litt. Wenn mein Herz nicht schon lange gebrochen gewesen wäre – den Anblick meiner weinenden Mutter hätte ich nicht ertragen können.

Auf der Treppe hörte ich, wie sich die Tür oben öffnete.

»Aylin, wir machen, was du willst. Wir lösen die Verbindung. Hauptsache, du gehst jetzt nicht. Hauptsache, du bleibst. Dein Bruder wird dich umbringen. Das weißt du. Du wirst nicht am Leben bleiben, wenn du dieses Haus jetzt mit der Polizei verlässt. Bitte bleib, wir machen, was du verlangst«, schrie meine Mutter mir hinterher.

Ich hätte ihr so gern geglaubt. Ich hätte so gern geglaubt, dass es besser werden würde. Aber es wurde nie besser. Es wurde nur immer schlimmer.

Ich drehte mich nicht mehr um. Ich werde das jetzt beenden, sagte ich mir. Auch wenn es schmerzhaft ist. Auch wenn ich meine Familie tief in meinem Herzen noch immer über alles liebte. Aber wenn ich das heute nicht schaffte, dann würde ich niemals ein richtiges, ein glückliches Leben haben.

Wenn ich jetzt nicht gehe, werde ich niemals gehen. Das sagte ich mir wie ein Mantra immer und immer wieder.

Die Polizisten nahmen mich in ihre Mitte. Stufe für Stufe stiegen wir den Hausflur hinunter. Mit jeder Stufe ging ich einem neuen Leben entgegen. Jeder Schritt fiel mir schwer. Es fiel mir schwer, meine Familie hinter mir zu lassen. Sie waren doch alles, was ich hatte. »Wir haben es beinahe geschafft«, sagte einer der Polizisten.

Als wir im Erdgeschoss angekommen waren, stand plötzlich Bero in der Eingangstür. Der Schwiegervater meines Bruders. Er war ein großer, breiter Mann mit einem freundlichen Gesicht und einem grauen Bart. Er hatte Tränen in den Augen, als er mich sah.

»Aylin«, sagte er mit leiser Stimme und öffnete seine Arme. »Aylin, mein Kind. Was ist nur los? Was ist nur passiert?«

Seine Stimme war zärtlich und voller Mitgefühl. Ich sah seinem Gesicht an, dass er aufrichtig mit mir litt. Er kam auf mich zu. Ich schüttelte nur leicht den Kopf und spürte, wie mir die Tränen wieder in die Augen schossen. Sei stark, Aylin, sprach ich mir selbst Mut zu.

Aber auf einmal konnte ich nicht mehr stark sein.

»Aylin, du bist doch unser Kind. Geh nicht. Lass uns eine Lösung finden. Wir lieben dich.«

Meine letzte Kraft, die ich noch hatte, war weg. Es war alles weg. Ich fiel Bero in die Arme und brach völlig zusammen.

»Mein Kind«, wiederholte er. »Wir werden das hinbekommen. Wir werden das alles wieder hinbekommen. Wir sind doch eine Familie. Die Familie hält immer zusammen.«

»Kommen Sie, Aylin«, sagte der Polizist. »Wir müssen gehen.«

Aber ich konnte nicht mehr. Ich war fertig.

»Sie bleibt bei mir«, sagte Bero. »Sie bleibt bei der Familie. Machen Sie sich keine Sorgen. Wir achten auf sie. Wir klären das unter uns. Wir brauchen keine Polizei.«

Der Polizist schaute mich an.

»Gehen Sie …«, flüsterte ich.

»Nein, wir können Sie nicht hierlassen.«
»Gehen Sie!«, schrie ich ihn an. »Es ist meine Entscheidung.«
»Gut so, Aylin«, sagte Bero.

Ich schloss die Augen und sackte innerlich zusammen. Ich hatte es nicht geschafft. Ich bin nicht von dieser Familie losgekommen. Und obwohl es meine eigene Entscheidung war zu bleiben, spürte ich instinktiv, dass diese Nacht erst das Vorspiel zu einem noch viel größeren Drama sein sollte. Und dieses Drama, das war mein Leben.

KAPITEL 1
Der Beginn

Die Geschichte meines Lebens ist auch die Geschichte meiner Eltern. Und wenn ich diese Geschichte erzählen will, dann muss ich sie als die Geschichte einer bedingungslosen Liebe erzählen. Einer Liebe, die ihren Ursprung im Krieg findet.

Meine Eltern sind Palästinenser. Doch geboren und aufgewachsen sind sie im Libanon. Es gab eine Zeit, da galt der Libanon als ein Sehnsuchtsort. Als orientalisches Paradies. Eine Zeit, in der man die libanesische Hauptstadt Beirut auch als das »Paris des Orients« bezeichnete. Der Libanon war schon immer ein Ort von extremen Gegensätzen. Es gibt auf der einen Seite die staubige Wüste und auf der anderen Seite das schneebedeckte Libanongebirge. Es gibt das pulsierende Beirut und kleine, kaum an den technologischen Fortschritt angepasste Dörfer und Siedlungen. Und es gibt im Libanon Menschen aus den unterschiedlichsten Kulturen und Religionen, die für die gegensätzlichsten politischen Anschauungen einstehen. In den 1970er-Jahren prallten diese Vorstellungen aufeinander. In der Zeit, in der meine Eltern sich kennenlernten, war der Libanon kein Sehnsuchtsort mehr. In der Zeit, in der meine Eltern sich kennenlernten, versank der Libanon schon seit Jahren in einem fürchterlichen Chaos. Es herrschte Bürgerkrieg. 100 000 Menschenleben sollte dieser Krieg noch fordern. Die Situation im Land war angespannt. Beinahe täglich explodierten Sprengsätze, die Nahrungsvorräte waren knapp und die Menschen verunsichert.

Wie fast alle Männer wurde auch mein Vater in den 1980er-Jahren als Soldat eingezogen. Er hielt nicht viel vom Krieg. Er hielt nicht viel davon, eine Waffe zu tragen, mit der er auf seine eigenen Landsleute schießen müsste. Aber er hatte keine Wahl. Auf Befehlsverweigerung stand eine lange Haftstrafe. Doch mein Vater hatte Glück gehabt. Er wurde in ein kleines Dorf am anderen Ende des Landes versetzt. Ein Dorf, in dem es ruhig war. In dem es nicht zu Kämpfen kam. Es war das Dorf, in dem meine Mutter lebte. Und es dauerte nur ein paar Wochen, bis sie sich kennenlernten. Es passierte ganz zufällig. Die Aufgabe meines Vaters war es, für die Sicherheit in dem Ort zu sorgen. Er musste tagsüber mit seinen Kollegen patrouillieren. In seiner Mittagspause setzte er sich gern an einen schönen Brunnen, der in der Mitte des Dorfes stand. Und dort kam eine junge Frau vorbei.

Mein Vater sagte später oft, dass er niemals vorher und niemals danach so eine hübsche Frau gesehen hat. Aber er traute sich nicht, sie anzusprechen. Mein Vater trug zwar eine Uniform und eine Maschinenpistole, aber er war ein schüchterner Mann. Am nächsten Tag saß er zur selben Zeit am selben Brunnen und dieselbe Frau kam erneut vorbei. Doch noch immer hatte mein Vater nicht genügend Mut, sie anzusprechen. Seine Kollegen lachten ihn aus. Also beschloss mein Vater, es darauf anzulegen. Würde das Mädchen am nächsten Tag wieder zur selben Zeit am selben Ort sein, dann, so schwor er, würde er sich dieses Mal überwinden und wirklich auf sie zugehen. Und so kam es. Am dritten Tag war das Mädchen wieder da und mein Vater nahm all seinen Mut zusammen.

»Ich habe nicht viel Zeit«, sagte das Mädchen. Aber sie fühlte sich geschmeichelt, dass ein Soldat sie ansprach. Sie müsse gleich wieder nach Hause. Sie wurde nur geschickt, um frisches Wasser von dem Brunnen zu holen. Mein Vater begleitete sie ein wenig. Das schmeichelte ihr noch mehr. Es waren sieben Minuten. Das wusste mein Vater auch noch viele Jahre später. Sieben Minuten Fußweg von dem Brunnen bis zu dem Haus, in dem das Mädchen wohnte. Sieben Minuten, die für einen Mann in diesem Moment die ganze Welt bedeuteten. Am nächsten Tag begleitete er sie wieder. Das ging über viele Wochen so. Sieben Minuten Glück. Sieben Minuten Hoffnung. Und das mitten im Krieg. Mein Vater verliebte sich in diese Frau. Meine Mutter.

Doch ihre Liebe stand unter keinem guten Stern. Die Familie meiner Mutter war gegen die Verbindung. Sie hatten ein Problem mit der Herkunft meines Vaters. Die Familie meines Vaters gehört zu dem Stamm der Beduinen. Die Beduinen waren früher Nomaden. Sie lebten hauptsächlich in der Wüste der arabischen Halbinsel, der Syrischen Wüste oder im Sinai. Sie zogen von Ort zu Ort und hatten keine feste Heimat. Einige gelangten sogar bis nach Afrika. Als mein Vater geboren wurde, war meine Familie zwar bereits im Libanon ansässig, aber der Stammbaum zählt bei Arabern sehr viel mehr als in anderen Kulturen. Wenn man sich um einen Job bewirbt, dann wird man häufiger nach seinen Eltern und seiner Familie gefragt als nach den Qualifikationen, die man vorweisen kann. Im arabischen Kulturraum ist es eine Familie, die einen Menschen bestimmt. Die Beduinen gelten als sehr konservativer Stamm. Bei der Familie meiner Mutter handelt es sich um einen Stamm, der eher dem Bürgertum zugeordnet werden kann. Sie lebten schon immer in den Städten, sind sehr liberal und modern eingestellt. Und diese moderne Familie wollte nicht, dass ihre Tochter mit meinem Vater, einem Mann aus einem konservativen Stamm, zusammenlebt. Als er um die Hand meiner Mutter anhielt, lehnten sie ab.

Aber sie verboten meinen Eltern nicht bloß die Hochzeit, sie untersagten meiner Mutter auch, sich weiter mit meinem Vater zu treffen. Mein Vater war am Boden zerstört. Er dachte lange darüber nach, was er machen sollte. Und irgendwann kam er zu dem Entschluss, dass er die Entscheidung nicht akzeptieren konnte. Er wusste, dass das eine Ungeheuerlichkeit war. Sich gegen den Willen der Eltern der potenziellen Braut zu stellen, war eine große Respektlosigkeit. Und auf Respektlosigkeiten reagierte man im Libanon sehr drastisch. Aber mein Vater war bereit, dieses Risiko zu tragen. Jeden Tag stand er nun vor der Tür meiner Mutter und klingelte. Jeden Tag bat er meinen Großvater um die Hand seiner Tochter. Und jeden Tag wurde er weggeschickt. Aber mein Vater ließ sich nicht davon abhalten, es am nächsten Morgen wieder zu versuchen. Nach zwei Wochen fragte mein Opa ihn, warum er nicht endlich aufhöre, jeden Tag an seine Tür zu kommen.

»Weil ich Ihre Tochter liebe«, entgegnete mein Vater.

»Wenn du sie lieben würdest, würdest du ein Nein akzeptieren«, sagte ihm mein Opa. »Hast du denn keine Würde? Jeden Tag hier wieder und wieder aufzukreuzen?«

»Wenn Ihre Tochter mir ins Gesicht sagt, dass sie mich nicht liebt, würde ich nie wieder vor Ihrer Tür stehen. Aber ich weiß, dass sie es tut. Und weil mir meine Liebe zu ihr mehr bedeutet als meine Würde, werde ich auch morgen wiederkommen.«

Und mein Vater kam wieder. Und wieder und wieder und wieder. Und irgendwann waren meine Großeltern entweder so genervt oder so beeindruckt von ihm, dass sie die Hochzeit gestatteten. Meine Eltern haben mir diese Geschichte oft erzählt. Sie ist eine Art Familienmythos. Sie hat sich mir tief in mein Gedächtnis gebrannt. So tief, dass sie unbewusst irgendwann mein eigenes Leben beeinflussen sollte. Meine Eltern heirateten und schon bald bekamen sie ihr erstes Kind. Eine Tochter. Leyla. Es folgte mein älterer Bruder Seyed. Und dann war meine Mutter ein drittes Mal schwanger. In dieser Zeit klopfte es an ihre Tür. Es waren zwei Männer vom Militär, die ihr mitteilten, dass ihr Mann in Kriegsgefangenschaft geraten war. Mittlerweile musste mein Vater nämlich nicht mehr bloß in sicheren Stadtteilen patrouillieren, er wurde auch in unsicherere Gebiete geschickt. Feindkontakt gehörte jetzt zum Alltag. Für meine Mutter war die Nachricht ein Schock. Sie hatte große Angst um ihren Mann. Sie kannte die Geschichten von den unwürdigen Bedingungen in Militärgefängnissen. Sie wusste von der Folter, die einige Häftlinge durchmachen mussten. Die Vorstellung, dass man meinem Vater etwas Schlimmes antun könnte, machte sie fast wahnsinnig. Sie steigerte sich immer mehr in ihre Angst hinein. Und wurde krank. Als mein Vater nach drei Monaten entlassen wurde und nach Hause kam, hatte meine Mutter eine schlechte Nachricht für ihn. Sie hatte ihr Kind verloren. Die beiden setzten sich auf ihr Bett und weinten. Und mein Vater verfluchte diesen Krieg. In einem anderen Land hätte man meiner Mutter wahrscheinlich sehr leicht helfen können. Aber im bürgerkriegsgeplagten Libanon gab es kaum Medikamente und nur schlechte medizinische Versorgung.

Und dann passierte etwas, was das Leben meiner Familie nachhaltig verändern sollte. Die Geschichte wiederholte sich. Meine Mutter wurde erneut schwanger. Mein Vater wieder inhaftiert. Dieses Mal ging zwar alles gut. Aber als mein Vater nach neun Monaten wieder freigelassen wurde und mich als neugeborenes Baby in den Armen hielt, beschloss er, uns ein besseres Leben zu ermöglichen. Er kämpfte hier einen Kampf, der nicht sein Kampf war. Und er wollte nicht mehr kämpfen. Alles, was er wollte, war seine Familie. Für diese Menschen wollte er da sein. Diese Menschen wollte er beschützen. Mein Vater sagte, dass er zum ersten Mal in seinem Leben Angst hatte. Angst, dass weitere Kinder sterben würden. Angst, dass seine Familie in diesem Land, in diesem Krieg zerbrechen könnte. Angst, dass er den Menschen, die er am meisten liebte, keine Zukunft bieten könnte. So konnte es für ihn nicht weitergehen. Also setzte er sich mit meiner Mutter zusammen. Die beiden überlegten, was sie tun könnten. Sie riefen ihre Verwandten und Bekannten an, holten sich Ratschläge von ihren Brüdern und Cousins ein. Viele Monate vergingen. Und dann trafen sie eine Entscheidung, von der sie wussten, dass sie ihr Leben komplett auf den Kopf stellen würde. Sie beschlossen, aus dem Libanon wegzugehen. Einige Cousins meines Vaters wohnten bereits in Deutschland. Sie erzählten nur Gutes von diesem Land. In Deutschland konnte man durch ehrliche Arbeit auch ehrliches Geld verdienen. In Deutschland gab es keine Kriminalität auf den Straßen, zumindest wurde in Deutschland nicht einfach so jemand erschossen, nur weil irgendwem sein Gesicht nicht gefallen hat. Und in Deutschland, da wurden alle Menschen gleich behandelt. Jeder hatte dieselben Rechte. Ob Mann oder Frau. Ob jung oder alt. Ob Einheimischer oder Zugezogener. Für meinen Vater klang das nach einem Versprechen. Er wusste aber auch: Jedes Versprechen fordert seinen Tribut.

Es gab für ihn keinen einfachen Weg nach Deutschland. Allein die Vorbereitungen dauerten Ewigkeiten. Er musste in einem kleinen Boot über das Mittelmeer reisen. Und sich von Italien aus auf dem Landweg durchschlagen, um dann vor Ort Asyl beantragen zu können. Eine andere Möglichkeit gab es nicht. Wenn er erst einmal in Deutschland war, wollte er die Familie nachholen. Seine Cousins erklärten es ihm. Nachdem mein Vater Asyl beantragt hatte, konnte er den sogenannten Familiennachzug in Anspruch nehmen. Der Rest der Familie könnte dann mit dem Flugzeug ganz legal und gefahrlos in Deutschland landen. Mein Vater hat nie über seine Reise gesprochen. Er hat nie erzählt, was ihm auf seinem Weg in die Fremde wiederfahren ist. Er sagte immer nur, dass er den Willen hatte, seine Familie zu schützen, und dieser Wille hat ihn Weltmeere bezwingen lassen. Das war typisch für meinen Vater. Ich war noch zu klein, um das alles mitzubekommen, aber meine Mutter hat mir später oft erzählt, dass diese Reise ihn verändert hat. Er ist härter geworden. Er hat die Dinge nicht mehr an sich herangelassen. Wer weiß, was er auf seinem Weg alles sehen oder erdulden musste. Was ihm in den ganzen Monaten durch den Kopf ging. Vielleicht dachte er an seine Zeit als Kriegsgefangener zurück. Vielleicht blickte er aber auch einfach nach vorne. Und freute sich auf sein neues Leben, von dem er hoffte, dass es ein besseres werden würde.

***

Der Rest meiner Familie erreichte Deutschland im Dezember 1989. Ich war zwei Jahre alt. Es war tiefster Winter. Für meine Mutter ein Kulturschock. Sie erzählte mir immer wieder davon, wie sie damals durch den Tiefschnee stapfen musste. Wie sie fremde Menschen ansprach, die ihr halfen, das ganze Gepäck zu tragen. Wie sie mit vier Kleinkindern an den Händen und auf dem Rücken die Flüchtlingsunterkunft am Rande der Stadt erreichte. Und wie mein Vater dort schon auf uns wartete. Das war ihr erster Eindruck von Berlin. Schnee, Kälte, Chaos. Das Gefühl dieser Überforderung sollte noch einige Zeit anhalten.

Vier Jahre wohnten wir in einem Flüchtlingsheim. Meine Erinnerungen an diesen Ort sind verschwommen, aber ich weiß noch sehr genau, dass das Heim kein angenehmer Ort war. Es roch streng und alles war unhygienisch. Die Badezimmer waren eklig. Die Betten waren unbequem. Wir lebten mit acht Personen zusammengefercht in zwei Zimmern. Ich fühlte mich dort sehr unwohl. Aber immer, wenn meine Geschwister es nicht mehr aushielten, kam mein Vater zu uns und sagte, dass wir noch ein wenig durchhalten müssten. Es würde der Moment kommen, wo alles besser wird. Immer wieder sagte er das. Es war sein Versprechen an uns Kinder, die nicht verstanden, warum wir plötzlich in einem fremden Land waren. Mit fremden Leuten. Mit einer fremden Sprache, die wir nicht verstanden. Unsere Eltern merkten natürlich, wie schwer diese Umstellung für uns war. Und sie versuchten, das Beste daraus zu machen. Jede Woche machten wir Ausflüge. Erkundeten gemeinsam die große, fremde Stadt. Wir sollten uns vorstellen, dass wir auf einem riesigen Abenteuerspielplatz seien, sagte mein Vater. Manchmal fuhren wir auch mit dem Bus bis zur Endhaltestelle. Dort gab es einen kleinen Wald und mitten in diesem Wald war ein Kinderbauernhof. Dort gab es auch ein Jugendhaus, wo viele Kinder waren. Die Betreuer kümmerten sich ganz liebevoll um uns. Wir durften die Ziegen streicheln und alle waren sehr nett. Wir bekamen auch immer Kekse und Milch. Einfach so. Das waren die schönen Momente, die die nicht so schönen Momente ein klein wenig erträglicher machten.

In dem Flüchtlingsheim lernten wir auch viele weitere Familien kennen, die aus dem Libanon kamen. Ich freundete mich mit den anderen Kindern an und wir spielten zusammen im Hof. Es ist schon merkwürdig. Obwohl die äußeren Umstände für uns alle extrem schwer waren, habe ich diese frühe Zeit in Deutschland als eine schöne Zeit in Erinnerung. Nicht, weil es uns in irgendeiner Weise besonders gut ging, sondern weil wir in dieser Zeit als Familie so stark zusammengehalten haben. Dieses Gefühl, dass die Familie immer noch sich selbst hat, auch wenn alles um dich herum in Trümmern liegt, dieses Gefühl habe ich nie vergessen. In den ersten Jahren in Deutschland ist auch mein jüngerer Bruder auf die Welt gekommen. Selim.

***

Im Alter von fünf Jahren wurde ich eingeschult. Ich kam in die erste Klasse. Eigentlich war ich dafür noch zu jung. Ich wollte in den Kindergarten. Oder in die Vorschule. Weil die ganzen anderen Mädchen aus dem Flüchtlingsheim mir damals so viel Gutes davon erzählt hatten. Sie erzählten mir von den lustigen Spielen und den schönen Ausflügen. Die Schule hingegen sei etwas sehr Ernstes, hieß es. Aber im Schulamt sagte man uns, ich wäre weit genug, um in der ersten Klasse einzusteigen. Im Gegensatz zu meinem Bruder sprach ich schon sehr gutes Deutsch. Meine Eltern achteten darauf, dass wir zu Hause möglichst viel deutsch und möglichst wenig arabisch sprachen. Also kam ich in die erste Klasse. Und sie war nicht so schlimm, wie ich es befürchtet hatte. Ich fand schnell neue Freunde, mit denen ich die Nachmittage verbrachte. Meine Leistungen waren auch ziemlich gut.

1994 bezogen wir dann unsere erste eigene Wohnung im Berliner Stadtteil Kreuzberg. Meine Eltern waren überglücklich. Eine eigene Wohnung zu haben, bedeutete, in einem gewissen Maße wirklich zu Hause zu sein. Die Dreizimmerwohnung war zwar nicht wirklich groß, aber das spielte überhaupt keine Rolle. Es war unsere Wohnung. Unsere Wohnung in unserer neuen Heimat. Wir vier Kinder lebten in einem der drei Zimmer zusammen. Ein anderes Zimmer war das Schlafzimmer meiner Eltern und der dritte Raum war unser Wohnzimmer. Und obwohl sich eigentlich alles sehr positiv entwickelte, wurde die Stimmung zu Hause mit der Zeit immer schlechter. Meine Eltern fingen an, sich häufiger zu streiten. Es ging meistens nur um Kleinigkeiten, aber sie schrien rum und schmissen sich unschöne Wörter an den Kopf.

Das heile Familienbild bekam erste Risse. Vielleicht waren die auch schon vorher da und wurden nur verdeckt. Vielleicht sprachen meine Eltern bislang nicht darüber, weil sie dachten, wir hätten doch genug andere Sorgen in dem Flüchtlingsheim, mit denen wir zurechtkommen mussten. Vielleicht schluckten meine Eltern ihre Ängste einfach für ein paar Jahre herunter, weil sie dachten, sie müssten stark sein für uns Kinder. Dass sie aber viel nachdachten, das sah man ihnen an. Es gab ja auch viele Gründe dafür. Zehn Jahre lang hatten wir keine Aufenthaltserlaubnis. Wir waren nur geduldet. Und über unsere weitere Duldung wurde jedes Jahr neu entschieden. Das war nicht nur psychisch ein Albtraum. Es stellte unsere Familie auch vor ganz konkrete Probleme. Meine Eltern wollten unbedingt arbeiten. Aber sie durften nicht. Für meine Eltern gab es damals keinen Sprachkurs. Sie brachten sich Deutsch selbst bei. Hätten sie von Anfang an die Chance bekommen, sich richtig in die Gesellschaft zu integrieren, ein Teil von ihr zu werden, dann wären viele Dinge vielleicht nicht so gekommen, wie sie später gekommen sind. Nach zehn Jahren schließlich bekamen meine Eltern eine Arbeitserlaubnis. Meine Mutter arbeitete dann Vollzeit in einem Hotel. Mein Vater kam später auch dazu. Aber zu diesem Zeitpunkt war schon vieles passiert, was nicht hätte passieren dürfen.

Für meine Geschwister und mich war die unklare Situation mit der Duldung besonders schlimm. Wir sprachen oft davon, wie es denn wäre, wenn wir wieder zurück in den Libanon müssten. Außer meiner Schwester erinnerte sich niemand mehr so richtig an das Land. Für mich war das eine Horrorvorstellung. Ich träumte nachts oft davon, dass die Polizei kommen und uns zwingen würde, mit einem Flugzeug nach Beirut zu fliegen. Ich hatte keine Vorstellung von dieser fremden Welt. Aber schon der Klang des Namens war für mich befremdlich: Li-ba-non. Zwar versuchten meine Eltern, mich immer wieder zu beruhigen und erklärten mir, dass wir auch im Libanon ein schönes Leben führen könnten, wenn wir denn wirklich wieder zurückmüssten – aber ich konnte ihnen das nicht glauben. Sie waren doch aus diesem Land geflohen. In ihren Erzählungen ging es immer wieder um Menschen, die auf offener Straße erschossen wurden. Um Kriegsgefangenschaft. Es ging darum, dass die Menschen zu wenig zum Essen hatten. Wie sollten wir in so einem Land ein schönes Leben führen? Für mich klang das eher nach einem fürchterlichen Albtraum. Und ich hatte panische Angst, dass er eines Tages Realität werden könnte.

***

Als ich acht Jahre alt war, sah ich das erste Mal, wie mein Vater meine Mutter schlug. Ich schrie laut auf vor Angst. Ich wusste nicht, was da gerade passierte und warum das passierte. Mein Bruder kam angerannt und versuchte, meinen Vater zu beruhigen, der wie ein Verrückter tobte. Ich verstand damals nicht, was sein Problem war. Aber ich sah, wie er und meine Mutter sich veränderten. Wie Deutschland sie veränderte. Mein Vater liebte meine Mutter über alles, das wusste ich. Aber in der neuen Situation, in diesem neuen Land hatte er Angst, sie zu verlieren. Diese Angst nagte an ihm. Und sie wurde befeuert von den neuen Freunden, die mein Vater im Flüchtlingsheim kennengelernt hatte. Meine Mutter war eine hübsche Frau. Er hatte Angst, dass sie sich in einen anderen Mann verlieben könnte. Einen Mann, der ihr mehr bieten könnte als mein Vater. Das redeten ihm seine Freunde ein. Sie saßen wie kleine Teufel in seinem Ohr. *Du musst streng sein mit deiner Frau. Du musst sie im Blick haben. Du darfst ihr nicht zu viel durchgehen lassen. Gerade hier in Deutschland. Die Deutschen nehmen es nicht so ernst mit der Moral. Das verdirbt die Leute.* Aber der Einzige, der durch solche Aussagen wirklich verdorben wurde, war mein Vater. Er veränderte sich. Eigentlich war er eine liebenswerte, zärtliche Person. Aber die Paranoia, die seine Freunde ihm einpflanzten, machte aus ihm einen verbitterten und strengen Mann.

Die Angst stieß auf einen fruchtbaren Boden, weil mein Vater tatsächlich das Gefühl hatte, er würde in Deutschland nicht das erreichen können, was er wollte. Zehn Jahre lang durfte er nicht arbeiten. In seinem Selbstverständnis war er der Mann im Haus – und der Mann, der verdient das Geld. Er jedoch wurde zum Nichtstun verbannt. Das große Versprechen, von dem er träumte – es blieb ein Traum. Genährt von Gerüchten und Halbwahrheiten, die nichts mit der Realität eines Asylanten zu tun hatten. Und so saß er den ganzen Tag in unserer Wohnung und machte sich Gedanken über Dinge, über die er sich keine Gedanken machen sollte. Das machte ihn fast wahnsinnig. Seine neuen Freunde redeten ihm auch ein, dass die Menschen in Deutschland keine Werte mehr hätten. Dass Frauen Freiwild seien. Dass die Männer alle Drogen nahmen. »Pass gut auf deine Kinder auf, sonst werden sie auch so«, flüsterten sie meinem Vater ein. Und er wurde auch uns gegenüber immer strenger und strenger. Er tat das nicht aus Boshaftigkeit. Er wurde so, weil er dachte, nur so könne er uns schützen. Und so wurde unser ehemals harmonisches Familienleben immer schlimmer und schlimmer. Ich verstand nicht, was mit ihm los war. Ich merkte nur, dass der gute Vater, der sich damals so liebevoll zu uns Kindern setzte und uns erzählte, wir sollten uns keine Sorgen machen, es würde bald alles besser werden, dass dieser Vater nicht mehr da war. Von ihm geblieben war ein zorniger Mann. Besonders litten meine Schwester Leyla und ich unter ihm. Er war zu uns besonders streng. Ich sprach ihn öfters darauf an. Aber er blockte das ab. Eines Tages, sagte er immer, würden wir verstehen, dass er uns nur schützen will.

Aber ich verstand es nicht. Ich hatte schon als Kind einen ziemlich ausgeprägten Gerechtigkeitssinn. Und es hat mich wahnsinnig gestört, dass mein Vater dauernd zwischen mir und meinen Brüdern unterschieden hat. Sie durften viel mehr als ich. Sie durften lange draußen bleiben. Sie durften mit ihren Freunden ausgehen und spielen. Sie durften auf Klassenfahrten mit. Es war ein ewiger Kampf. In der dritten Klasse hatte ich Schwimmunterricht. Damit ich schwimmen lernen durfte, musste ich aber mein Kopftuch abnehmen. Mein Vater war strikt dagegen. Dann würde ich eben nicht lernen zu schwimmen. Nicht jeder Mensch muss schwimmen können, sagte er. Wir leben auf der Erde und nicht im Wasser.

»Aber, was ist, wenn ich in einen See falle?«

»Warum solltest du in einen See fallen?«

»Na, wenn mich jemand reinschubst?«

»Niemand schubst dich einfach in einen See.«

»Das weißt du doch gar nicht. Du sagst doch, dass du nur mein Bestes willst. Wenn mich aber jemand in den See schubst und ich nicht schwimmen kann, dann werde ich ertrinken.«

»Aylin, so etwas wird nicht passieren.«

»Aber wenn es passiert, willst du für meinen Tod verantwortlich sein?«

Er dachte nach.

»Was ist mit deinem Kopftuch? Man legt es nicht ab.«

»Ich habe mich selbst dazu entschlossen es zu tragen. Und ich werde es nur für den Schwimmunterricht ablegen. Sonst nicht.«

»Dann mach doch, was du willst«, gab er endlich nach.

Mit den Jahren wurde es aber immer schwieriger, ihn zu überzeugen. Irgendwann hatte mein Vater keine Lust mehr zu diskutieren. Das Kopftuch zu tragen, war tatsächlich meine Entscheidung. Ich traf sie, als ich acht Jahre alt war und mich das erste Mal mit dem Islam befasste. Ich fand, dass es ein schönes Zeichen war, um mich zu meiner Religion zu bekennen. Der Islam war für mich keine Religion der Unterdrückung. Im Gegenteil. Er war für mich eher eine Religion der Befreiung.

Auch das Verhältnis zu meiner Mutter und zu meinen Brüdern

wurde immer schlechter. Auch sie veränderten sich. Besonders mein älterer Bruder Seyed schien sich stark an meinem Vater zu orientieren. Er bevormundete meine Schwester und mich. Immer unter dem Deckmantel, dass er uns beschützen will. Aber aus dem Schutz wurde nach und nach Schikane. Eine Schikane, die mit den Jahren immer schlimmer und schlimmer wurde.

***

Das Verhältnis zu Leyla wurde derweil immer enger. Je mehr sich der Rest der Familie gegen uns stellte, desto mehr hielten wir aneinander fest. Besonders eine Situation schweißte uns beide zusammen. Leyla war gerade sechzehn geworden, als wir eines Tages unerwarteten Besuch bekamen. Ich war damals zwölf Jahre alt und kam gerade aus der Schule nach Hause. Als ich in unser Zimmer kam, machte Leyla gerade ihre Hausaufgaben. Nach ein paar Minuten kam meine Mutter rein.

»Leyla, mach dich fertig, dein Bräutigam ist gleich da.«

Wir schauten uns ungläubig an.

»Welcher Bräutigam?«, fragte ich Leyla.

»Ich habe keine Ahnung.«

In dem Moment klingelte es an der Haustür. Leyla wurde immer nervöser. Sie packte ihre Bücher zusammen und lief im Zimmer hin und her.

»Weißt du, wer da kommt?«, fragte ich sie nochmal. Ich konnte mir einfach nicht vorstellen, dass meine Mutter von einem »Bräutigam« sprach und Leyla keine Ahnung haben wollte, um was es hier ging.

»Ich sagte doch, ich weiß es nicht, Aylin!«

Ich ging ganz nah an unsere Zimmertür und versuchte, etwas aus dem Wohnzimmer zu hören. Aber da war nur unverständliches Gerede.

»Und?«, fragte Leyla nervös.

Ich schüttelte den Kopf.

Die Minuten zogen sich ewig hin, bis unsere Mutter in das Zimmer kam.

»Leyla. Komm und servier uns Kaffee und Tee.«

Ich begleitete meine Schwester in die Küche. Als wir am Wohnzimmer vorbeikamen, sah ich, wie neben meinem Vater drei mir vollkommen fremde Personen auf der Couch saßen. Ein älterer Mann. Eine ältere Frau. Und …

Oh mein Gott! Ich musterte den jungen Mann, der offenbar gekommen war, um meiner Schwester einen Heiratsantrag zu machen. Er war eigentlich kein junger Mann. Er war ein alter Mann. Zumindest in meinen Augen. Er musste um die 30 Jahre alt sein. Er war klein, etwas dicklich, hatte blonde Haare und eine dicke Brille. Außerdem trug er ein Hörgerät.

Ich schaute meine Schwester mitleidig an. Sie war blass wie eine Leiche.

Ich kannte Leyla und ich wusste auch, auf was für eine Art Mann sie stand. Und ich wusste, dass der Mann, der da mit seinen Eltern in unserem Wohnzimmer saß, das genaue Gegenteil von dem war, was sie eigentlich suchte.

»Bitte, lass das nicht wahr sein«, flüsterte sie sich selbst zu.

Sie servierte den Gästen Getränke und setzte sich zu dem Mann, der ihr Mann werden sollte. Meine Mutter gab mir ein Zeichen, dass ich wieder in mein Zimmer gehen sollte.

Als Leyla nach ein paar Stunden zurückkam, wirkte sie wahnsinnig deprimiert.

»Und?«, fragte ich sie. »Wie ist er?«

»*Er* heißt Bülent«, sagte sie kalt. Dann legte sie sich in ihr Bett und starrte an die Decke. So neugierig ich auch war, alle Details zu erfahren, ich spürte, dass ich jetzt besser die Klappe halten sollte.

»Sag doch einfach, dass du ihn nicht heiraten willst«, sagte ich ihr noch, bevor ich einschlief. Aber Leyla antwortete nicht.

Nach ein paar Tagen kam Bülent wieder zu uns. Er und Leyla saßen dieses Mal allein im Wohnzimmer und unterhielten sich.

Unabhängig davon, was für ein Mensch Bülent auch sein mochte, selbst wenn er ein bildhübscher, liebenswerter Mann gewesen wäre – die Sache war: Leylas Herz gehörte einem anderen. Sie war in einen anderen Mann verliebt. Schon seit Langem. Außer mir wusste das niemand. Ich war fest davon überzeugt, dass meine Schwester Bülent heute sagen würde, dass sie nichts für ihn empfand. Ich fieberte mit ihr mit. Ich saß in unserem Zimmer und betete, dass sie es hinbekommen würde, ohne dass er oder seine Eltern oder unsere Eltern verletzt sein würden.

Nach einer Stunde hörte ich, wie unsere Haustür geschlossen wurde. Bülent war fort. Ich ging zu meiner Schwester und wollte sie trösten und ihr Mut zusprechen, dass unsere Eltern ihre Entscheidung schon akzeptieren würden. Sie saß im Wohnzimmer auf der Couch. Sie starrte ins Leere.

»Und?«, fragte ich.

Leyla schaute mich nicht an. »Ich werde Bülent heiraten«, sagte sie dann mit monotoner Stimme. »Er ist ein guter Mann. Es ist das Richtige.«

»Was? Das kann doch nicht dein Ernst sein!«

Jetzt schaute mich meine große Schwester an und legte ihre Hand auf mein Knie. »Du verstehst das jetzt vielleicht nicht, Aylin. Aber eines Tages wirst du es verstehen.«

»Nein, glaub mir, das werde ich bestimmt niemals verstehen!«, widersprach ich ihr. Und passieren wird mir so etwas erst recht nicht, dachte ich mir still.

Leyla lächelte. Meine Schwester war immer die Ruhigere von uns beiden. Sie hat sich immer alles gefallen lassen. Sie fügte sich. Sie machte, was man von ihr wollte. Zumindest nach außen gab sie sich so. Ich wusste aber, dass sie sich heimlich mit Hussein traf, dem Mann, den sie wirklich liebte. Ich war da anders. Ich gab Widerworte. Ich versuchte, mich zu behaupten. Ich ließ mir nichts gefallen. Aber ich stand zu den Dingen, die ich tat. Immer.

Doch von Tag zu Tag wurde mir mehr bewusst, wie viel klüger meine Schwester handelte. Sie wusste, dass unsere Eltern ihr nicht erlauben würden, den Mann zu heiraten, den sie eigentlich liebte. Und sie wusste, dass Bülent nicht stark genug war, sie zu kontrollieren. Also akzeptierte sie die Ehe mit ihm. Lebte mit ihm zusammen und gewann auf diese Weise eine Freiheit, die sie zu Hause niemals gehabt hätte. Ich verstand sehr viel später, wie strategisch sie dachte. Und wie weit sie damit kam. Auch wenn ich ihr Modell nicht übernehmen konnte und es wohl auch niemals können würde. Ich hätte das nicht vor mir selbst rechtfertigen können.

***

Leyla zog irgendwann aus. Und für mich ging das Leben weiter, ohne meine engste Vertraute neben mir zu haben. Neben der deutschen besuchte ich auch eine arabische Schule. Dort lernte ich nicht bloß arabisch lesen und schreiben, ich hatte auch Religionsunterricht. Und ich befasste mich zum ersten Mal in meinem Leben tiefer mit dem Islam. Das, was ich damals über unsere Religion gelernt habe, hat mich bis heute stark geprägt. Wir befassten uns mit dem Koran und den Hadithen. Die Hadithe sind die überlieferten Weisheiten des Propheten Mohammed. Ein Hadith hat mich ganz besonders begeistert. Er besagt, dass für jede Frau, die Kinder zur Welt bringt, das Paradies vorgesehen ist. Das fand ich einen sehr schönen Gedanken. Weil er zeigte, dass die Familie auch in der Religion das Wichtigste ist. Ich lernte auch, dass der Islam nicht gegen die Frauen ist. Der Islam ist für die Frauen. Zumindest verstand ich das so. Im Koran steht, dass alle Menschen gleich bestraft werden, wenn sie sündigen. Egal ob Mann oder Frau. Das war für mich ein klarer Beleg: Männer und Frauen sind vor Gott gleich. Und das bedeutet: Männer und Frauen sind gleichberechtigt.

So war das damals für mich. So ist es noch heute für mich. Zumindest in der Theorie. Aber die Realität sieht anders aus. Sie sah schon immer anders aus. Wenn mein Bruder seinen Freunden erzählte, dass er mit seiner Freundin geschlafen hat, dann lobten seine Freunde ihn. Er galt als cool. Er und seine Freunde brüsteten sich mit ihren Eroberungen und ermutigten sich gegenseitig. Aber was wäre los gewesen, wenn ein Mädchen damit geprahlt hätte, dass sie mit einem Jungen geschlafen hat? Sie wäre nicht nur als Schlampe bezeichnet worden, im schlimmsten Fall hätten ihre Brüder sie umgebracht. Weil ihre sogenannte Ehre verletzt wurde. Das alles sah und erlebte ich in unserem Umfeld. Selbst in meiner eigenen Familie.

Ich glaube, dass viele Männer unsere Religion nicht verstanden haben. Oder sie bewusst nicht verstehen wollen. Ich bekam das in meinem Kopf so schwer zusammen. Der Imam hatte doch immer wieder erklärt, dass man besonders gut zu seiner Frau, seinen Töchtern und seiner Mutter sein soll. In meinem Umfeld berief man sich immer wieder auf die Religion. Aber gleichzeitig mussten die Frauen in meinem Umfeld immer tun und lassen, was der Mann ihnen befahl. Das hat mir nicht gepasst. Ich wusste ja, dass ich auch mal eine Frau sein würde. Und als ich dann langsam zur Frau wurde, da merkte ich, wie sich mein Leben tatsächlich veränderte. Wie ich immer mehr eingeschränkt wurde. Und wie ich immer brutaler geschlagen und getreten wurde, wenn ich nicht das tat, was mein älterer Bruder oder mein Vater von mir erwarteten. Sie spuckten mir ins Gesicht, wenn ich Widerworte gab. Sie schlugen mir in den Bauch, wenn ich in ihren Augen frech wurde.

***

Auch meine Eltern stritten sich immer öfter. Immer heftiger. Besonders wegen der Eifersucht meines Vaters. Bei der kleinsten Gelegenheit rastete er aus. Wenn meine Mutter aus dem Haus ging. Wenn meine Mutter mit ihm diskutieren wollte. Wenn meine Mutter ihm einmal nicht zustimmte. Er muss eine panische Angst davor gehabt haben, dass sie ihn irgendwann verlässt. Das waren die Einflüsterungen seiner Freunde. Sie sagten ihm, dass meine Mutter sich emanzipieren werde. Dass sie irgendwann mit uns Kindern verschwinden und ein neues Leben ohne ihn beginnen würde. Mein Vater verstand nicht, dass sein Verhalten alles viel schlimmer machte. Dass er meine Mutter erst recht von sich wegtrieb. Das war das Problem meiner Eltern. Mein Vater drängte meine Mutter aus Angst sie zu verlieren immer weiter von sich weg. Und meine Mutter war nicht in der Lage, meinem Vater klar zu sagen, wo eigentlich das Problem lag. Wenn Mama sich ungerecht behandelt fühlte, dann sagte sie das nicht. Sie wurde bloß hysterisch. Sie fing an zu schreien. Zu drohen. Zu fluchen. Und das machte alles bloß noch viel schlimmer. Besonders für uns Kinder, weil wir nicht verstanden, was eigentlich los war.

Es gab so oft Streit, dass meine Eltern kurz davor waren, sich scheiden zu lassen. An solchen Abenden kam mein Vater oft in mein Zimmer, setzte sich an mein Bett und strich mir über den Kopf. Ich fragte ihn, warum es immer so viel Streit gab. Und er erklärte mir, dass er uns nur beschützen, die Familie nur zusammenhalten will. Ich habe ihm das immer geglaubt. Auch wenn ich gesehen habe, wie wenig erfolgreich er mit seiner Methode war.

»Ach, Aylin. Was soll denn aus euch werden, wenn ich nicht da bin? Wer soll euch denn dann beschützen?«, fragte er einmal sichtlich bewegt. Er hatte wirkliche Angst, uns zu verlieren. Und er verlor uns. Meine Eltern stritten sich so heftig, dass mein Vater ein zweites Mal die Hand gegen meine Mutter erhob. Sie hatte sich nach dem ersten Mal geschworen, dass sie das nicht noch einmal dulden würde. Mama wurde hysterisch. Sie schrie meinen Vater an. Dann packte sie ihre Sachen und ging. Einfach so. Wir hatten damals eine panische Angst. Was, wenn Mama nicht wiederkommen würde? Wenn sie uns jetzt wirklich verlassen würde? Was würde ohne sie passieren? Wenn wir sie nie wiedersehen würden? Ich spürte eine Anspannung bei uns in der Wohnung, wie ich sie noch nie zuvor erlebt hatte. Besonders bei meinem Vater. Er war völlig außer sich. Er wusste nicht, was er tun sollte, drehte seine Runden durch das Wohnzimmer. Nachts wachte er auf und lief weiter unruhig durch die Wohnung. Er schaute aus dem Fenster, ob Mama wiederkommen würde. Aber sie kam nicht. Das ging drei oder vier Tage so. Dann erfuhren wir, dass sie bei ihrem Bruder wohnte. Mein Vater nahm uns Kinder mit, um sie umzustimmen. Er dachte, wenn sie uns sieht, dann würde sie milder werden. Weicher. Und er hatte recht. Als wir vor der Tür unseres Onkels standen und meine Mutter uns sah, fing sie an zu weinen. Und sie ließ sich von meinem Vater überreden, wieder nach Hause zu kommen. Doch die Stimmung blieb unangenehm. Man konnte die Spannungen zwischen den beiden regelrecht spüren.

Zu diesem Zeitpunkt sollten mein jüngerer Bruder und ich eigentlich eine Jugendreise machen. Sie wurde von dem Jugendzentrum auf dem Kinderbauernhof veranstaltet. Es sollte für eine Woche nach Italien gehen und ich freute mich wirklich darauf. Ich war vorher noch nie irgendwo anders als in Berlin gewesen. Ich dachte mir, wenn wir nach einer Woche zurückkamen, dann wäre bestimmt alles wieder gut. Meine Eltern hätten sich zusammengerauft und alles wieder geklärt. Es brauchte wahrscheinlich nur etwas Zeit. Am nächsten Nachmittag fuhr ich mit meinem Vater und meiner Mutter auf den Kinderbauernhof, um alles Nötige für die bevorstehende Reise zu besprechen. Ein Betreuer sprach mich darauf an, dass ich von meinen Eltern noch eine Einverständniserklärung für diese Reise bräuchte. Ich hatte meine Eltern damals stundenlang überreden müssen, dass ich mitdurfte. Sie hatten nur zugestimmt, weil mein kleiner Bruder Selim auch dabei war. Aber es war ein harter Kampf. Jetzt nochmal eine Unterschrift von meinem Vater einzuholen, war eine riskante Sache. Er war so schlecht drauf. Ich konnte mir gut vorstellen, dass er seine Meinung über meine Ferienreise wieder änderte. Und genauso kam es auch. Er weigerte sich zu unterschreiben.

»Wir haben gerade ganz andere Sorgen, Kind.«

»Aber ihr habt mir versprochen, dass ich mitfahren darf.«

»Damals war alles noch anders«, sagte er und beendete die Diskussion.

Ich ging zu dem Betreuer und sagte ihm traurig, dass mein Vater nun doch nicht mehr bereit war, mich mitfahren zu lassen. Er drückte mir den Zettel in die Hand und sagte, ich solle ihn in ein paar Tagen noch einmal fragen. Vielleicht hätte er dann ja bessere Laune. Ich nickte und steckte den Zettel ein. Selim sah das und verpetzte mich sofort.

»Baba«, sagte er in seiner kindlichen Unschuld, »Aylin hat von dem Mann den Zettel eingesteckt, obwohl du schon nein gesagt hast.«

Mein Vater kam auf mich zu und sagte, ich solle ihm den verdammten Zettel geben. Mir war klar, dass er ihn nur zerreißen wollte. Damit wäre alles vorbei gewesen.

»Ich hab keinen Zettel«, log ich.

»Doch, du hast doch gerade den Zettel bekommen. Lüg mich nicht an!«

»Nein, ich gebe dir den Zettel nicht.«

Dann fing er an zu schreien. »Du sollst mir den Zettel geben!«

In dem Moment bin ich ausgerastet. Ich hatte mich gar nicht mehr unter Kontrolle. Ich verstand die Welt nicht mehr: Mein kleiner Bruder verpetzte mich und er durfte mitfahren und ich durfte nicht mehr mitfahren, nur weil meine Eltern sich gestritten hatten. Und wieder mal bekam ich alles ab. Wie immer. Ich hatte keine Lust mehr drauf. Ich trat vor Wut gegen einen Baum.

»Wenn ich nicht gehen darf, dann hau ich einfach ab«, schrie ich. Mein Vater gab mir eine Ohrfeige. Und dann bin ich weggerannt. Ich lief und lief und lief immer weiter in den Wald hinein. Mein Vater lief mir schreiend hinterher. Irgendwann kam ich an einem Spielplatz an. Ich versteckte mich hinter einem Klettergerüst und weinte. Ich wusste nicht, was ich tun sollte. Ich hörte, wie mein Vater meinen Namen durch den Wald schrie. »Aylin! Aylin!« Ich hatte Angst. Was sollte ich tun? Wenn ich zu ihm ging, würde er mich wieder verprügeln. Wie er es schon so oft getan hatte. Aber ich konnte doch nicht hier im Wald bleiben! Ich dachte nach. Und verharrte einige Zeit in meinem Versteck.

Irgendwann stand ich auf und ging zurück zu dem Kinderbauernhof. Ich hatte gehofft, dass mein Vater schon weg wäre. Aber er war noch immer da. Ich lief in den Bauernhof und er rannte mir hinterher. Als ich den Betreuer sah, schrie ich um Hilfe.

»Aylin, was ist denn los?«

»Schnell, schließen Sie die Tür ab!«

»Aber wieso?«

»Schnell!«

Ich sah, wie mein Vater immer näherkam. Der Betreuer wusste gar nicht, was los war, und schloss instinktiv die Tür vor der Nase meines Vaters. Aber der schrie und wütete und drohte. Er trat und schlug immer wieder gegen die Tür. Ich war total verängstigt und der Betreuer komplett überfordert.

»Aylin, ganz ruhig, ich werde mit deinem Vater reden«, sagte er.

»Nein, das bringt nichts«, weinte ich.

Als er die Tür öffnete, flüchtete ich aus einem Fenster. Ich rannte weiter, bis ich endlich meine Mutter sah. Sie stand vor unserem Auto gemeinsam mit Selim. Wo war sie nur die ganze Zeit gewesen? Ich lief auf sie zu und sie nahm mich in den Arm. Der Betreuer hatte mittlerweile die Polizei gerufen.

»Lass das Kind in Ruhe!«, schrie meine Mutter meinen Vater an.

»Ich tue ihr doch nichts! Sie ist wie eine Verrückte einfach weggelaufen«, motzte er.

»Weil sie Angst vor dir hat. Wir haben alle Angst vor dir. Fahr jetzt nach Hause.«

»Und ihr?«

»Fahr jetzt nach Hause!«, bestimmte meine Mutter. In dem Moment fuhren zwei Polizeiwagen vor und mein Vater setzte sich in sein Auto und fuhr weg. Meine Mutter führte ein langes Gespräch mit den Polizisten. Sie weinte viel.

Dann kniete sich ein Polizist zu mir herunter. Er fragte mich, ob ich in ein Heim gehen möchte und ich verstand gar nicht, was das bedeuten sollte. Meine Mutter schaute ihn nur an und sagte: »Nein. Sie geht mit mir mit.«

»Möchten Sie zu Ihrem Mann zurückgehen?«

»Ich möchte nicht zurück. Ich möchte in ein Frauenhaus.«

Ich wusste gar nicht, was das bedeuten sollte. Ein Frauenhaus? Was war denn ein Frauenhaus?

»Das ist ein sicherer Ort«, sagte meine Mutter, die sich wohl schon vorher über diese Alternative informiert hatte. »Ein Ort, an dem uns nichts passieren wird.«

Und dann gingen wir ins Frauenhaus. Mama, Selim und ich. Es war sprichwörtlich eine Nacht-und-Nebel-Aktion. Es war kurz vor Mitternacht, als wir dort ankamen. Das Frauenhaus lag mitten im Wald. Drei umzäunte Häuser. An der Tür mussten wir ein Passwort nennen, damit wir reinkamen. Man sagte uns, dass wir niemandem erzählen dürften, wo wir sind. Niemandem. Sonst würden böse Männer kommen, die uns böse Dinge antun. Ich hatte wahnsinnige Angst. Es war so unheimlich. Und wir hatten gar nichts dabei: kein Geschirr, kein Essen, kein Trinken, keine Klamotten, kein Geld. Wir mussten alles von dort nutzen. Aber mit der Zeit gewöhnten wir uns an unser neues Zuhause. Wir wohnten in einem kleinen Zimmer. Nach und nach lernten wir die anderen Kinder kennen, die auch vor Ort waren. Wir spielten mit ihnen im Wald und beschäftigten uns mit uns selbst. Mama war in dieser Zeit nicht für uns da. Sie saß nur in ihrem Zimmer und weinte. Die ganze Zeit. Wenn sie nicht weinte, dann telefonierte sie mit Verwandten. Drei Monate ging das so. Es war fürchterlich. Sogar von der Schule wurde ich beurlaubt. Irgendwann rief sie meinen Vater an. Und sagte ihm, dass sie zurückkommen würde. Ich weiß nicht, was sie dazu bewegt hatte. Offenbar fand sie das Leben ohne ihn noch schlimmer als das Leben mit ihm. Vielleicht hatte er ihr auch versprochen, dass alles besser werden würde. Ich weiß es nicht. Aber besser wurde gar nichts. Im Gegenteil. Es wurde immer schlimmer.

Die Schikanen meines großen Bruders wurde immer heftiger. Er und mein Vater verboten mir mittlerweile komplett, allein rauszugehen. Freunde durfte ich nur besuchen, wenn sie diese Freunde kannten. Und wenn sie ihnen vertrauten. Mein Handy wurde ständig kontrolliert. Irgendwann fingen sie auch an, meine Klamotten zu kontrollieren. Als Seyed einmal Make-up bei mir fand, schlug er auf mich ein. Meine Mutter griff dann zwar ein, aber sie hat mich nie wieder wirklich verteidigt. »Du hast ja selbst Schuld«, sagte sie mir nur. Ich verstand nicht, warum sie so geworden war. Vielleicht setzte ihr das schwere Verhältnis zu meinem Vater zu? Aber ich war doch ihr Kind. Warum verteidigte sie mich nicht? Ich verstand es nicht. Mein Bruder hätte mich am liebsten auch komplett aus der Schule genommen. Ich sollte lieber im Haushalt helfen. Das tat ich zwar auch so, aber in seinen Augen wäre das eine gute Vollzeitbeschäftigung für mich gewesen. In der Schule würde ich nur auf dumme Gedanken kommen, meinte er. Mein Vater schien das ähnlich zu sehen. Immer wieder fragte er mich, warum ich nicht einfach diese »dämliche Schule« abbreche. Ich erinnerte ihn dann an das, was er uns sagte, nachdem wir nach Deutschland gekommen waren. Dass wir irgendwann einmal ein gutes Leben führen würden. Dass alles besser werden würde. Ich erinnerte ihn daran, dass er damals nach Deutschland gekommen war, weil die Menschen hier das Leben führen können, das sie glücklich macht. Es war noch immer etwas von diesem Traum in meinem Vater. Das spürte ich. Auch wenn nicht mehr viel davon übrig war. Er wurde beinahe von Tag zu Tag paranoider und strenger. Und meine Mutter litt so stark darunter, dass sie irgendwann ernste psychische Probleme bekam. Ich versuchte, mir das glücklich verliebte Pärchen von damals vorzustellen. Das gegen alle Widerstände um seine Liebe kämpfte. Das seine Heimat verließ, um die Familie zu beschützen. Jetzt waren meine Eltern nach und nach zu Tyrannen geworden, die im Namen des Schutzes eine Schreckensherrschaft aufbauten. Es gelang mir nur mithilfe der Erinnerung an diese alten Zeiten, zu meinem Vater vorzudringen. Und so erlaubte er mir dann auch, die Schule zu beenden, ohne mich vollständig dem Haushalt zu widmen. Als ich meine mittlere Reife hatte und sechzehn Jahre alt war, begann ich eine Ausbildung als Modeschneiderin. Das war im Sommer 2003. Genau zu der Zeit, als Ramadan begann.

***

Ramadan ist der islamische Fastenmonat. Es wird erst nach Sonnenuntergang gegessen und getrunken. Durch den wochenlangen Verzicht würde man seine Bindung zu Allah stärken, heißt es. Und es heißt, dass es Glück bringt, in den letzten zehn Tagen von Ramadan zur Moschee zu gehen und zu beten. Das war auch eine Familientradition bei uns. Also ging ich mit meiner Schwester und ihrer Freundin in die Moschee, die wir immer besuchten. Es war ein heißer Sommerabend und ich war wirklich ziemlich fertig von dem Fasten. Nach dem Gebet saßen wir mit den anderen Frauen noch ein wenig zusammen und unterhielten uns. Ich war so wahnsinnig müde. Ich lehnte mich an Leylas Schulter und schloss die Augen. Ich schlief ein. Ich hatte gar kein Zeitgefühl mehr. Ich weiß nicht, wie lange ich geschlafen hatte, aber irgendwann weckte mich meine Schwester und ich sah, dass es draußen schon dunkel war. »Wir müssen nach Hause, Schatz.«

Als ich aufstand, strich mir Leylas Freundin über die Schulter. »Tolle Nachrichten, Aylin. Du hast jetzt einen Bräutigam.«

»Was?«, fragte ich und wurde plötzlich nervös. Leyla schüttelte nur den Kopf. »So ein Quatsch, hör nicht auf sie.«

»Aber was meint sie denn?«, fragte ich nach.

»Nichts, vergiss es einfach«, sagte Leyla und zog mich aus der Moschee. Es war mittlerweile schon tiefe Nacht. Aber der Satz von Leylas Freundin blieb mir noch ein paar Tage im Kopf. Du hast jetzt einen Bräutigam. Was sie damit wohl meinte? Ich mochte kaum daran denken und mit der Zeit schaffte ich es auch wirklich, den Gedanken zu verbannen.

Als ich ein paar Wochen später mit meiner Freundin Bahar von meiner Ausbildung nach Hause kam, wurde ich schon an der Tür von meiner Mutter empfangen. Sie schien sehr aufgeregt zu sein.

Ich legte meine Tasche ab und spürte sofort, dass irgendetwas in der Luft war. Meine Mutter zog mich in mein Zimmer. »Kind, du bist spät dran. Geh dich schnell umziehen. Deine Schwiegereltern kommen gleich.«

Sie sagte den Satz mit einer solchen Selbstverständlichkeit, dass ich ein paar Sekunden brauchte, um zu realisieren, was genau sie da eigentlich gerade gesagt hatte. Meine Schwiegereltern? Das konnte doch nur ein Scherz sein. Ich musste auflachen, so absurd war es.

»Welche Schwiegereltern? Machst du Witze?« Ich schaute hilflos zu meiner Freundin Bahar. Aber meine Mutter blickte mich mit ernster Miene an.

»Es kommen gleich Leute, die werden um deine Hand anhalten«, sagte meine Mutter. »Bahar, vielleicht gehst du besser nach Hause. Heute ist ein besonderer Tag für Aylin.«

»Bahar bleibt hier!«, befahl ich. »Und ... wer will um meine Hand anhalten? Das hätte mir ja mal jemand sagen können ...«, stammelte ich noch immer etwas ungläubig. Ich versuchte zu realisieren, was hier gerade passierte. Da sollte jemand kommen, der um meine Hand anhalten würde. Ich sollte verheiratet werden? Sofort dachte ich an Leyla und den Tag, als Bülent um ihre Hand angehalten hatte. Ich wurde nervös. Das durfte doch nicht wahr sein. Ich hatte das Gefühl, ich war im falschen Film.

»Mama, meinst du das ...«

»Du wirst ihn ja gleich kennenlernen«, schnitt mir meine Mutter das Wort ab und war schon wieder auf dem Weg ins Wohnzimmer, um alles aufzuräumen. Ich blieb fassungslos mit Bahar in meinem Zimmer zurück.

»Vielleicht ist er ja ganz nett?«, versuchte sie, mich zu trösten.

»Spinnst du?« Ich setzte mich auf mein Bett und dachte nach. Mir schossen tausend Gedanken durch den Kopf.

Es dauerte keine halbe Stunde, da klingelte es an unserer Haustür. Immer wieder hatte ich die Szenen von damals im Kopf. Von Leyla und Bülent. Ich erinnerte mich an meine eigenen Worte. Und an meine Überzeugung, dass mir so etwas niemals passieren würde. Und jetzt …

Ich hörte, wie meine Mutter sich mit den Gästen unterhielt. Bahar saß auf meinem Bett und versuchte, mich zu beruhigen. Ich hörte mehrere Frauenstimmen. Irgendwann rief meine Mutter nach mir. Ich sollte den Gästen die Getränke servieren. Ich hasste diese Tradition.

»Geh du«, sagte ich zu Bahar.

»Nein, auf keinen Fall! Das musst du machen!«

»Komm schon, bitte …«, sagte ich.

Ich war zwar schon extrem neugierig, wer da bei uns im Wohnzimmer saß, aber auf der anderen Seite fand ich den Gedanken ziemlich lustig, ein bisschen Verwirrung zu stiften. Als kleines Zeichen, dass ich nicht einverstanden war mit dem, was da passierte. Eine Mini-Rebellion.

»Also gut, aber ich habe was gut bei dir«, sagte Bahar und ging in die Küche, um den Tee zu holen. Ich ging mit meinem Ohr ganz nah an die Tür und versuchte, so viel wie nur möglich mitzubekommen.

»Ohhh, was für ein wunderschönes Kind«, hörte ich eine Frau sagen. So unangenehm die Situation für mich auch war – ich konnte mir das Lachen nicht ganz verkneifen. Nach ein paar Minuten kam Bahar mit hochrotem Kopf in mein Zimmer.

»Und?«, fragte ich.

»Wenn die Blicke deiner Mutter töten könnten, dann hätte ich diese dumme Aktion nicht überlebt«, motzte sie mich an.

»Ach, komm schon«, sagte ich. »Jetzt erzähl.«

»Der Mann war gar nicht da. Nur seine Mutter und seine Schwester. Seine Mutter hat mir direkt Komplimente gemacht, weil sie dachte, ich sei du. Total peinlich.«

»Und wie sind sie?«

»Die Mutter wirkt ein bisschen … schwierig. Die Schwester war ganz ruhig.«

Noch bevor Bahar mir mehr erzählen konnte, rief mich meine Mutter ins Wohnzimmer. Bahar drückte noch kurz meine Hand und lächelte mir zu. Ich war extrem aufgeregt. Schon als ich den Raum betrat, verstand ich, was meine Freundin mit dem Begriff »schwierig« meinte. Die ältere Frau, die da auf unserem Sofa saß, musterte mich scharf von oben bis unten. »Ihre Kleidung wird sich aber noch ändern, oder?«, fragte sie meine Mutter.

Ich konnte es nicht fassen. War das jetzt die Retourkutsche dafür, dass ich Bahar vorgeschickt hatte? Ich schaute die kleine grimmige Frau an. Sie blickte mürrisch zurück. Meine Kleidung war sehr lang und weit. Nirgendwo im Koran steht, dass man sich komplett verschleiern muss. Ich war passend zu meinem Kopftuch gekleidet. Das reichte. Niemand hatte mir zu sagen, wie ich mich anziehen soll. Ich kochte innerlich.

In diesem Moment war mir klar, dass ich diesen Mann auf gar keinen Fall heiraten würde. Selbst wenn er der absolute Traummann wäre, mit dieser Familie wollte ich nichts, aber auch rein gar nichts zu tun haben. Die Schwester schaute mich verlegen an. Sie kam mir bekannt vor, aber ich konnte sie nicht mehr zuordnen.

»Na ja, wenn wir das mit den Klamotten hinbekommen, ist sie ja ganz ansehnlich«, sagte die Frau an meine Mutter gewandt. Am liebsten hätte ich sie persönlich aus der Wohnung geworfen. Aber aus Respekt habe ich einfach gar nichts gesagt.

Die unangenehme Situation zog sich noch eine gute halbe Stunde. Ich setzte mich auf das Sofa. Meine Eltern sprachen mit den fremden Menschen noch ein wenig über den Libanon. Small Talk. Irgendwann verabschiedeten sie sich. Als mein Vater die Tür hinter den Gästen schloss, brach es sofort aus mir heraus.

»Auf keinen, auf gar keinen Fall werde ich dem zustimmen!«

Meine Eltern versuchten, mich zu beruhigen, aber das war sinnlos. Ich war völlig außer mir. »Wie könnt ihr mir das antun? So etwas hinter meinem Rücken einzufädeln? Euch muss doch klar sein, dass ich so was nicht will.«

»Aylin, komm runter«, sagte meine Mutter. »Wir haben überhaupt nichts eingefädelt.«

»Ach nein, natürlich nicht. Die kommen vorbei, weil sie mich zufällig auf der Straße gesehen und mich als potenzielle Braut erkannt haben, oder was?«

»Nein, Aylin. Deine Schwester hat das eingefädelt. Sie dachte, es könnte eine gute Sache für dich sein.«

Ich verstummte. Meine Schwester? Leyla? Nein, das konnte ich nicht glauben. Ich musste mich erst einmal setzen. Bahar brachte mir ein Glas Wasser. Warum sollte Leyla so etwas tun? Sie wusste doch besser als alle anderen, wie furchtbar es war, wenn plötzlich ein fremder Mann um deine Hand anhält. Konnte ich meinen Eltern glauben? Und in dem Moment fiel mir die Nacht in der Moschee wieder ein. Und wie Leylas Freundin mir sagte, ich hätte jetzt einen Bräutigam. Ich musste sofort mit Leyla sprechen. Ich packte meine Tasche und fuhr zu ihr und ihrem Mann.

Ich war noch immer ziemlich aufgebracht. Aber Leyla konnte die Aufregung gar nicht verstehen.

»Ich wollte dir doch nur etwas Gutes tun, Schatz. Als wir damals in der Moschee waren, da kam ich mit Mertems Schwester ins Gespräch. Wir kennen uns schon lange.«

Mertem also. So sollte mein künftiger Ehemann heißen. Nicht mal das wusste ich bis zu diesem Moment.

»Wie konntest du denken, dass du mir damit etwas Gutes tust? Du kennst mich doch, du weißt, dass ich so was nicht will.«

»Ja, ich kenne dich. Und ich kenne auch Mertem. Er ist ein gebildeter, liebevoller und guter Mann. Genau das, was du dir immer gewünscht hast. Wenn du ihn nicht magst, kannst du ja immer noch nein sagen. Aber ich wollte dir wenigstens einmal die Chance geben, dass ihr euch kennenlernen könnt.«

Ich verschränkte die Arme und schaute Leyla wütend an.

»Mensch Aylin, du bist immer so wahnsinnig stur.«

»Mag sein, aber ich lasse mir nicht gern mein Leben vorschreiben.«

»Niemand schreibt dir dein Leben vor. Gib ihm doch einfach mal eine Chance. Und wenn er dir nicht passt – dann sag nein.«

Es hatte keinen Sinn. Obwohl Leyla damals in genau derselben Lage gewesen war wie ich heute, hatte sie überhaupt kein Verständnis für mich. Im Gegenteil. Ich wusste, dass sie es nicht böse mit mir meinte. Aber sie begriff nicht, dass ich nicht der Typ Mensch bin, der seine Wünsche und Träume hintanstellt, um die Wünsche und Träume von anderen Menschen zu erfüllen, die er nicht einmal kennt.

Leyla aber war mehr der Tradition verhaftet. Und die Tradition besagte, dass die Eltern eines Mannes bei den Eltern einer Frau um die Hand der Tochter anhielten. Auch wenn die Frau den Mann gar nicht kannte. Es war ein bisschen wie auf dem Basar. Wenn die Rahmenbedingungen geklärt waren, stimmte die Frau zu, sich dem ihr noch fremden Mann zu versprechen. Dann erst trafen sich die beiden in der Regel zum ersten Mal. Es sei denn, sie kannten sich schon vorher. Das potenzielle Brautpaar bekam Gelegenheit, sich kennenzulernen. Wenn alles passte, wurde die Brautgabe vereinbart. In der Regel verpflichtete sich die Familie des Mannes, der Braut Gold in einem vorher abgesprochenen Wert zu schenken. Dann trat man vor einen Imam, einen muslimischen Prediger, und der vollzog die islamische Ehe.

Als ich am Abend wieder nach Hause kam, setzte sich mein Vater zu mir in mein Zimmer.

»Du warst ziemlich aufgebracht, Aylin. Wir wollten dich heute nicht verägern. Wir wollten nur dein Bestes. Ich hoffe, das weißt du.«

»Das weiß ich. Aber ich möchte diesen Mann nicht heiraten.«

Mein Vater atmete tief durch. »Und warum nicht?«

»Erstens: Ich kenne den Typen überhaupt nicht. Zweitens: Seine Mutter kam mir so blöd. Und drittens: Ich bin gerade einmal sechzehn und mache meine Ausbildung. Ich will jetzt nicht heiraten.«

»Also, pass auf Aylin. Du würdest – wenn – ja auch mit ihm zusammen sein. Und nicht mit seiner Mutter. Wieso machen wir es nicht so: Du lernst ihn einmal kennen und gibst dem jungen Mann eine Chance. Wenn es nichts ist, dann ist es nichts. Dann vergessen wir das. Aber bleib fair. Gib ihm eine Chance. Und bewerte ihn nicht über seine Familie.«

Das klang zunächst einmal vernünftig, dachte ich. Ich war überrascht, dass mein Vater sich so kompromissbereit zeigte. Ich hätte vielmehr erwartet, dass er mir seinen Willen einfach aufzwingt. Auch darum ging ich auf den Deal ein. Ich würde Mertem zumindest eine Chance geben. Also wurden wir einander versprochen. Eine Art inoffizielle Verlobung.

***

Eine Woche später war es dann so weit. Mertem kam vorbei. Gemeinsam mit seiner Familie. Ich saß in meinem Zimmer und sprach mir selbst gut zu. Ich versuchte, den Gedanken an seine Mutter zu verdrängen. Ich versuchte, so viele Gedanken zu verdrängen. Nein, ich würde ihm eine Chance geben. Eine echte Chance. Vielleicht war er ja wirklich ein toller Mann. Vielleicht würde aus dem Albtraum ja ein Märchen werden. Ich glaubte nicht daran. Aber ich wollte auch nicht voreingenommen sein.

Leyla hatte ja recht. Ich war extrem stur. Und mit meiner Sturheit verbaute ich mir nicht selten mein eigenes Glück.

Ich will nicht sagen, dass ich enttäuscht war. Aber als ich in das Wohnzimmer kam und Mertem sah, wusste ich sofort, dass das mit uns beiden nichts werden würde. Nicht nur, dass er so gar nicht mein Typ war. Er war klein, sehr kräftig, hatte dunkelblondes Haar und eine Brille. Außerdem war er schon Ende zwanzig. Fast doppelt so alt wie ich. Und dennoch wirkte er extrem schüchtern, traute sich gar nicht, mit mir zu reden, geschweige denn, mir in die Augen zu gucken. Ich wusste sofort, dass ich mit so einem Mann keine Ehe führen wollte. Einem Mann, der mich garantiert niemals verteidigen würde, wenn seine Mutter glaubte, mir Vorschriften machen zu können. Noch während unseres Kennenlerngesprächs kam mein großer Bruder Seyed in die Wohnung. Er sah, wie ich auf der Couch saß und mit Mertem sprach, und offenbar wusste er noch gar nichts von unserer arrangierten Eheplanung. Er guckte mich ungläubig an.

»Was ist denn hier los?«

Seyed kniff mich in die Seite und deutete Richtung Schlafzimmer. »Komm mal mit, Aylin.«

»Ich bin gleich wieder da«, entschuldigte ich mich bei meinem Gast und folgte meinem Bruder. Er schloss die Schlafzimmertür und bevor ich irgendetwas sagen konnte, gab er mir eine schallende Ohrfeige.

»Du dumme Schlampe«, schrie er mich an. »Wieso bringst du einen Kerl mit nach Hause? Hast du den Verstand verloren?«

Ich fing an zu weinen. Wie konnte er mich nur so vor meinem Gast demütigen? Ich versuchte, ihm zu erklären, dass unsere Eltern diese Eheschließung forciert haben. Das beruhigte ihn etwas.

»Ich schwöre, Aylin, wenn du mich hier anlügst, war das nur ein Vorgeschmack.« Er ballte seine Hand zu einer Faust und hielt sie mir unter die Nase.

Dann ging ich wieder zu Mertem zurück. Total verheult. Er schaute mich wieder nicht an, blickte nur zu Boden.

»Willst du noch was trinken?«, fragte ich.

»Nein, danke«, antwortete er. Wir schwiegen uns eine gute halbe Stunde an.

»Wie alt bist du eigentlich?«, fragte er irgendwann.

Was war das nur für ein Albtraum, in dem ich gefangen war?

Als ich mich am nächsten Tag auf den Weg zur Oberschule machte, kam ich an einem Kiosk vorbei. Ich zögerte einen Moment, ging ein paar Schritte zurück und schaute durch das Schaufenster. Ich rang ein paar Sekunden mit mir. Dann fasste ich Mut und ging in den Laden, um mir eine Packung Zigaretten zu kaufen. Ich war eigentlich strikt gegen das Rauchen. Ich fand den Geruch eklig. Ich empfand es als eine Sünde, seinen eigenen Körper mit brennendem Papier und Tabak kaputt zu machen. Aber ich kaufte mir trotzdem eine Packung.

Alle in meiner Familie rauchten. Mein Vater, mein Bruder, meine Schwester. Es war für sie eine Selbstverständlichkeit. Nur mir war es verboten.

»Wenn ich dich jemals mit einer Kippe erwische, prügel ich dich ins Krankenhaus«, hatte Seyed einmal zu mir gesagt.

»Wenn ihr mir das vormacht, dann werde ich es euch eines Tages einmal nachmachen«, sagte ich ihm damals. »Denkt ihr, ihr seid was Besseres als ich?«

»Ich warne dich, Aylin«, beendete er das Gespräch und hob wie so oft drohend die Hand vor meinem Gesicht.

Als ich vor der Schule stand, öffnete ich die Packung, zog eine Zigarette raus und bat eine Mitschülerin um Feuer. Der erste Zug war grausam. Der Rauch brannte in meiner Lunge. Ich musste fürchterlich husten und dachte für ein paar Sekunden, dass ich jetzt ersticken würde. Aber es hatte auch etwas Befreiendes. Ich war so wütend auf meinen Bruder, dass die Zigarette meine Form der Rebellion war. Ich setzte mich über etwas hinweg, was mir verboten war. Und wenn es auch nur etwas so Belangloses war wie das Rauchen. Für mich fühlte es sich wie ein kleiner Sieg an.

Aber die Zigaretten, die versteckte ich trotzdem vor meiner Familie.

***

Ich wollte die Sache mit Mertem beenden. So schnell wie möglich. Mein Vater hatte mir versprochen, dass ich zu nichts verpflichtet sei. Doch als ich ihm sagte, dass ich die Hochzeit nicht will, versuchte er, noch einmal, mich zu beschwichtigen. Er sagte mir, dass man einen Menschen nicht nach zwei Worten beurteilen kann.

»Du hast recht, Baba. Aber meine Gefühle täuschen mich nicht.«

»Was fühlst du denn?«

»Ich fühle gar nichts.«

»Gefühle sind nicht einfach da«, sagte mein Vater. »Sie entwickeln sich mit der Nähe, die man einem Menschen schenkt. Triff dich noch einmal mit ihm. Er ist sehr schüchtern. Gib ihm die Chance aufzutauen.«

Ich wollte das eigentlich nicht. Ich rang mit mir selbst. Mertem mochte ein netter Junge sein. Aber mehr war er nicht und mehr würde er nie für mich sein. Trotzdem gab ich meinem Vater nach. Ich sagte ihm zu, dass ich mich nochmal mit ihm treffen würde. Aber nur, weil ich dann vor mir selbst besser rechtfertigen konnte, nein zu sagen.

Mertem kam mich schon zwei Tage später besuchen. Beim ersten Treffen hatte er mir ein Geschenk mitgebracht. Eine Blumenvase. Beim zweiten Treffen brachte er mir eine Schachtel Donuts mit. Komische Geschenke, dachte ich. Aber es war immerhin eine nette Geste. Und sie verriet so viel über diesen Mann. Das war auch ganz gut so. Denn Gespräche gab es nicht wirklich. Mertem und ich hatten uns einfach nicht viel zu sagen. Wir saßen allein in unserem Wohnzimmer und versuchten, uns krampfhaft über etwas zu unterhalten. Er fragte mich nach meiner Ausbildung. Ich fragte ihn nach seinem Studium. Aber eigentlich war nichts von dem, was Mertem mir erzählte, irgendwie interessant für mich. Er war ein lieber Kerl. Aber er war todlangweilig.

Ich hatte die Hoffnung, dass er das genauso sah wie ich und die Verbindung zwischen uns lösen würde. Wenn er das tat, war ich fein raus. Ich müsste meinen Eltern dann nichts erklären. Ich dachte mir, dass Mertem doch spüren müsste, dass da nichts zwischen uns war. Aber offensichtlich sah er das ganz anders. Und plötzlich kam er regelmäßig. Alle paar Tage besuchte er mich und brachte Geschenke vorbei. Meine Mutter freute sich, dass ein junger Mann ein so offensichtliches Interesse an mir hatte, und versuchte, mich zu überreden, der Hochzeit möglichst bald zuzustimmen. Ich fühlte mich wie überfahren. Ich wollte ihn noch immer nicht heiraten. Nein, ich wollte ihn noch viel weniger heiraten als je zuvor. Ich hatte eigentlich nur zugesagt, ihm eine Chance zu geben, aber plötzlich ging alles so schnell, es war wie eine Lawine, die auf mich herabstürzte, und ich war so geschockt von dem, was da passierte, dass ich in eine regelrechte Starre verfiel.

Als Mertem mich anrief, weil er mit mir die Brautgabe aussuchen wollte, hatte ich plötzlich nicht mehr den Mut abzusagen. Er war so euphorisch am Telefon – was hätte ich sagen sollen? Natürlich weiß ich heute, was ich hätte sagen sollen. Aber ich war sechzehn Jahre alt. Also sagte ich ihm zu, ihn zu begleiten.

In der Regel schenkt der Bräutigam ein Set aus einer goldenen Kette, Ohrringen und einem Ring. Aber Mertem wollte mir mehr schenken. Seine Familie hatte offenbar sehr viel Geld. Sie besaßen mehrere libanesische Restaurants in ganz Deutschland.

Ich versuchte, es zunächst noch abzuwehren.

»Mertem, das geht mir viel zu schnell. Wir kennen uns doch erst seit ein paar Wochen.«

»Bitte, Aylin. Es bedeutet mir sehr viel. Ich möchte dir etwas Gutes tun, ich möchte dir das geben, was du wert bist.«

»Es ist noch viel zu früh. Wir haben noch nicht einmal über die Ehe gesprochen.«

»Ich weiß, ich weiß. Aber ich will es doch. Bitte, Aylin. Bitte sag nicht nein.«

Ich war hin- und hergerissen. Ich hatte nicht erwartet, dass das passieren würde, aber offenbar war Mertem wirklich komplett in mich verliebt. Natürlich schmeichelte es mir. Aber ich empfand nichts für ihn. Und ich hatte nicht die Größe und den Anstand, ihm das ehrlich zu sagen. Also gab ich nach. Wir vereinbarten mit seinen und meinen Eltern einen Termin und dann gingen wir gemeinsam in einen Goldladen und suchten uns die Brautgabe aus. Ich war wie paralysiert. Ich fühlte mich furchtbar. Ich schämte mich. Als wir aus dem Laden gingen, wollte er mir das Gold übergeben, aber ich bestand darauf, dass er es noch behalten sollte. Bis zur Eheschließung. Vorher wollte ich es nicht haben.

Als ich wieder nach Hause kam, brach ich in Tränen aus. Ich war total am Ende. Meine Schwester tröstete mich. Es kam jetzt alles hoch, was mich die letzten Wochen so belastet hatte. »Ich will diesen Mann nicht heiraten«, sagte ich. Meine Eltern waren fassungslos.

»Wir waren vor fünf Minuten mit diesem Mann deine Brautgabe kaufen. Und jetzt kommst du damit an, dass du ihn nicht heiraten willst? Hättest du dir das denn nicht drei Stunden vorher überlegen können?«, schimpfte mein Vater.

»Ich habe es euch von der allerersten Minute an gesagt! Ich wollte es nie.«

»Warum hast du dich denn dann auf ihn eingelassen?«

»Warum? Weil ihr mich gedrängt habt. Triff dich mit ihm. Gib ihm eine Chance. Ich wollte es euch recht machen. Ich habe es ja versucht. Aber ich liebe diesen Mann nicht. Und ich will ihn nicht heiraten.«

Mein Vater lief rot an und schüttelte den Kopf. Er war stinksauer.

Meine Mutter versuchte, auf mich einzureden. Sie sagte, ich solle an all die Geschenke denken, die er mir gemacht hat. Er würde mich gut behandeln.

»Das würde er vielleicht. Aber das ist doch nicht alles. Er ist viel zu ruhig. Viel zu zurückhaltend. Er würde sich niemals gegen seine Mutter stellen. Und mit einer solchen Schwiegermutter könnte ich wirklich nicht leben.«

Mein Vater lief nervös in der Wohnung umher. Diese Wendung passte ihm gar nicht. Er hatte die Ehe schon für eine gemachte Sache gehalten. »Wir schlafen da eine Nacht drüber«, sagte mein Vater.

»Ich werde mit seiner Schwester sprechen«, flüsterte mir Leyla ins Ohr. »Ich habe dir das schließlich eingebrockt. Vielleicht kann sie da ja irgendwie vermitteln.«

Ich versprach mir nicht allzu viel. Aber Leylas Gespräch zeigte offenbar Wirkung. Denn Mertems Schwester sprach mit Mertem. Und Mertem sprach mit seiner Mutter. Und die rief mich am nächsten Morgen an.

»Was fällt dir eigentlich ein, du dumme Göre? Du willst meinem Sohn einen Korb geben?«, blaffte sie direkt ins Telefon. »Es gibt tausend Mädchen auf dieser Welt. Sei froh, dass er dich nehmen würde. Mir geht es nur darum, dass er schnell eine Familie gründet.«

»Aber das ist nicht meine Vorstellung von einer guten Ehe«, hielt ich dagegen, noch immer geschockt, mit welcher Selbstverständlichkeit sie mich am Telefon beschimpfte.

»Du bist sechzehn, Kind. Du hast von nichts eine Vorstellung.«

Ich hatte mich aus Respekt immer zurückgehalten. Aber das war zu viel. »Wissen Sie was?«, schrie ich die alte Frau an. »Ihr Sohn ist ein guter Junge. Er verdient so eine Mutter nicht. Und ich verdiene so eine Schwiegermutter nicht.« Dann legte ich auf.

Meine Mutter konnte es nicht glauben. »Was machst du denn da? Wie redest du mit dieser Frau? Hast du komplett den Verstand verloren?«

Meine Mutter rief sie sofort zurück und entschuldigte sich bei ihr für mein Verhalten. Das fand ich unglaublich. Auf welcher Seite stand sie denn eigentlich? Ich war doch ihre Tochter. Und ich hatte den Streit ja nicht begonnen. Ich verzog mich auf mein Zimmer.

Ein paar Minuten später klopfte es an meiner Tür. Meine Mutter hielt mir den Telefonhörer entgegen. »Hier. Mertems Vater will mit dir sprechen.«

»Hallo?«

»Hallo, Aylin.« Mertems Vater war ein älterer, sehr verständnisvoller Mann. Statt mich anzuschreien oder mir Vorwürfe zu machen, wollte er nur verstehen, was los war. Wieso ich seinen Sohn nicht mehr heiraten wollte. Und ich erklärte es ihm. Ich erklärte ihm, dass ich seinen Sohn mochte, aber nicht liebte. Und dass Liebe für mich zu einer Ehe dazugehört. Wenn zwei Menschen den Rest ihres Lebens miteinander verbringen, dann ist die Liebe doch eine Grundvoraussetzung.

»Außerdem«, sagte ich, »habe ich auch ein Problem mit deiner Frau. Schon beim ersten Mal hat sie mir gesagt, dass ich mich anders anziehen soll. Sie hatte mich nicht mal gegrüßt. Sondern nur an mir herumgemäkelt. Und so ging es in den ganzen letzten Wochen.«

»Hast du sie darum am Telefon eben so beschimpft?«

»Es ist so aus mir herausgebrochen und das tut mir leid«, sagte ich. »Es war respektlos. Aber deine Frau sagte mir, dass es ihr egal ist, ob Mertem mich heiratet oder eine andere Frau. Wenn eine Schwiegermutter schon so anfängt, dann weiß ich, dass unser aller Leben nicht einfach wird. Wieso soll ich mir das antun? Und wieso euch?«

Mertems Vater schwieg ein paar Sekunden. Dann entschuldigte er sich mit ruhiger Stimme. »Das alles tut mir sehr leid. Ich hatte keine Ahnung. Ich werde mir ihr reden.«

»Das brauchst du nicht. Das hat sich schon erledigt.«

»Wenn du diese Hochzeit nicht willst, Aylin, dann werden wir die Verbindung offiziell wieder lösen. Ich verstehe dich. Ich will weder für meinen Sohn noch für dich eine Situation schaffen, in der ihr beide unglücklich werdet.«

Mir fiel ein ungeheurer Stein vom Herzen. Wieso konnte das nicht von Anfang an so laufen, dachte ich mir. Wieso musste es vorher so viel Streit und Ärger geben? Und warum konnten meine Eltern nicht so klar und liebevoll denken wie Mertems Vater?

»Ich werde gleich mit deinem Vater reden, Aylin. Dann klären wir alles. Auch wenn Mertem sicherlich sehr traurig sein wird.«

»Ihr habt das Gold noch«, sagte ich. »Und ich habe die Geschenke, die Mertem mir gemacht hat. Ich werde sie euch zurückbringen.«

»Nein, nein. Die Geschenke stehen dir zu, Aylin. So unverschämt, wie meine Frau zu dir war, hast du sie dir verdient. Behalte sie bitte. Ich wünsche dir alles Gute.«

Als ich den Telefonhörer weglegte, fühlte ich eine unglaubliche Erleichterung. Ich hatte es geschafft, mich aus dieser Situation zu retten. Diese Schlacht war gewonnen. Aber irgendwie hatte ich das Gefühl, dass der eigentliche Krieg noch bevorstehen würde.

KAPITEL 2
Wendepunkte

Der ganze Druck der letzten Wochen war eine wahnsinnige Belastung für mich gewesen. Er setzte mir nicht nur seelisch, sondern auch körperlich zu. In diesen Tagen bemerkte ich, dass ich eine Schwellung an meinem Hals hatte. Zunächst nahm ich das nicht sonderlich ernst. Doch sie wurde jeden Tag schlimmer und dicker. Ich beschloss, zu einem Arzt zu gehen, der sich das einmal genauer anschaute. Seine Ergebnisse beunruhigten mich. Er hatte den Verdacht, dass es sich bei der Schwellung um einen Tumor handeln könnte. Um Gottes Willen, dachte ich. Nicht auch noch das!

»Es ist nur ein Anfangsverdacht«, sagte der Arzt in ruhigem Ton. »Aber wir müssen das untersuchen. Sie werden um eine Operation nicht herumkommen.«

Auf dem Weg nach Hause fühlte ich mich nur noch leer. Ich fragte mich, womit ich das alles verdient hatte. Was hatte ich denn getan, dass wirklich alles so furchtbar falsch lief?

Als ich die Wohnung betrat und in mein Zimmer ging, sah ich nur meinen Bruder Seyed, wie er vor meinem Schrank stand und meine Kleider durchwühlte. Wir waren mittlerweile in eine größere Wohnung gezogen und ich hatte für einige Wochen die Illusion, dass ich mit einem eigenen Zimmer auch mehr Privatsphäre hätte. Ein großer Irrtum.

»Was machst du denn da?«, fragte ich ihn fassungslos.

»Aylin, Aylin, Aylin«, sagte Seyed mit spöttischem Ton und zog an meinen Kleidern. »Ich finde es nicht in Ordnung, was du anziehst.«

Ich war von dieser Aussage so vor den Kopf geschlagen, dass mir die Worte fehlten.

»Du findest es …«

Der Vorwurf war wirklich absurd. Ich trug ein Kopftuch, ich trug weite Gewänder. Das Einzige, was mein Bruder kritisierte, war, dass diese Gewänder nicht ganz bis zum Boden reichten. Aber das war wirklich Quatsch. Wir lebten in Deutschland.

»Was willst du denn von mir? Soll ich mir eine Burka anziehen?«

»Sei nicht so frech!«, zischte er mich an.

»Geh von meinen Klamotten weg. Du hast da nichts verloren.«

»Ach? Hast du etwa irgendwas zu verbergen?«

Jetzt war Seyed erst recht angestachelt und durchsuchte meinen Schrank weiter. Er verstand nicht, dass er mir so auch noch den letzten Rest an Privatsphäre nahm. Wie konnte er nur so sein? Als er meine Unterwäsche durchwühlte, wurde es mir zu viel. Ich nahm ihn und zog ihn von meinem Schrank weg. Aber das machte ihn nur noch aggressiver.

»Was ist mit dir, du Schlampe! Was verbirgst du?«, schrie er mich an und zog mich dabei an meinen Haaren, dass ich vornüber zu Boden stolperte. »Du legst es doch darauf an, Schläge zu bekommen.« Dann trat er mir in den Bauch. Ich schnappte nach Luft und nahm meine ganze Kraft zusammen. Ich war völlig außer mir. Ich stand auf, schubste meinen Bruder weg und schrie ihn an.

»Du denkst, dass du mich kennst? Du denkst, du kannst alles mit mir machen? Du wirst schon sehen!«

Dann rannte ich an ihm vorbei ins Badezimmer, schlug die Tür hinter mir zu und schloss sie ab.

»Aylin, was soll der Scheiß?«, fragte er. »Was machst du da? Mach die Tür wieder auf.«

Ich stand völlig neben mir. Aber ich wollte mir diese Gemeinheiten nicht mehr gefallen lassen. Ich stellte mich vor den Spiegel und band mir meine Haare zusammen.

Mein Bruder klopfte wieder und wieder an die Badezimmertür.

»Aylin, mach auf!«

Ich ignorierte ihn.

»Aylin, was soll das werden? Mach kein Scheiß! Mach die Tür auf!« Er hämmerte immer fester gegen die Tür.

Ich antwortete ihm nicht. Ich blickte in den Spiegel, nahm eine Schere und schnitt mir den Zopf ab. Dann griff ich nach dem Rasierapparat meines Bruders und rasierte mir eine Glatze.

»Was tust du da?«, schrie er.

Als ich fertig war, öffnete ich die Tür und baute mich vor ihm auf. Er wich schockiert zurück.

»Was … hast du getan?«, fragte er.

»Ihr zieht mir doch so gern an den Haaren, Seyed. Du denkst doch, dass du mit mir machen kannst, was du willst. Aber das hat jetzt ein Ende. Niemand von euch wird mir jemals wieder an den Haaren ziehen.«

»Bist du verrückt geworden?« Er schaute mich mit riesigen Augen an.

»Ob ich verrückt geworden bin? Ihr seid doch die Verrückten hier. Merkt ihr eigentlich nicht, was ihr mir jeden Tag antut?«

Seyed schaute beschämt zu Boden. Er entschuldigte sich nicht. Das konnte er mit seinem Stolz nicht vereinbaren. Aber ich sah an seinem Gesicht, dass er sich wirklich schämte. Es war ein kleiner Sieg für mich. Ein kleines Stück Selbstbehauptung in einem Alltag, der von Übergriffen geprägt war.

Immer wieder wurde ich von meinem Bruder oder meinem Vater geschlagen. Aus den nichtigsten Anlässen. Wenn ich zu spät nach Hause kam. Wenn ich nicht tat, was sie mir sagten. Wenn ihnen irgendetwas an mir oder meinem Verhalten nicht passte. Und es passte ihnen sehr häufig etwas an mir oder meinem Verhalten nicht. Mein Bruder wurde immer unnachgiebiger. Er schlug mich. Er trat mich. Er zog mich durch die Wohnung. Es war eine ungeheure Tortur. An dem Tag, an dem ich mir meine Haare abschnitt, erzählte ich niemandem von meinem Arztbesuch. Ich war nicht in der Stimmung. Ich hatte das Gefühl, dass es meine Familie sowieso nicht sonderlich interessierte, was aus mir werden würde. Ich erzählte es erst ein paar Tage später meiner Schwester. Leyla war neben meinen Freundinnen meine einzige echte Vertrauensperson. Ich erzählte ihr, dass der Arzt meinte, dass ein kleiner Eingriff nötig sei, um den Knubbel zu entfernen. Danach würde getestet werden, ob es sich um einen gut- oder einen bösartigen Tumor handelte. Aber Leyla trug es natürlich sofort weiter an meine Mutter. Und die stürmte mit Tränen in den Augen in mein Zimmer.

Sie weinte, schluchzte und umarmte mich, als hätte ich schon das Todesurteil erhalten.

»Mama, beruhige dich, es ist doch noch gar nichts geklärt.«

»Aylin, ach, Aylin«, weinte sie. »Das ist alles meine Schuld. Ich hätte dich viel besser behandeln sollen. Ich hätte besser zu dir sein müssen.«

Toll, dachte ich. Diese Erkenntnis gewinnt meine Familie in dem Moment, in dem sie merken, dass wirklich etwas Ernstes mit mir sein könnte. Die siebzehn Jahre zuvor war ihnen vollkommen egal, wie es mir ging.

Aber auch wenn mich die Ungewissheit ziemlich fertig machte – wenigstens bekam ich jetzt eine kleine Schonfrist von meiner Familie. Irgendwann hatte meine Mutter eine Idee. Sie buchte meinem älteren Bruder und mir zwei Tickets in den Libanon. Sie wollte, dass ich nach meinem Eingriff ein bisschen zur Ruhe komme. Da es eh einige Wochen dauern würde, bis die Ergebnisse kamen, und ich in der Zeit Ferien hatte, war die Idee eigentlich gar nicht so schlecht. Ich machte mir bloß Sorgen, wie ich mit Seyed zurechtkommen würde. Unser Verhältnis war nun wirklich nicht das Beste. Aber auch er sprach mir gut zu.

»Komm schon, Aylin«, sagte Seyed. »Du kannst die Auszeit doch auch gut gebrauchen, oder?«

Ich nickte. Und sagte zu.

***

Ende 2004 war es dann so weit. Der Eingriff lag hinter mir und ich sollte mit Seyed alleine in den Libanon fliegen. Wir würden bei unseren Verwandten wohnen. Meine Eltern gaben meinem Bruder etwas Bargeld und alles schien gut geplant. Aber ich hatte irgendwie ein ungutes Gefühl. Ich kannte Seyed. Und ich wusste, dass er überhaupt nicht mit Geld umgehen konnte. Kaum hatte er ein paar Euro in der Tasche, gab er sie auch wieder aus. Ich war tatsächlich etwas nervös und sorgte mich, was denn wohl passieren würde, wenn im Libanon irgendetwas nicht nach Plan lief und wir dann kein Geld mehr hätten. Gerade im Libanon war Geld alles. Korruption und Bestechung ist für viele Beamte dort noch immer die Haupteinnahmequelle. Und ich hatte auch noch einen zweiten Gedanken, den ich mir nur schwer eingestehen konnte. Aber er war einfach da. Ich war mit meinem Bruder vollkommen alleine. Er hatte mir schon so viele Dinge angetan. Wenn meine Eltern nicht jedes Mal dazwischengegangen wären, dann hätte er mich sicher schon totgeprügelt. Was wäre, wenn er wieder irgendeinen Grund finden würde auszurasten? Im Libanon könnte mich keiner beschützen. Was wäre also, wenn ich weglaufen müsste?

Ich traute mich kaum, diesen Gedanken zu Ende zu denken, aber ich wollte mich absichern. Also rief ich meine Freundin Yasmin an und fragte sie, ob sie mir nicht etwas Geld leihen könnte. Hundert Euro. Damit würde ich im Libanon schon recht weit kommen.

»Aylin, ich habe gerade leider nicht so viel Geld, aber ich habe einen Freund. Den kann ich fragen.«

Ich zögerte kurz. Ich wollte eigentlich kein Geld von irgendeinem Fremden annehmen. Andererseits ging morgen früh unser Flieger. Ich hätte nicht gewusst, wo ich das Geld sonst herbekommen sollte. Außerdem hatte ich ja auch nicht vor, die hundert Euro auszugeben. Ich wollte sie nur als Sicherheit haben.

»Also gut«, sagte ich. »Frag bitte deinen Freund.«

Eine halbe Stunde später bekam ich eine SMS von Yasmin. Ihr Kumpel würde ihr das Geld leihen. Aber er wollte wissen, für wen es ist.

»Sag nicht meinen Namen«, schrieb ich ihr zurück. So paranoid war ich mittlerweile. Ich hatte Angst, dass irgendein Wildfremder mich verraten könnte.

»Okay«, schrieb Yasmin mir. »Er will dich aber kennenlernen.«

»Er will mich kennenlernen?«

»Ja, nur kurz. Immerhin leiht er dir ja auch Geld. Keine Sorge. Ich kenne den Jungen, er ist wirklich schwer in Ordnung.«

Ich biss mir auf die Lippe. Für so was hatte ich gerade wirklich keinen Kopf. Aber welche Wahl hatte ich denn? Also stimmte ich zu.

Ich traf mich mit Yasmin an der U-Bahn-Station Karl-Marx-Straße in Neukölln. Als wir in die U7 stiegen und uns auf einen Viererplatz setzten, kam er dazu.

»Aylin, das ist Mahmoud«, stellte Yasmin ihn mir vor.

Er war vielleicht drei, vier Jahre älter als ich, trug lange, schwarz gelockte Haare, eine weite Jeans und eine Lederjacke. Ich wusste sofort, was er für ein Kerl war. Typ Drogendealer.

Er setzte sich neben mich und starrte mich ein paar Sekunden zu lange an.

»Ist was?«, fragte ich ihn.

»Du bist wunderschön. Deine Augen sind wunderschön«, sagte er.

Oh, Mann. Auf so was hatte ich gerade wirklich überhaupt keine Lust. »Sag mal«, fuhr ich Mahmoud schroff an. »Machst du mich hier gerade an? Ernsthaft?«

Mahmoud wich erschrocken zurück. Damit hatte er offenbar nicht gerechnet.

»Hör mal gut zu«, machte ich ihm eine klare Ansage. »Dass du mir Geld leihst, ist eine nette Sache. Du wirst es wiederbekommen. Aber das gibt dir kein Recht, mich blöd anzulabern. Wenn du mir das Geld nicht leihst, dann lässt du es halt. Die Welt wird sich auch so weiterdrehen.«

»Aylin, bleib ruhig«, lachte Yasmin.

»Ich wollte doch nur nett sein, sorry!«, sagte Mahmoud etwas verlegen. Dann gab er Yasmin die hundert Euro.

An der nächsten Haltestelle stiegen wir ohne ihn wieder aus.

»Du warst aber ganz schön hart zu ihm«, sagte Yasmin fröhlich. »Das hat er doch gar nicht verdient.«

»Tut mir leid«, sagte ich. »Ich habe einfach im Moment so viele Sorgen …«

Yasmin strich mir über die Schulter. »Das wird schon alles werden.«

Am nächsten Morgen flogen Seyed und ich in den Libanon.

***

Wir wohnten bei meinen Großeltern. Den Eltern von unserem Vater. Sie hatten ein großes Haus in einer ländlichen Gegend. Das Haus war wunderschön. Es lag in Strandnähe, direkt an einem großen Hügel. Es war immer etwas los. Ständig kamen Verwandte oder Freunde und Nachbarn, die mit meiner Oma gemeinsam kochten. Im Garten wurden große Tische aufgebaut, es gab immer etwas zu essen, immer etwas zu trinken und alle sprachen und lachten gemeinsam. Die Lebensfreude ließ mich regelrecht aufblühen. Ich konnte abschalten. Bis am vierten Tag mein Bruder zu mir in mein Zimmer kam.

»Alles okay, Aylin?«

»Ja, die Zeit hier tut mir gut«, sagte ich.

»Gut, gut. Hör mal, ich will es dir nicht verheimlichen. Wir hatten gerade Besuch.«

»Wovon redest du?«

»Der Nachbar von unseren Großeltern stand vor der Tür und er wollte …«

Mein Bruder kratzte sich am Hinterkopf, ich sah ihm sofort an, dass das Gespräch jetzt eine ungute Wendung nehmen würde.

»Und?«, drängte ich ihn.

»Und, na ja, er hat um deine Hand angehalten.«

Ich spürte, wie sich mein Herz verkrampfte. Ich sank in meinem Bett zusammen. Das konnte doch nicht wahr sein. Hörte dieser Albtraum denn nie auf? Würde ich das niemals hinter mir lassen können?

»Ganz ruhig«, beruhigte mich mein Bruder. »Ich habe das natürlich sofort abgeblockt. Der Kerl war 50 und ein armer Landbauer. Das kommt gar nicht infrage. Das habe ich ihm klargemacht.«

Von Ruhe konnte ab diesem Moment dennoch keine Rede mehr sein. In mir stiegen meine ganzen Ängste wieder hoch.

»Was hast du denn? Ich sagte doch, es ist erledigt«, sagte Seyed, stellte sich ans Fenster und zündete sich eine Zigarette an.

»Es wird niemals aufhören, ich werde niemals glücklich werden«, sagte ich mehr zu mir selbst als zu ihm.

»Was, glücklich werden? Wir sind deine Familie. Wir sorgen für dich, verstehst du? Wir wissen, was dich glücklich macht. Und wir werden dafür sorgen, dass du einen Mann findest, der der Richtige für dich ist.« Ich glaube, dass Seyed meinte, was er sagte. Und ich glaube auch, dass er es gut meinte. Ich hatte bisher noch nie so offen mit meinem Bruder gesprochen. Aber jetzt wagte ich es.

»Wer ist denn der Richtige für mich, Seyed?«

»Ein Mann, der dir deine Grenzen aufzeigt. Der auf dich aufpasst. Jemand, der darauf achtet, dass du nicht auf falsche Gedanken kommst.«

»Was denn für falsche Gedanken?«

»Meine Schwester wird keine Kahba«, sagte er. »Darauf werden wir aufpassen.«

Kahba, das ist der arabische Ausdruck für eine Schlampe. Eine Frau, die in die Disko geht, fremde Männer mit nach Hause nimmt und macht, was sie will. Mein Bruder hatte kein Problem, sich selbst mit solchen Frauen zu vergnügen. Aber in seiner Familie sollte es so etwas nicht geben. Ehrenlos sei das.

Es war absurd, dass er nicht erkannte, dass zwischen meinen Wünschen und seinen Ängsten Welten lagen.

»Wieso darf ich nicht selbst entscheiden, wer gut und schlecht für mich ist?«, fragte ich meinen Bruder. Er bließ den Rauch aus, schnippte die Zigarette aus dem Fenster und stand auf.

»Weil wir es besser wissen.«

Ich glaubte, dass er es tief in seinem Herzen wirklich gut mit mir meinte, aber er war so sehr in seiner Weltanschauung gefangen, dass er nicht erkannte, was er mir antat.

»Sei doch froh, dass ich diesen Bauer abgeblockt habe.«

»Das bin ich auch …«

Mein Bruder schloss das Fenster und verließ das Zimmer.

»Seyed«, rief ich ihm hinterher. »Lass uns bitte noch eine Woche länger hierbleiben. Ich will noch nicht nach Hause.«

Seyed kam zurück und schaute mich an. »Ich habe noch hundert Euro dabei«, sagte ich ihm. »Das ist mein Erspartes. Damit können wir doch den Flug umbuchen. Ich brauche einfach noch ein bisschen Ruhe.«

Er nickte, nahm das Geld und kümmerte sich um alles.

***

Als wir nach Hause kamen und ich mein Handy wieder einschaltete, dachte ich, ich würde meinen Augen nicht trauen. Ich hatte 67 Anrufe in Abwesenheit. Alle von Yasmin. War etwas passiert?

Ich rief sie sofort zurück.

»Ja, hallo?«

»Hallo, Yasmin, ich bin's, Aylin. Du hattest angerufen?«

»Aylin? Bist du das? Bist du das wirklich?«

»Äh, ja? Wer sollte es sonst sein?«

Yasmin fing plötzlich an zu weinen. »Oh, Aylin, du lebst! Geht es dir gut? Bist du verletzt?«

»Nein. Nein, mir geht es gut, ich bin gerade gelandet, wieso sollte ich denn verletzt sein?«

»Du bist erst jetzt zurückgekommen?«

»Ja, wir haben noch ein paar Tage drangehängt. Was ist denn los?«

»Hast du keine Zeitung gelesen?«

»Was für eine Zeitung?«

»Dein urspünglicher Flug, der, mit dem du eigentlich zurückkommen wolltest …«

»… was ist damit?«

»Der ist abgestürzt.«

»Ist das ein Witz?«

»Nein! Google es. Lass uns heute Abend treffen.«

»Ja, alles klar, okay.«

Ich setzte mich sofort an den Rechner. Yasmin hatte recht. Unser ursprünglicher Flug war abgestürzt. Ich rief meine Familie zusammen und zeigte ihnen die Nachricht. Meine Mutter fing an zu weinen und umarmte uns.

»Das war Gottes Wille«, sagte mein Vater, der auch ganz blass war, als er die Bilder sah. »Was seid ihr doch für gesegnete Kinder.« Er gab mir einen Kuss auf die Stirn. Ein paar Minuten später kam Seyed zu mir und drückte mir hundert Euro in die Hand.

»Du hast uns das Leben gerettet, Aylin. Das Geld solltest du zurückbekommen.«

Am Abend traf ich mich mit Yasmin. Sie war überglücklich, dass mir nichts passiert war.

»Aber weißt du, wer sich am meisten freut? Mahmoud.«

»Was? Der Drogendealer? Warum denn das?«

»Du hast ja keine Ahnung. Er war total panisch, als er das mit dem Flug hörte. Von ihm habe ich es ja erst erfahren. Ich hatte ihm gesagt, an welchem Tag du zurückkommst, und dann rief er mich an und schrie ins Telefon, dass ein Flugzeug aus dem Libanon abgestürzt war und er hatte richtig Angst, dass es dein Flug war. Das hat ihn richtig mitgenommen.«

»Wegen seinen blöden hundert Euro oder was?«

»Quatsch! Er mag dich!«

»Ich war doch total abweisend zu ihm.«

»Scheinbar hat ihm genau das imponiert. Auf jeden Fall hat ihn diese Ungewissheit ganz verrückt gemacht. Es gab so eine Nummer, die man anrufen konnte, um zu erfahren, ob Angehörige unter den Opfern sind. Und er hat mich angefleht, ihm deinen Namen zu sagen, damit er da anrufen kann. Sorry, ich musste ihm deinen Namen geben.«

»Schon okay«, sagte ich nachdenklich. Ich fragte mich, warum dieser Junge so sehr an mir hing, dass er sich solche Mühen machte. Ich konnte es nicht mir nicht erklären.

»Sag ihm, dass es mir gut geht. Und gib ihm das zurück.« Ich drückte Yasmin die hundert Euro in die Hand.

***

Doch das Thema Mahmoud war noch nicht durch. Als er hörte, dass ich wieder in Berlin war, belagerte er Yasmin beinahe täglich mit Anrufen. Er wollte mich unbedingt wiedersehen. Ich blockte ab. Ich versuchte, ihr zu erklären, dass ich so viele Probleme mit meiner Familie habe, dass ich es mir nicht leisten könne, jetzt noch eine neue Baustelle aufzumachen. Aber Mahmoud und ich waren offenbar gleich dickköpfig. Ich mit meiner Ablehnung. Und er mit dem Wunsch, mich kennenzulernen. Ich war der festen Überzeugung, dass er mich nur kennenlernen wollte, weil er mit mir seinen Spaß haben wollte. Auch wenn er Yasmin immer wieder sagte, dass er nicht so wäre.

Irgendwann war es Yasmin zu viel. Sie hatte keine Lust mehr, zwischen den Fronten zu stehen. An einem Dienstag schwänzten wir den Unterricht in der Berufsschule und fuhren nach Neukölln. Wir würden dort eine Freundin von ihr besuchen, hatte sie mir erzählt. Sie hätte sturmfrei und wir endlich mal wieder die Gelegenheit, in aller Ruhe zu quatschen. Die Wohnung dieser Freundin befand sich in einem alten, etwas schäbig aussehenden Haus in einer Seitenstraße. Yasmin klingelte.

»Komische Gegend«, sagte ich.

»Ach was, das ist schon okay«, sagte Yasmin und drückte die Tür auf. Der Hausflur roch streng.

»Na los, Aylin. Die Treppen hoch.« Einen Aufzug gab es nicht. Als wir den dritten Stock erreichten, zupfte Yasmin an meinem Kleid. »Hier ist es«, sagte sie und klopfte an eine der Haustüren.

Ich bekam einen kleinen Schreck, als Mahmoud dann die Tür öffnete. Auf den ersten Blick habe ich ihn gar nicht erkannt. Er hatte stark abgenommen und wirkte viel weicher als damals in der U-Bahn. Dabei war das doch keine drei Monate her, dachte ich. Als er mich sah, lächelte er, legte seine Hand auf sein Herz und deutete eine kleine Verbeugung als Begrüßung an.

»Kommt doch rein, schön, dass ihr da seid.«

Ich warf Yasmin einen scharfen Blick zu, aber sie zuckte nur mit den Schultern.

Wir schauten uns um. Mahmouds Wohnung war eine klassische Junggesellenwohnung. In der kleinen Küche standen nur die nötigsten Dinge, in einer Ecke seines Wohnzimmers lag eine Matratze, auf der Mahmoud wohl schlief. Aber alles war ordentlich.

»Kommt rein, kommt rein«, bat er und zeigte auf seine Couch, auf die wir uns setzten. Dann stellte er seinen Tisch voll mit Essen und Getränken.

»Braucht ihr noch was?«, fragte er fürsorglich und war offensichtlich sehr bemüht, dass wir uns wohlfühlten. Als er gerade in die Küche ging und die Kohle für eine Shisha anwärmte, fragte ich Yasmin, was das sollte.

»Komm schon«, sagte sie. »Ihr beide wart mir echt zu anstrengend. Mach dir einfach dein eigenes Bild. Und wenn er dir nicht passt, dann kannst du ihm das heute sagen und er wird es auch akzeptieren. Das verspreche ich dir.«

Ich musste beinah lachen über ihre Hartnäckigkeit, wollte mir diese Blöße aber nicht geben. Also nickte ich grimmig und ließ mich darauf ein. »Ich habe ja keine Wahl«, sagte ich.

Doch ich wollte auch nicht ungerecht sein. Ich hatte nicht den besten ersten Eindruck von Mahmoud, aber ich kannte ihn überhaupt nicht. Jeder Mensch hat eine Chance verdient. Außerdem hat er mir zumindest unbewusst das Leben gerettet. Ohne seine hundert Euro würde ich jetzt nicht mehr leben.

Und Mahmoud überraschte mich. Er war an diesem Tag ein komplett anderer Mensch. In der U-Bahn versuchte er, auf cool zu machen und mich zu beeindrucken. Das hatte er heute abgelegt. Er war einfach er selbst. Er nahm sich extrem zurück und wollte, dass wir uns wohlfühlen. Und das gelang ihm tatsächlich.

Wir unterhielten uns gut. Hatten Spaß. Lachten. Ich glaube, dass ich mich an diesem Tag zum ersten Mal seit der Sache mit der Verlobung wieder komplett frei fühlte. Ich hatte schon ganz vergessen, was für ein schönes Gefühl das war.

Die Stunden bei Mahmoud vergingen so schnell. Irgendwann ging ich ins Bad, um meine Hände zu waschen. Als ich wieder zurück ins Wohnzimmer kam, hörte ich, wie Mahmoud Yasmin fragte, was ich denn für ein Typ Mensch sei. Ich blieb im Türrahmen stehen, die beiden hatten nicht gemerkt, dass ich zurückgekommen war.

Yasmin antwortete, dass ich ein lebenslustiges Mädchen wäre, ein Mädchen, das auch Spaß haben konnte, aber nicht auf der Suche nach Spaß war. Sie sagte, ich wäre jemand, der schon den Ernst des Lebens begriffen hatte, und Mahmoud nickte und sagte: »Aylin scheint schon ein sehr korrektes Mädchen zu sein.« Dann sah er mich und beide schwiegen und guckten auf den Boden.

»Ich glaube, wir sollten langsam gehen«, sagte ich zu Yasmin, und Mahmoud sprang auf und brachte uns unsere Jacken.

Als Yasmin und ich noch ein wenig durch die Stadt gingen, rief Mahmoud sie an. Meine Freundin drückte mir ihr Handy in die Hand. »Hier«, sagte sie. »Er will mit dir reden.«

»Ja?«

»Hey, ich bin's. Ich … wollte dir nur sagen, dass ich es sehr schön fand heute und ich … na ja, danke, dass ihr vorbeigekommen seid.«

»Ja, danke für deine Gastfreundschaft«, sagte ich, weil ich nicht wusste, was ich noch sagen sollte.

»Yasmin hat ja meine Nummer, also … wenn du irgendwas hast oder brauchst, dann … dann kannst du mich jederzeit anrufen.«

Ich fand es charmant, dass er sich nicht aufdrängen wollte und mich nicht nach meiner Nummer fragte, sondern es auf diese Art löste. Und so kam es, dass Mahmoud und ich angefangen haben, uns hin und wieder SMS zu schreiben. Ich erzählte ihm von meiner Familie. Ich erzählte ihm, dass ich einmal einem Mann versprochen war, den ich nicht liebte. Und es tat mir wahnsinnig gut, jemanden zu haben, dem ich das alles schreiben konnte. Aber ich wusste, dass er sich mehr versprach. Doch egal, wie nett und lieb Mahmoud auch war, ich konnte den Gedanken nicht loswerden, dass er es nicht ernst mit mir meinte. Dass er nur seinen Spaß suchte. Also versuchte ich, ihn mit einem Trick abzuwimmeln.

»Hör mal, Mahmoud, wenn du es wirklich ernst mit mir meinst, dann musst du das mit meinem Vater klären. Ich treffe mich nicht heimlich mit Männern. So was gibt es bei mir nicht.«

»Und wenn deine Eltern zustimmen würden?«, fragte er.

»Das wäre was anderes dann«, entgegnete ich mit dem Wissen, dass das niemals passieren würde. Mahmoud dealte mit Drogen. Mein Vater würde ihm eher eine Axt in den Kopf schlagen, als ihm seine Tochter zu versprechen.

Drei Wochen später passierte dann das Unvorstellbare. Es klingelte an unserer Tür und als ich ins Wohnzimmer kam, um zu sehen, wer denn zu Besuch gekommen war, stand da tatsächlich Mahmoud mit seinem Onkel und seinen Cousins. Er wollte bei meinem Vater um meine Hand anhalten. Ich lief hochrot an. Um Gottes Willen, dachte ich. Wenn *jetzt* mein großer Bruder kommen würde, um mich zu fragen, woher ich Mahmoud kennen würde, dann könnte ich nicht lügen. Der Ärger war vorprogrammiert.

Aber dieses Mal ging es gut aus. Für mich. Für Mahmoud wurde der Besuch allerdings zu einem unangenehmen Erlebnis. Sein Onkel hatte schon mit meinem Vater telefoniert. Und der hatte sich vorbereitet. Er stellte Mahmoud vollkommen bloß.

Er begrüßte ihn und seinen Onkel kühl. Bot ihnen nicht einmal etwas zu trinken an. Das war kein guter Auftakt.

»Du kommst in mein Haus, um um die Hand meiner Tochter anzuhalten?«, fragte mein Vater und musterte Mahmoud streng von oben bis unten.

»Ja, so ist es«, antwortete der und hielt dem Blick meines Vaters stand.

»Du kommst in mein Haus und willst meine Tochter heiraten, obwohl du weißt, dass sie schon einem anderen versprochen ist?«

Mahmoud wurde kreidebleich.

»Wie war das?«, fragte sein Onkel ihn. »Du wusstest das?«

»Ich … nein! Das wusste ich nicht! Ich …«

»Das ist eine Respektlosigkeit, wie ich sie noch nie erlebt habe«, fiel mein Vater ihm ins Wort. Das war natürlich eine eiskalte Lüge. Ich war niemandem versprochen. Aber mein Vater wusste, wie man einen effektvollen Auftritt hinlegt. Mahmouds Onkel lief hochrot an.

»Ich …«, versuchte Mahmoud es noch einmal, aber dieses Mal fiel sein Onkel ihm ins Wort. »Herr Said, wir entschuldigen uns. Hätten wir das gewusst, wären wir natürlich nicht …«

»Natürlich nicht!«, sagte mein Vater und öffnete die Haustür.

Als sie sich verabschiedeten, stieß einer seiner Cousins Mahmoud mit dem Ellbogen in die Rippen. »Wie kannst du uns nur in ein Haus bringen, in dem die Tochter schon versprochen ist? Hast du den Verstand verloren?«

Mahmoud sagte gar nichts mehr. Er hatte überhaupt keine Farbe mehr im Gesicht. Er tat mir leid. Nachdem mein Vater die Tür zugeschlagen hatte, ging ich zu ihm.

»Wieso hast du das gemacht?«, fragte ich ihn.

»Ich habe mich über diesen Jungen informiert. Er arbeitet mit Drogen. So ein Mensch kommt nicht in unser Haus.«

Ich nickte. Ich hatte mit nichts anderem gerechnet. Aber ich hätte niemals gedacht, dass Mahmoud es überhaupt versuchen würde. Es schmeichelte mir.

***

Für meinen Vater war Mahmoud ein rotes Tuch. Er machte mir am nächsten Tag klar, dass er diesen Namen nie wieder hören wollte. Wenn er herausfinden würde, dass ich mich mit diesem Jungen heimlich treffe, würde er ihn in Stücke reißen. Oder mich. Das ließ er noch offen. Aber ich konnte und ich wollte Mahmoud nicht vergessen. Allein, dass er sich wirklich getraut hatte, bei meinen Eltern für mich vorzusprechen – das war etwas, dass ich ihm niemals zugetraut hatte. Und da merkte ich, dass es ihm eben doch nicht »nur« um seinen Spaß ging, den er vielleicht mit mir haben wollte. Er musste etwas in mir gesehen haben. Vielleicht liebte er mich ja wirklich. Mir ging Mahmoud seit diesem Abend jedenfalls nicht mehr aus dem Kopf. Ich wollte den Kontakt zu ihm halten. Aber das war gar nicht so einfach. Mein Bruder und mein Vater kontrollierten ständig mein Handy. Ich konnte auf keinen Fall Mahmouds Nummer einspeichern. Also lernte ich sie auswendig. Wenn wir uns schrieben, löschte ich sofort meine und seine Nachrichten. Ich wollte keinerlei Spuren hinterlassen. Ich wusste, dass es wirklich extrem riskant war. Aber das war er mir wert. Wir schrieben uns täglich. Ich schrieb ihm, wann ich auf dem Weg zur Ausbildung war, in welchen Zeitfenstern es am günstigsten war. Und irgendwann traute ich mich sogar, mit ihm zu telefonieren. Nachts. Wenn alle schliefen. Ich schloss mich dann im Badezimmer ein und flüsterte leise ins Telefon und erzählte Mahmoud von meinem Tag. Er hatte immer ein offenes Ohr für mich. Und es tat mir so wahnsinnig gut, dass da ein Mensch war, der mir zuhörte. Der mich ernst nahm. Und auch ich nahm ihn ernst. Je besser ich ihn kennenlernte, desto mehr faszinierte er mich. Sein Leben. Seine Geschichte.

Es war die Geschichte von einem jungen Mann, der als Teenager aus dem Libanon nach Deutschland kam, weil seine Familie nicht genug Geld hatte, um zu überleben. Sein Stamm lebte in Armut. Sie setzten alle Hoffnungen auf ihn, auf Mahmoud, auf den Jungen, der schon als Kind lernte, zu kämpfen und sich selbst den widrigsten Umständen nicht zu beugen. Die Familie legte alle ihre Ersparnisse zusammen, um ihn nach Deutschland schicken zu können. Und Mahmoud kam. Er war fünfzehn und er war ganz allein. Nur zwei Onkel hatte er. Aber die kümmerten sich kaum um ihn. Mahmoud lernte die Sprache, er erkundete die Stadt und das Land auf eigene Faust kennen. Er versuchte alles, um Geld zu verdienen. Er arbeitete als illegale Putzkraft in Restaurants. Aber er wurde nicht bezahlt. »Ruf doch die Polizei«, lachte sein Chef ihn aus – in dem Wissen, dass die Polizei rein gar nichts machen würde. Das war das Risiko von illegalen Arbeitskräften. Mahmoud hatte keine Arbeitserlaubnis. Er war nur vorläufig geduldet. Und immer, wenn er seine Familie im Libanon anrief, scheiterte er bei dem Versuch, ihnen die deutsche Bürokratie zu erklären. Sie dachten, dass Deutschland ein reiches Land sei. Ein Land, in dem jeder Mensch die Chance hatte, Geld zu verdienen. Sie kannten Begriffe wie »Asylrecht« und »Duldungsbescheide« nicht. Sie verstanden auch nicht, warum Mahmoud kein Geld nach Hause schickte. Seine Famile hatte denselben Traum von Deutschland, wie ihn mein Vater damals hatte. Einen Traum, der sich nicht mit der Realität vereinbaren ließ.

Und irgendwann, da geriet Mahmoud an die falschen Leute. Er geriet an Menschen, die ihm zeigten, wie er doch Geld verdienen konnte. Viel Geld. Und Mahmoud fing an, Drogen zu verkaufen. Und er fing an, Geld zu verdienen. Geld, das er seiner Familie schickte, damit sie überleben konnten.

Mahmoud war ein Herzensmensch. Er war ein guter Kerl, der zu schlechten Taten gezwungen war. Und er geriet in eine Szene, in der ihm seine Gutmütigkeit zum Nachteil wurde. Er erzählte mir von Männern und Frauen, die ihn abgezogen hatten. Die ihn belogen hatten. Für billigen Stoff. Für Drogen. Und er musste dafür geradestehen. Mahmoud erzählte mir auch, dass ihn dieses Geschäft, in dem es nur darum ging, jemanden zu belügen und auszunutzen, krank machen würde. Gerade deswegen würde ihn meine schonungslose Ehrlichkeit so berühren.

»Es tut mir leid, dass meine Familie so gegen dich ist«, entschuldigte ich mich einmal bei ihm und dachte an den Tag, an dem er um meine Hand angehalten hatte.

»Nein, Aylin. Ich verstehe deinen Vater. Er weiß, dass ich mit Drogen arbeite. Es ist keine gute Sache. Es ist nichts, worauf ich stolz bin.«

»Dann hör doch einfach auf damit …«

Auch mir war es extrem unangenehm, dass er so etwas tat. Ich fand, Drogen waren etwas Furchtbares. Ich rührte ja nicht mal Alkohol an. Aber Mahmoud erklärte mir, dass er keine Arbeitserlaubnis hätte. Und er musste irgendwie Geld verdienen. Geld, das er seiner Familie nach Hause schicken könnte.

»Glaub mir, Aylin. Ich schäme mich jeden Tag für das, was ich tue. Aber ich sehe keinen anderen Weg. Ich werde an dem Tag aufhören, an dem ich eine ehrliche Arbeit annehmen kann.«

Ich weiß nicht wieso, aber ich glaubte ihm. Nichts von dem, was er sagte, ließ mich zweifeln, dass er es wirklich so meinte.

Wir lernten uns kennen. Wir schrieben uns nächtelang. Wochenlang. Monatelang. Und irgendwann wurde mir klar, dass Mahmoud genau der Mann war, den ich immer gesucht hatte.

Jemand, der sich für mich interessierte. Der mir zuhörte und mich ernst nahm. Jemand, der keine Bedingungen stellte und auch dablieb, wenn es Gegenwind gab. Ich dachte an die Worte meines Vaters. Gefühle sind nicht da. Gefühle entwickeln sich. Und so war es.

»Irgendwann werden die Umstände besser sein«, sagte Mahmoud mir immer wieder. Und bis zu diesem Tag würde er auf mich warten.

Doch meine Familie machte es mir nicht leicht. Sie ahnten wohl, dass ich mit Mahmoud noch Kontakt hatte. Auch wenn sie es mir nie nachweisen konnten. Ich war immerhin sehr vorsichtig mit den Nachrichten. Irgendwann nahmen sie mir mein Handy ganz weg. Aber ich war kreativ. In meinem Ausbildungsbetrieb hatte ich ein Schließfach und in diesem Schließfach lagerte ich ein Prepaid-Handy. So konnte ich wenigstens vor und nach der Arbeit mit Mahmoud Kontakt halten. Mittlerweile hatte ich auch meine Schwester und meinen jüngeren Bruder Selim eingeweiht. Sie hatten ebenfalls Kontakt zu Mahmoud. Manchmal, wenn er wusste, dass ich zu meiner Schwester ging, rief er bei ihr auf dem Handy an, nur um kurz mit mir sprechen zu können. Mit meinem kleinen Bruder traf er sich sogar hin und wieder. Selim war zwar erst vierzehn Jahre alt, aber er wurde nicht kontrolliert, wenn er nachmittags in die Stadt ging. Es fiel Seyed und meinen Eltern also gar nicht auf. Selim liebte Mahmoud. Für ihn war er ein Held. Auch weil Mahmoud ihm immer Geschenke machte. Genau wie mir. Er schenkte mir Schmuck und Parfüm und jedes Mal sagte ich ihm, dass ich das alles nicht haben will. Dass mir materielle Dinge nichts bedeuteten. Aber er bestand darauf, dass ich die Geschenke annahm, die ich zu Hause dann mühsam verstecken musste. Es gab Tage, da fing mich Mahmoud auf dem Weg von der Arbeit nach Hause ab und begleitete mich ein paar Meter. Nur damit wir wenige Minuten sprechen konnten. Es waren die schönsten Minuten, die ich mir nur wünschen konnte. Minuten, die mir die Hoffnung auf ein besseres Leben gaben.

Ansonsten traf ich mich nie allein mit Mahmoud. Ich hatte zu viel Angst, dass irgendjemand uns sehen könnte und es meiner Familie erzählen würde. Also nahm ich immer Selim mit, wenn ich mich mit Mahmoud in einem Café traf. So konnte ich mich zur Not rausreden und sagen, Mahmoud sei ein älterer Freund von Selim oder der große Bruder einer seiner Freunde. Selim machte das gern. Auch weil er sich über die Geschenke freute, die er immer wieder bekam. Zu seinem Geburtstag schenkte ihm Mahmoud eine Spielekonsole. Eine Nintendo Wii.

»Sag mal, spinnst du eigentlich?«, sagte ich zu Mahmoud. »Das ist doch viel zu teuer! Hör auf, uns solche Geschenke zu machen.«

»Mir geht es nicht ums Geld. Geld hat keine Bedeutung für mich«, sagte er.

»Für mich auch nicht. Darum hör auf, es für uns auszugeben.«

»Es hat aber für mich eine Bedeutung, deine Familie und dich glücklich zu machen.«

»Dann hör auf mit den Drogengeschäften, Mahmoud. Ich bitte dich. Du bringst andere Menschen in Gefahr damit. Und dich selbst auch. Lebe lieber ein Leben ohne Geld als ein Leben in dieser ständigen Gefahr.«

Mahmoud guckte traurig zu Boden.

»Ganz ehrlich – wenn du damit aufhören würdest, das wäre für mich das größte Geschenk. Ich würde dich auch heiraten. Standesamtlich. Niemand würde davon etwas mitbekommen. Wir könnten es heimlich machen. Dann würdest du deine Aufenthaltserlaubnis bekommen. Und du könntest dir endlich eine richtige Arbeit suchen.«

Mahmoud sprang von seinem Stuhl auf.

»Nein«, sagte er vehement. »Das will ich nicht. Du bedeutest mir etwas. Ich würde sterben, um dich zu heiraten. Aber aus Liebe. Nicht aus Berechnung. Ich möchte, dass du morgen nach der Arbeit zu mir kommst. Ich muss dir was zeigen.«

Dann stand er auf und ging. Ich glaube, er war wirklich gekränkt. Dabei hatte ich es doch nur gut gemeint.

Am nächsten Tag ging ich nach der Arbeit bei ihm vorbei. Ich klingelte an seiner Wohnungstür. Dieses Mal hatte ich meinen kleinen Bruder nicht mitgenommen. Ich hatte ein ungutes Gefühl. Mahmoud öffnete mir wortlos die Tür und zog mich ins Wohnzimmer.

»Komm«, sagte er nur.

»Was willst du mir denn zeigen?«, fragte ich vorsichtig. Mahmoud hatte sich gestern nicht mehr gemeldet. Ich hatte das Gefühl, dass ihn unser Gespräch wirklich verletzt hatte.

Er gab mir ein Zeichen, dass ich mich auf die Couch setzen solle, dann ging er in sein Schlafzimmer und kam mit einem großen silbernen Koffer zurück.

»Was ist das?«

»Das ...«, sagte er und öffnete den Koffer. »... ist mein Monatsgehalt.«

Der Koffer war voller Geldscheine. Ich hatte noch nie so viel Geld auf einmal gesehen. Es müssen Tausende von Euro gewesen sein. Mahmoud blickte mich ernst an. Dann nahm er einen Behälter mit einer Flüssigkeit, schüttete sie auf den Geldkoffer und legte ihn auf seinen Balkon. Er nahm ein Streichholz und zündete das Geld an.

»Sag mal, bist du denn jetzt völlig geisteskrank?«, schrie ich und lief zu dem Koffer, um das Feuer zu löschen. Doch er hielt mich zurück. Es brannte. Nach ein paar Minuten holte er eine

Decke und erstickte das kleine Feuer. Von dem Geld war bloß noch schwarze Asche übrig.

Ich hatte Tränen in den Augen. »Verdammt, Mahmoud! So viel Geld! Warum? Warum hast du das gemacht?«

»Weil du gestern gesagt hast, dass dir Geld nichts bedeutet. Ich wollte dir beweisen: Mir bedeutet es auch nichts. Du bedeutest mir etwas. Und ich bin bereit, alles auf dieser Welt für dich aufzugeben. Weil ich dich liebe.«

Wie benommen torkelte ich zurück ins Wohnzimmer und ließ mich wieder auf die Couch fallen. Ich wusste nicht, ob ich das als eine romantische oder eine total geisteskranke Aktion von ihm verbuchen sollte. Er hatte gerade Geld verbrannt. Einfach so. Was hätte man alles Gutes von diesem Geld machen können! Wie viele Menschen müssen jeden Cent umdrehen? Aber für Mahmoud war das sein ultimativer Liebesbeweis.

»Wenn … wenn das dein Monatsgehalt ist … was ist dann mit dem restlichen Geld?«, fragte ich ihn schließlich.

»Das schicke ich in den Libanon. Zu meiner Familie. Nur wegen denen bin ich doch hier. Ich behalte für mich nur das, was ich brauche.«

Ich dachte noch einige Tage über diesen Nachmittag nach. Ich wusste nicht, was ich davon halten sollte. Gab es richtige Gründe für falsches Handeln? Ich war strikt gegen Mahmouds Dealertätigkeit. Aber dennoch imponierte er mir als Mensch. Er hatte etwas, wofür er einstand. Und ich glaubte ihm, dass er sich nicht wohlfühlte mit dem, was er tat. Und dann war da noch die Sache mit dem Geld. Dass er tatsächlich so viel Geld einfach so verbrannte – nur um mir etwas zu beweisen … Welcher Mann würde so etwas tun? Meine Gedanken kreisten nur noch um Mahmoud. Bis ich einen Anruf von meinem Arzt bekam. Es ging um den Tumor, den sie bei mir gefunden hatten. Die Ergebnisse von meiner

Gewebeprobe waren bislang unklar geblieben. Ich sollte mir noch einmal eine Probe entnehmen lassen. Dieses Mal eine größere. Der Eingriff war etwas schwerer. Ich müsste eine Woche lang im Krankenhaus bleiben. Ich hatte das über die ganzen Monate gedanklich immer weggeschoben. Aber mein Arzt drängte mich nun am Telefon, endlich einen Termin zu machen. Etwas, worauf ich überhaupt keine Lust hatte.

Im August war es dann so weit. Ich hatte meine Operation. Ich hasste Krankenhäuser. Sie hatten für mich etwas Bedrohliches. Diese Stille. Dieses Sterile. Ich assoziierte die langen Linoleumflure mit Leid und Krankheit. Krankenhäuser machten mich depressiv. Aber ich war zumindest fast nie allein. Meine Familie besuchte mich jeden Tag. Sie wechselten sich ab mit den Besuchszeiten, sodass ich fast den ganzen Tag jemanden bei mir hatte. Bei allem, was meine Familie mir angetan hatte – es waren Momente wie diese, in denen ich auch wusste, was ich an ihr hatte. Momente, in denen sie Zuneigung und Wärme zeigen konnte. Das Problem war nur: Meine Familie hatte ihre stärksten Momente in Zeiten meiner größten Schwäche. Und das bedingte sich gegenseitig. Je mehr sie mich runtermachten, desto schwächer wurde ich. Und erst dann entdeckten sie wieder ihre fürsorgliche Seite.

Aber auch wenn meine Familie sich in diesen Tagen gut verhielt – die Nächte waren schlimm. Denn in den Nächten war ich allein. Und wenn ich allein war, setzte das Gedankenkarussell wieder ein. Was würde aus mir werden? Wie würde mein Leben in ein paar Jahren aussehen? Würde meine Familie mich weiter terrorisieren? Was wäre, wenn der Tumor etwas Schlimmes war?

Eines Nachts schaute ich aus dem Fenster und sah etwas leuchten. Ich setzte mich auf. Draußen im Park hatte jemand Kerzen aufgestellt. Sie bildeten ein Herz. Es war wunderschön. Ich schaute mir die kleinen Lichter an – und erkannte auf einmal Mahmoud. Mein Herz blieb fast stehen. Konnte das wirklich sein? Oder träumte ich? Er winkte mir zu und gab mir ein Zeichen, dass ich runterkommen solle.

Ich zog mir meine Jacke an und ging in den kleinen Park vor dem Krankenhaus. Tatsächlich. Dort standen Mahmoud und meine Schwester.

»Was macht ihr denn hier?«

»Wir wollten dir eine Freude machen«, sagte Mahmoud. »Du hast doch morgen Geburtstag.«

Mein Geburtstag. Den hatte ich beinahe vergessen.

»Wir haben dir auch was mitgebracht«, sagte Leyla und zog eine Tüte hinter ihrem Rücken hervor. Sie war voll mit Süßigkeiten und kleinen Snacks. Die beiden hatten eine Decke auf dem Boden ausgebreitet. Wir setzten uns zusammen drauf und machten ein kleines Mitternachtspicknick. »Ihr seid so verrückt«, sagte ich. Wir sprachen und quatschten noch stundenlang. Irgendwann ging meine Schwester wieder nach Hause, und ich blieb mit Mahmoud allein zurück.

Ich legte mich hin, sodass mein Kopf in seinem Schoß lag, und schloss die Augen. Ich war noch immer sehr müde und sehr mitgenommen – aber ich hatte mich noch nie in meinem Leben so glücklich und verstanden gefühlt. Ich schlief langsam ein. Als ich wieder aufwachte, war Mahmoud noch immer da. Er hielt mich fest und schaute mir ins Gesicht. Im Schlaf musste mein Kopftuch ein wenig verrutscht sein, Mahmoud sah eine Haarsträhne von mir.

»Warum sind deine Haare so kurz?«, fragte er mich.

Ich schämte mich ein wenig. Aber ich erzählte ihm ganz offen von dem, was geschehen war. Von meinem Bruder, der mich geschlagen und getreten hatte. Und von meiner Trotzreaktion, als ich mir die Haare abrasierte. Das war nun etwa ein halbes

Jahr her. »Stört es dich? Dass mein Haar so kurz ist?«, fragte ich Mahmoud etwas verunsichert.

»Nein«, sagte er ganz sanft. »Ich finde, du bist wunderschön, so, wie du bist.«

Ich lächelte. So etwas hatte zuvor noch nie jemand zu mir gesagt. Ich schaute Mahmoud tief in die Augen. Dann gab ich ihm ein Kuss auf die Wange. »Danke«, sagte ich. »Danke für alles.«

Dann ging ich wieder auf mein Zimmer und schlief ein mit einem Gefühl von Glück und Geborgenheit, das ich noch nie zuvor empfunden hatte.

***

Am nächsten Morgen wachte ich auf und meine Mutter und meine Tante standen an meinem Krankenbett. Sie hatten einen Blumenstrauß in der Hand.

»Alles Gute zu deinem Geburtstag, mein Schatz«, sagte meine Mutter und küsste mich auf die Stirn. Erst als ich mich aufsetzte, sah ich, dass noch jemand im Raum war.

»Aylin, erinnerst du dich noch an Imad? Meinen Cousin?«

Ich erinnerte mich tatsächlich an ihn. Imad war ein kleines bisschen älter als ich. Wir hatten uns das letzte Mal gesehen, als ich im Libanon war. Wir hatten keine zwei Sätze miteinander gewechselt. Er schien sich nicht sonderlich für mich zu interessieren. Und ich interessierte mich nicht für ihn. Aber es wunderte mich, dass er jetzt in Deutschland war. Er kam zu mir an mein Krankenbett und streckte seine Hand aus. »Alles Gute zum Geburtstag, liebe Aylin«, sagte er förmlich. Ich bedankte mich und musterte ihn von oben bis unten.

»Bist du zu Besuch in Deutschland?«

»Nein, inshalla, werde ich hierbleiben. Ich bin gekommen, um hier ein besseres Leben zu führen.«

»Er ist erst seit zwei Wochen bei uns«, fiel meine Tante ihm ins Wort. »Und er wollte dich unbedingt mal wiedersehen. Ihr hattet euch doch im Libanon so gut verstanden, oder nicht?«

Ich zuckte mit den Schultern. Merkwürdig, dachte ich mir, dass sie ihn hier ins Krankenhaus mitschleppten. Aber ich dachte nicht weiter darüber nach.

Am Ende der Woche wurde ich entlassen. Nach ein paar Tagen Ruhe hatte ich das Gefühl, dass ich etwas machen müsste. Ich wollte wieder arbeiten gehen. Das ständige Rumliegen machte mich wahnsinnig. Ich hatte meine Ausbildung zu dieser Zeit bereits beendet und einen Job bei meinem Onkel in einem Sanitärhaus angenommen. Es war nichts Besonderes. In dem Laden wurden Waschbecken und Rohre verkauft. Ich kannte mich damit zwar zunächst nicht sonderlich gut aus, war aber schnell eingearbeitet und jobbte gern dort. Ich konnte damit auch meiner Familie gut helfen, denn das Geld war bei uns im Haushalt mal wieder ziemlich knapp. Außerdem hatte ich eine Arbeitskollegin, die ich wirklich sehr, sehr gern mochte. Sie hieß Shirin. Shirin war eine gläubige Muslima, aber mit einem Christen verheiratet. Ich fand das wahnsinnig spannend und hörte mir sehr gern die Geschichten an, die sie zu erzählen hatte. Auch sie kam aus einem sehr strengen Elternhaus und konnte ihre Familie zunächst nicht überzeugen, einen Andersgläubigen als Ehepartner zu akzeptieren. Aber nach und nach schaffte sie es, ihre Familie auf ihre Seite zu ziehen. Ihr Erfolgsrezept? Eine »Politik der kleinen Schritte«, wie sie es nannte. Schritt für Schritt rang sie ihren Eltern immer mehr Zugeständnisse ab. Und irgendwann hatte sie, was sie wollte. Ich bewunderte Shirin sehr. Für ihren Kampfgeist. Und für ihren Langmut.

»Weißt du, Aylin, es gibt im Islam ein sehr mächtiges Wort. Und das heißt: Sabr! Sabr bedeutet so viel wie: Gott ist mit den Geduldigen. Und wer sich in Geduld übt, der wird belohnt.«

Shirin war eine sehr inspirierende Person für mich. Sie brachte mir damals auch bei, dass der erste Schritt zu einem selbstbestimmten Leben ist, sich mehr um sich selbst zu kümmern. Also fing ich damit an. Ich machte viel Sport, nahm ab, fing an, mich gesund zu ernähren. Dadurch steigerte sich auch mein Selbstbewusstsein. Und ich kaufte mir neue Klamotten. Klamotten, die ich mir selbst aussuchte. Ich blühte richtig auf. Als ich vom Krankenhaus die Nachricht bekam, dass das Gewebe, das sie mir entnommen hatten gutartig war, beschloss ich endgültig, mein altes Leben hinter mir zu lassen. In kleinen Schritten zwar, wie Shirin es mir geraten hatte, aber auch kleine Schritte führen irgendwann ans Ziel.

Zu meinem neuen Leben gehörten allerdings nicht nur eine bessere Ernährung und ein paar neue Klamotten – zu meinem neuen Leben gehörte leider auch Imad, der mich nun beinahe täglich im Sanitärhaus besuchen kam. Ich verstand einfach nicht, was er wollte. Er kam vorbei, begrüßte mich und versuchte zwanghaft, ein Gespräch zu beginnen. Nur: Wir hatten uns rein gar nichts zu sagen. Irgendwann ging er dann wieder. Nur um am nächsten Tag wiederzukommen und das ganze Spiel von vorne zu beginnen.

»Mensch, Aylin«, sagte Shirin zu mir. »Da stimmt doch irgendwas nicht. Es ist doch nicht normal, dass dieser Junge jeden Tag zu dir kommt.«

»Nein, es ist merkwürdig«, stimmte ich meiner Freundin zu. »Aber ich kann es mir auch nicht wirklich erklären.«

»Vielleicht will er ja mehr von dir?«

Ich musste lachen. »Das glaubst du doch nicht wirklich, oder? Du siehst doch, dass wir überhaupt keinen gemeinsamen Nenner haben. Wir können keine zwei Sätze miteinander wechseln, ohne dass es verkrampft wirkt.«

»Trotzdem ist das nicht normal«, sagte Shirin.

Shirin hatte recht, das wusste ich. Irgendetwas stimmte nicht. Und ich wagte nicht, den Gedanken, der sich langsam in meinem Kopf bildete, zu Ende zu denken. Bis mich eines Abends meine Tante anrief. Die Frau, bei der Imad gerade wohnte.

»Aylin, ich muss mit dir reden, es geht um Imad.«

»Was ist mit ihm?«, fragte ich und setzte mich auf das Sofa. Meine Mutter, die neben mir saß, ließ mich nicht aus dem Blick.

»Er will um deine Hand anhalten.«

Ich nahm den Hörer kurz von meinem Ohr weg und atmete einmal tief durch. Ich war nicht wirklich geschockt. Ich hatte so etwas erwartet. Ich hatte zwar versucht, den Gedanken zu verdrängen, aber eigentlich wusste ich doch, dass kaum etwas anderes hinter seinen nervigen Besuchen stecken konnte. Ich schaute zu meiner Mutter, die mich mit großen Augen ansah.

»Aylin, bist du noch dran?«, fragte meine Tante am Telefon.

»Ja, ich bin noch dran.«

»Was sagst du?«

»Ich sage dazu erst einmal gar nichts. Ich werde mit Imad reden.« Dann legte ich auf und ging in mein Zimmer. Ohne dass meine Mutter mir noch irgendeine Ansage machen konnte. Ich war davon überzeugt, dass sie schon lange in die Pläne meiner Tante eingeweiht war.

Ich schrieb in derselben Nacht eine SMS an Mahmoud, in der ich ihn bat, zu mir in den Laden zu kommen. Und er kam. Ich bat Shirin, mich für ein paar Minuten zu vertreten, und ging mit Mahmoud vor die Tür. Wir setzten uns auf eine Bank.

»Was hast du denn, Aylin, worüber wolltest du mit mir sprechen?«

»Meine Tante hat mich gestern angerufen. Sie sagte mir, dass der Cousin meiner Mutter um meine Hand anhalten will.«

Mahmoud verzog das Gesicht. »Du wirst dem doch nicht zustimmen, oder?«, fragte er fast schon erregt.

»Pass mal auf, Mahmoud. Du weißt doch: Mein Leben ist nicht gerade einfach. Meine Familie ist sehr streng. Mein Vater und mein Bruder schlagen mich, wenn ich nicht das tue, was sie von mir verlangen. Ich habe überhaupt keine Freiheiten. Und sie haben schon einmal versucht, mich zu verheiraten.«

Mahmoud schaute mich mit Tränen in den Augen an.

»Natürlich will ich diesen Typen nicht heiraten. Aber wenn ich ihn ablehne, dann wird jemand neues kommen. Und dann wieder und wieder und wieder. Und meine Familie wird mich irgendwann einfach zwingen zu heiraten. Ob ich das will oder nicht.«

Auch ich hatte jetzt Tränen in den Augen.

»Irgendwas muss passieren, Mahmoud. Aber ich weiß nicht was.«

Er nahm mich in den Arm.

»Ich weiß nicht, wie lange ich das noch aushalten soll«, sagte ich. »Guck mal, du wohnst allein, hast deine eigene Wohnung. Du hast keinen, der dir sagt, was du tun oder lassen sollst. Du hast keinen, der dir Druck macht, keinen, der dich nervt, keinen, der dir das Leben zur Hölle macht. Ich schon. Und das ist ein Riesendruck, der da auf meinen Schultern lastet. Und ich weiß nicht, wie lange ich ihn noch ertragen kann.«

»Ich werde noch einmal versuchen, mit deinen Eltern zu reden«, versprach mir Mahmoud. »Wir werden einen Weg finden. Ich verspreche es dir.«

»Ich will doch niemanden heiraten, den ich nicht liebe. Und … ich liebe dich«, sagte ich ihm. Mahmoud wischte mir die Tränen aus dem Gesicht. »Wir kriegen das hin«, sagte er. »Ich denke mir etwas aus.«

Als ich abends zu Hause war, klingelte das Telefon. Es war Mahmouds Tante. Sie wollte mit meiner Mutter reden. Es fühlte sich an, als würde sich mein Herz überschlagen, so aufgeregt war ich. Ich überreichte meiner Mutter das Telefon und dieses Mal war ich diejenige, die sie anstarrte und an jedem Wort hing, das sie sagte oder gleich sagen könnte. Durch den Hörer bekam ich mit, dass Mahmouds Tante nochmals um meine Hand anhielt und darum bat, ihrem Neffen eine Chance zu geben. Doch meine Mutter blockte sie eiskalt ab.

»Tut mir leid. Aylin ist bereits einem anderen Mann versprochen.« Dann legte sie auf.

In der Nacht telefonierte ich mit Mahmoud.

»Es tut mir leid, Aylin«, sagte er mit trauriger Stimme. »Aber deine Familie stellt sich quer.«

»Ich weiß. Ich weiß … ich kann dieses Leben nicht mehr führen. Ich sehe nur noch einen Weg.«

»Wovon redest du?«

»Lass uns abhauen, okay? Lass uns doch einfach zusammen verschwinden.«

»Aylin …«

»Du bist doch ungebunden. Du hast doch hier nichts, was dich hält. Und ich habe nichts, was mich an meiner Familie hält. Lass uns weggehen.«

»Aylin, beruhig dich.«

»Wieso sagst du mir, dass ich mich beruhigen soll? Ich dachte, du empfindest auch was für mich? Wieso riskieren wir es nicht einfach? Bist du nicht bereit, das für mich zu tun?«

Mahmoud ließ eine kurze Pause. Dann sagte er: »Ich liebe dich, Aylin. Und ich wäre bereit, alles für dich zu tun, was du von mir verlangst. Und ich würde auch mit dir weggehen. Aber ich kenne dich gut genug. Ich kenne dich gut genug, um zu wissen, dass du dich niemals von deiner Familie lossagen kannst. Egal, was sie dir antun. Egal, wie sie dich behandeln. Du wirst immer an ihnen hängen. So bist du nun einmal. Und wenn wir zusammen weggehen würden, dann würde das kein gutes Ende nehmen. Du würdest auf diesem Weg nicht glücklich werden.«

Es fühlte sich an, als würde mein Herz brechen. Was Mahmoud da sagte, nahm mir meine letzte Hoffnung. Ich fing an zu weinen und legte auf. Er ließ mich also zurück. Er ließ mich zurück in dem Elend, dass mir jetzt bevorstehen würde. Ich vergrub mich tief in meinem Bett und zog mir die Decke über den Kopf. Noch vor ein paar Wochen dachte ich, jetzt würde alles besser werden. Und dann zog mich das Leben doch wieder in einen tiefen Abgrund.

***

Am nächsten Tag besuchte mich Imad im Sanitärhaus. Er hatte eine Rose dabei und lächelte mich an.

»Hallo Aylin, ich habe gehört, dass du zugesagt hast.«

»Zu was zugesagt?«, stellte ich mich dumm und schaute ihn nicht weiter an. Er ließ die Rose sinken.

»Na, zugesagt, mich zu heiraten.«

»Hör mal, Imad. Das ist doch Unsinn. Was soll das? Wir haben doch überhaupt keine Berührungspunkte. Wir haben uns noch nicht ein einziges Mal richtig unterhalten. Ich finde dich langweilig. Du findest mich langweilig. Warum willst du mich denn heiraten?«

Er musterte mich von oben bis unten. In seinem Kopf arbeitete etwas. Dann sagte er bloß: »Na, weil ich dich liebe.«

»Das ist dumm und das wissen wir beide.«

Er verzog sein Gesicht und schüttelte den Kopf. »Nein, ich liebe dich, Aylin.«

Ich musterte Imad. Nein, Imad war kein dummer Junge. Im Gegenteil. Er war intelligent und erfolgshungrig. Er war jemand, der etwas erreichen wollte im Leben. Als er noch im Libanon wohnte, hat er als Ingenieur gearbeitet. Er kam nach Deutschland, weil er aufsteigen wollte. Er wollte Geld verdienen. Geld, was es im Libanon nicht gab. Er war ziemlich frustriert, als er nach Berlin kam und feststellte, dass er hier zunächst keine Arbeitserlaubnis hatte. Aber davon ließ Imad sich nicht runterziehen. Er kaufte Bücher über Bücher und lernte wie ein Besessener die deutsche Sprache. Schon nach wenigen Monaten beherrschte er sie fließend. Ich dachte nach und versuchte zu verstehen, was er wollte. Und dann verstand ich es.

»Du willst mich doch gar nicht heiraten, weil du mich liebst. Du willst mich heiraten, um eine Aufenthaltserlaubnis zu bekommen.«

Imad setzte ein breites Grinsen auf. »Nein, Aylin. Ich liebe dich«, log er.

Ich fand seine ganze Art unerträglich. »Ich muss jetzt arbeiten. Geh bitte nach Hause. Und nimm die Blume mit. Wir haben hier keine Vase dafür.«

Ich war nicht naiv. Ich wusste, dass meine Familie wahnsinnigen Druck machen würde, damit ich Imad heiratete. In ihren Augen war er eine gute Partie. Ein junger, ehrgeiziger Mann, der offenbar großes Interesse an ihrer Tochter hatte. Jemand, der es in Deutschland zu etwas bringen würde.

»Baba, Mama – warum versteht ihr es denn nicht? Ich liebe diesen Mann nicht. Ich will ihn nicht heiraten.«

»Was weißt du schon von Liebe«, wiegelte mein Vater ab und verließ das Wohnzimmer.

»Hör mal, Schatz«, sagte meine Mutter. »Ich werde dir jetzt etwas erklären. Du weißt, dass dein Vater und ich damals aus Liebe, aus reiner Liebe geheiratet haben?«

»Ja, und gerade darum musst du mich doch verstehen, Mama.«

»Ich verstehe dich auch, Aylin. Ich verstehe, wie du denkst. Aber lass mich dir etwas erklären. Ich habe deinen Vater aus Liebe geheiratet. Und jetzt sieh uns an. Wir streiten beinahe täglich. Er ist rasend vor Eifersucht. Er schlägt mich. Er verdächtigt mich, dass ich ihn betrügen würde. Wie oft sind wir uns schon an die Kehle gegangen? Und warum ist das so? Weil wir uns lieben. Und weil die Liebe alles intensiver macht. Das Schöne. Aber auch das Schreckliche.«

Ich verstand nicht ganz, worauf meine Mutter hinauswollte.

»Wenn du einen Mann heiratest, den du nicht liebst, dann wirst du eher bereit sein, dass Leid zu ertragen, was er dir antun kann. Weil es dir egal ist. Weil der Mann dir egal ist. Aber wenn du diesen Mann liebst, dann wirst du innerlich zerbrechen. Du wirst tausend Tode sterben. Du kannst mir glauben, denn ich bin all diese Tode gestorben.«

Meine Mutter wischte sich eine Träne ab und ging dann ins Schlafzimmer. Noch nie hatte sie so offen mit mir gesprochen. Ich war wie gelähmt von ihren Worten. Was für ein trauriges Weltbild sie doch hatte, so pragmatisch zu denken. Konnte sie denn nicht mehr daran glauben, dass es auch Liebe ohne Leid gab?

***

Meine Familie drängte mich mehr und mehr, mich endlich für Imad zu entscheiden. Erst setzten sie mich mit Worten unter Druck. Dann mit Schlägen. Mit Tritten. Und mit der Drohung, dass es noch sehr viel schlimmer werden würde. Also stimmte ich zu. Wenn ich Imad heiraten würde, würde ich wenigstens von zu Hause wegkommen. Wenigstens die Demütigungen würden aufhören, dachte ich mir. Ich würde vielleicht nicht das Leben führen, das ich mir erhofft hatte, aber die Schläge würden enden. Und das wäre doch schon eine Verbesserung, redete ich mir ein.

Doch ich merkte sehr schnell, dass ich nur mir selbst etwas vormachte. Kaum stimmte ich der Ehe zu, zeigte mir Imad sein wahres Gesicht. Er kam täglich im Sanitärhaus vorbei und ich sehnte mich beinahe nach der Zeit, in der wir uns gar nichts zu sagen hatten. Denn alles, was er jetzt sagte, waren bloße Beleidigungen.

»Wie siehst du denn aus?« oder »Wie bist du denn angezogen?«

So fing es an. Aber im Gegensatz zu meinem Bruder wollte er nicht, dass ich mich noch mehr bedecke. Im Gegenteil. Er wollte, dass ich freizügiger auf die Straße ging. Weil er mit mir angeben wollte. Weil er jedem zeigen wollte, dass er eine hübsche Frau hatte. Das war ein Paradebeispiel dafür, wie Imad dachte. Er war ein unfassbarer Egoist. Ich interessierte ihn überhaupt nicht. Er wollte mich als Schmuck benutzen, mit dem er sich zeigen konnte. An all den Tagen, an denen er kam, fragte er mich nicht einmal, wie es mir ging, was ich dachte oder was ich mir für die Zukunft wünschte. Er wusste überhaupt nicht, wer ich eigentlich war. Und es interessierte ihn auch nicht.

Die Situation zu Hause wurde auch nicht besser. Im Gegenteil. Es wurde immer und immer schlimmer. Bis zu dem Geburtstag von Leyla. An dem alles eskalierte.

Am Abend, nach der Arbeit wollte ich sie noch besuchen und ihr ein Geschenk bringen. Doch dazu sollte es nicht kommen.

Ich machte mich gerade im Badezimmer fertig, als mein Vater sich wieder in eine seiner paranoiden Vorstellungen reinsteigerte.

»Aylin, was machst du? Willst du noch weg?«

»Baba«, sagte ich, »ich gehe zu Leyla. Das weißt du doch.«

»Um diese Zeit? Es ist viel zu spät. Du gehst heute nicht mehr raus.«

»Ich gehe doch nur zu Leyla.«

Leyla wohnte nicht allzu weit von uns entfernt. Außerdem war sie meine Schwester. Was hätte mir schon passieren sollen?

»Du willst dich doch nur wieder mit deinem Freund treffen«,

unterstellte er mir. Er dachte noch immer, dass ich mich heimlich mit Mahmoud treffen würde. Aber das stimmte nicht. Seit unserem letzten Telefonat, in dem er sagte, dass er nicht bereit wäre, mit mir wegzulaufen, hatten wir keinen Kontakt mehr.

»Baba, das ist doch Unsinn.«

»Du bist einem anderen Mann versprochen! Vergiss das nicht. Verletz nicht unsere Ehre.«

Ich konnte es nicht mehr hören: Ehre, Ehre, Ehre. In meiner Familie ging es um nichts anderes mehr. Zieh dich ordentlich an, sonst beschmutzt du unsere Ehre. Geh nicht alleine weg, sonst beschmutzt du unsere Ehre. Tu was deine Brüder dir sagen, sonst …

»Du bist ein undankbares Kind. Du weißt nicht zu schätzen, was wir für dich tun.«

Ich spürte, wie er sich wieder in Rage redete. Ich kannte das. Bleib ruhig, Aylin. Lass dich nicht provozieren, sprach ich mir zu. Lass dich bloß nicht provozieren.

»Du willst doch gar keinen richtigen Mann. Du willst einen Mann, dem du auf der Nase rumtanzen kannst. So wie deinem Drogendealer-Freund. Deinem Mahmoud.«

»Baba, hör auf!«, schrie ich. Ich spürte, wie mir das Blut in den Kopf schoss.

»Du hast keinen Respekt!«, schrie er zurück.

In diesem Moment platzte es aus mir heraus: »Du verstehst doch überhaupt nichts! Wenn ich einen Mann haben wollte, dem ich auf der Nase rumtanzen kann, dann hätte ich doch den Erstbesten genommen, den ihr mir ins Haus gebracht habt. Dann hätte ich doch nicht diese Hölle durchgemacht, die ich durchmachen muss. Geht das nicht in deinen sturen Kopf?«

So ausfallend war ich gegenüber meinem Vater noch nie geworden. Ich wusste, dass ich kurz davor war zu explodieren. Ich lief in mein Zimmer und schlug die Tür hinter mir so heftig zu, wie ich nur konnte. Ich bereute es noch im selben Moment. Mein Vater kam mir mit hochrotem Kopf hinterhergerannt.

»Was ist los mit dir?«, schrie er und ging auf mich los. Instinktiv nahm ich die Hände vor mein Gesicht. Ich spürte, wie er zuschlug, wie er immer und immer wieder zuschlug. Doch ich war es gewohnt. Ob mein Vater zuschlug oder mein Bruder, machte keinen Unterschied. Schläge sind Schläge und mit der Zeit lernt man, dass die Schmerzen, die ein Schlag verursacht, irgendwann vorbeigehen. Sie hinterlassen nur Narben auf unserer Seele, aber mit den Jahren weiß man, seine Seele zu verbergen. Wenn man sie schon nicht schützen kann.

Doch dieses Mal war etwas anders. Es hatte sich in den letzten Wochen und Monaten so viel Wut und Ärger in mir aufgestaut. Ich war verzweifelt und jetzt brach es alles aus mir heraus. Ich schubste meinen Vater weg und schrie ihn an. Er stürzte und riss mich mit zu Boden. Ich sah an seinem Gesicht, dass die Wut ihn jetzt komplett beherrschte. Er war so in Rage, dass er nicht mehr zurechnungsfähig war. Er schlug immer weiter auf mich ein. Doch dieses Mal war ich nicht bereit, die Schläge zu akzeptieren.

Ich sprang auf und schrie ihn an: »Es reicht!«

Er schaute mich einen Moment lang verwundert an. Noch nie hatte seine Tochter es gewagt, sich so gegen seinen Willen zu stellen.

»Es reicht!«, wiederholte ich mit Nachdruck. »Nie wieder, nie wieder wirst du mich anfassen! Nie wieder! Das war das letzte Mal, dass irgendjemand in dieser Familie eine Hand gegen mich erhebt oder mich berührt!«

Er schaute mich mit großen Augen an und sagte nichts mehr. Die Stille war unerträglich. Bis meine Mutter ins Zimmer gestürmt kam. Als sie meinen Vater auf dem Boden liegen sah, hielt sie sich die Hände vors Gesicht und weinte.

»Was tust du bloß, Aylin? Was tust du nur?«

Ich konnte das nicht mehr ertragen. Ich musste weg. Ich musste raus. Raus aus diesem Haus. Raus aus diesem Leben. Raus aus diesem Albtraum. Ich lief aus meinem Zimmer und ließ alles hinter mir. Meinen Vater, meine Mutter, meinen kleinen Bruder, der alles mitansah. Ich lief in den Hausflur, die Treppen runter, hörte, wie mein Vater mir etwas hinterherbrüllte. Ich verstand kein Wort. Es war mir egal. In meinem Kopf war nur ein Gedanke: Raus! Einfach nur raus. Als ich vor der Tür stand, im Freien, da merkte ich, dass ich weder mein Kopftuch noch meine Schuhe anhatte. Ich war barfuß. Aber es war mir vollkommen egal. Ich war nicht mehr ich selbst.

Es war eine fürchterliche Nacht. Es stürmte. Es regnete in Strömen. Kein Mensch war unterwegs. Aber auch das war mir egal. Ich lief weiter, immer weiter, die große Straße entlang. Meine Mutter stand auf dem Balkon und schrie herunter: »Aylin, bitte Aylin, komm zurück. Komm doch zurück. Was machst du denn nur, mein Kind?«

Ich sah, wie die Lichter in den anderen Wohnungen angingen. Wie die Nachbarn die Fenster öffneten, um zu sehen, was denn los war. Ein letztes Mal drehte ich mich um. Dann lief ich weiter die nasse Straße entlang. Ich achtete nicht darauf, wo ich lang lief. Ich wollte einfach nur weg.

Ich hatte jedes Gefühl für Raum und Zeit verloren. Ich musste bestimmt eine gute Stunde nur gelaufen sein. Irgendwann wusste ich nicht mehr, wo ich war. Der Regen wurde immer stärker. Ich schaute auf mein Handy. Es war weit nach Mitternacht. Ich setzte mich auf eine Parkbank und atmete durch. Nach und nach fing ich an zu realisieren, was passiert war. Und ich wurde von Sekunde zu Sekunde nervöser.

Und dann wählte ich die Nummer von Mahmoud.

Ich kannte sie noch immer auswendig. Es klingelte ein paar Mal. Dann hörte ich seine überraschte Stimme.

»Aylin ...«, sagte er.

»Hör zu, Mahmoud. Ich rufe nur an, weil ich dir sagen will, dass ich weg bin.«

»Ich verstehe nicht.«

»Du wirst es schon verstehen. Ich bin weg. Ich werde weggehen.«

»Aylin, mach kein Schei...«

Ich legte auf und fasste mir an die Schläfen. Ich hatte alle Brücken hinter mir eingerissen. Ich wusste, dass es kein Zurück mehr gab. Ich starrte minutenlang auf mein Handy. Dann wählte ich die Nummer der Polizei.

Eine Frau meldete sich. »Polizei Berlin, was können wir für Sie tun?«

»Ich brauche Hilfe«, stammelte ich. »Ich muss hier weg. Ich muss weg aus meinem Leben.«

»Bleiben Sie ganz ruhig«, versuchte mich die Beamtin zu beruhigen. »Atmen Sie tief durch. Sagen Sie mir, wie Sie heißen, wo Sie sind und was passiert ist.«

Aber ich war so nervös, ich konnte keinen klaren Gedanken mehr fassen. Ich stammelte irgendetwas vor mich hin. Der Regen wurde immer heftiger und meine nassen Haare fielen mir in mein Gesicht.

»Bitte kommen Sie«, sagte ich. »Ich heiße Aylin Said. Bitte bringen Sie mich weg.«

»Was ist denn passiert?«

»Ich wurde geschlagen ... bitte ... bitte bringen Sie mich einfach weg«, flehte ich schon beinahe und spürte, wie sich mein Hals langsam zuschnürte.

»Wo sind Sie?«

Ich schaute mich um. Ich hatte wirklich keine Ahnung, wo ich war.

»Gibt es irgendeinen Laden, irgendein Restaurant, das Sie sehen?«, fragte die Polizistin.

»Ja«, sagte ich. Auf der anderen Straßenseite war ein italienisches Restaurant. Es war noch offen. Ich gab der Polizistin den Namen, dann legten wir auf.

Als ich mich vor das Restaurant stellte, kamen mir sofort zwei Kellner entgegengelaufen.

»Was ist mit Ihnen passiert, ist alles in Ordnung?«, fragten sie.

»Ja, ich … ich warte hier nur auf die Polizei.«

Sie mussten mich für verrückt halten. Ich lief mitten in der Nacht ohne Jacke und Schuhe durch Berlin.

»Kommen Sie, kommen Sie.«

Einer der Kellner nahm mich mit in einen Hinterraum des Restaurants und brachte mir ein Handtuch, damit ich meine Haare ein wenig trocknen konnte. Erst jetzt merkte ich, dass ich eine Wunde am Kopf hatte und blutete.

Ich schaute immer wieder Richtung Tür. Die Polizei ist unterwegs, redete ich mir selbst gut zu. Sie kommt jeden Moment. Aber je mehr Zeit verging, desto panischer wurde ich. Was ist, wenn mein Bruder mich hier finden würde? Oder mein Onkel? Wenn er sieht, wie ich hier im Hinterzimmer eines Restaurants sitze? Ohne Kopftuch. Ohne Schuhe. Sie würden mich auf der Stelle totschlagen.

»Möchten Sie etwas trinken?«, fragte mich der Kellner, der mir wohl ansah, wie es mir ging.

»Ein Glas Wasser«, bat ich ihn.

Er brachte es mir. »Ich meinte eher, ob Sie etwas Richtiges trinken möchten.«

»Etwas Richtiges?«

»Etwas, das Sie vergessen lässt.«

Ich brauchte einen Moment, um zu verstehen. Dann lächelte

ich ihn an. »Danke, ich trinke keinen Alkohol. Ich bin Muslima.«

Der Kellner musterte mich skeptisch.

»Muslima, Christin, Jüdin. Ich glaube, dass Sie dennoch einen Drink vertragen könnten.«

In dem Moment betraten zwei Polizisten das Restaurant und kamen zu mir in das Hinterzimmer. Das ist meine Rettung, dachte ich nur. Diese Männer werden mich retten. Ich atmete tief durch. Zum ersten Mal seit Monaten hatte ich das Gefühl, dass jetzt endlich alles gut werden könnte. Dass es zumindest die Chance gäbe, dass alles eine Wendung nimmt. Dass ich dieses Gefängnis, das mein Leben war, hinter mir lassen könnte.

Die beiden Polizisten setzten sich zu mir und ich erzählte ihnen, was passiert war.

»Möchten Sie Anzeige gegen Ihren Vater erstatten?«, fragten sie mich.

»Nein. Nein. Ich will keine Anzeige erstatten. Ich will einfach nur weg. Verstehen Sie? Ich will weg von dieser Familie.«

»Gibt es einen Ort, an den Sie gehen können?«

Ich dachte kurz nach. Nein. Es gab keinen Ort, an den ich gehen könnte. Alles, was ich hatte, war meine Familie.

»Keine Sorge«, sagte einer der Polizisten. »Es gibt Frauenhäuser. Dort wird man sich um Sie kümmern. Dort sind Sie geschützt.«

Ich nickte. Als ich aufstand, um mit den Polizisten zum Streifenwagen zu gehen, bemerkten sie, dass ich keine Schuhe trug.

»Haben Sie keine Schuhe dabei?«, fragten sie mich.

Ich schüttelte den Kopf.

»Wir müssen Sie in ein Krankenhaus bringen«, sagte einer der Beamten und zeigte auf meine Kopfwunde. »Das muss untersucht werden. Aber erst einmal fahren wir zu Ihnen nach Hause und holen Ihre Sachen. Vor allem Ihre Schuhe.«

Mir stockte der Atem. »Nein!«, protestierte ich sofort. »Auf keinen Fall! Ich will auf keinen Fall zurück.« Ich blieb stehen.

»Sie müssen nicht zurück, das versprechen wir Ihnen. Sie müssen nur Ihre Sachen holen. Wir sind ja bei Ihnen. Machen Sie sich keine Sorgen.«

Die Polizisten drückten mich sanft Richtung Ausgang. Mein Herz überschlug sich. »Nein! Nein! Ich will auf keinen Fall wieder in die Wohnung! Bitte! Ich brauche keine Schuhe. Es geht auch so. Alles, nur nicht zurück nach Hause.« Meine Kehle schnürte sich zu.

Der Polizist legte seine Hand auf meine Schulter.

»Vertrauen Sie uns. Wir versprechen Ihnen, dass Ihnen nichts passieren wird. Aber Sie müssen Ihre Sachen holen. Sie brauchen einen Ausweis. Sie brauchen Klamotten. Sie brauchen Schuhe.«

Es hatte keinen Sinn. Ich konnte flehen, wie ich wollte. Die Polizisten wollten unbedingt meine Sachen holen. Ich setzte mich in den Streifenwagen. Alle meine Hoffnungen wurden in diesem Moment zunichte gemacht. Ich wusste, dass das nicht gut ausgehen konnte. Ich musste zurück. Zurück in die Hölle.

Der Streifenwagen fuhr los und ich schaute aus dem Fenster. Es regnete noch immer, auf den Straßen hatten sich mittlerweile große Pfützen gebildet. Das Licht einer roten Ampel wurde vom nassen Asphalt reflektiert, als wir durch Kreuzberg fuhren. Das überlebe ich nicht, dachte ich. Ich werde diese Nacht nicht überleben. Ich zog mein Handy raus und rief meine Schwester an.

»Aylin, wo bist du?«, schrie sie ins Telefon. »Alle drehen hier total durch. Was ist nur passiert?«

Es hatte sich wohl schon rumgesprochen.

»Leyla, hör zu«, sagte ich »Baba hat mich wieder geschlagen. Ich bin weggelaufen. Ich bin jetzt bei der Polizei.«

»Bei der Polizei? Bist du wahnsinnig?«

»Hör zu. Sie bringen mich nach Hause. Ein paar Sachen holen. Aber sie werden mich wieder mitnehmen. Bitte, komm schnell vorbei. Ich weiß nicht, ob ich das alleine durchstehe.«

»Aylin, was machst du bloß?«, fragte sie. Ich fing an zu weinen. »Ich komme sofort«, lenkte sie ein und legte auf.

Dann bog der Streifenwagen in unsere Straße ein. Mein Herz schlug wie verrückt.

»Oh, scheiße«, hörte ich einen der Polizisten sagen.

»Was?«, fragte ich und sah in diesem Moment, dass vor unserer Haustür fünfundzwanzig, vielleicht dreißig Männer standen.

»Gehören die zu Ihrer Familie?«, fragte mich einer der Polizisten, der nun auch sichtlich nervös war.

»Ja«, sagte ich. Das waren meine Brüder, meine Cousins, deren Schwiegerväter und meine Onkel.

Mein Puls raste wie verrückt.

»Bitte, fahren Sie wieder weg. Das wird nicht gut enden.«

»Wir kriegen das hin«, sagte der Beamte wohl mehr zu sich selbst als zu mir und forderte über Funk Verstärkung an. Dann sprach er mir noch einmal gut zu. »Wir kriegen das hin. Kommen Sie.«

Wir stiegen aus dem Auto aus und sofort kam Seyed auf mich zugelaufen.

»Aylin, pfuu, was machst du? Was kommst du hier mit der Polizei an? Hast du den Verstand verloren?«

Ich ging instinktiv einen Schritt zurück. Ich hatte Todesangst.

Die Schwiegereltern meines Bruders waren Kurden. Und die waren dafür bekannt, dass sie sich nicht darum scherten, ob die Polizei oder die verdammte Armee vor Ort war. Wenn sie auf mich losgehen wollten, dann würden sie das tun und niemand konnte sie aufhalten.

»Lass sie!«, hörte ich meine große Schwester, die meinen Bruder zur Seite nahm und mir ein Tuch umlegte, damit ich meine Haare bedecken konnte.

»Misch dich nicht ein!«, schrie mein Bruder sie an und schubste sie weg. Die ganze Familie schaute mich an. Ich blickte zu Boden.

Der Polizist stellte sich vor mich.

»Ganz ruhig«, sagte er zu meinem Bruder. »Ganz ruhig. Wir haben hier das Sagen und nicht ...«

»Da scheiß ich drauf!«, schrie mein Bruder ihm aggressiv ins Gesicht. Das artet hier gleich aus, dachte ich. Doch der Polizist blieb ruhig.

»Entweder«, sagte er und blickte meinem Bruder fest in die Augen. »Entweder du verschwindest – oder wir buchten dich ein. Verstanden?«

Dann gingen wir an den kopfschüttelnden Verwandten vor der Haustür vorbei und betraten den Hausflur. Ich rechnete die ganze Zeit damit, dass ich von hinten angegriffen würde. Dass mir irgendjemand ein Messer in den Rücken stechen würde. Auch die Polizisten waren nervös. Beide hielten eine Hand an ihrem Waffenschaft.

»Damit kommst du nicht durch, du Miststück!« schrie mein Bruder uns hinterher. »Egal, wo du hingehst, egal, was du tust, wir werden dich finden! Wir werden uns rächen! Verrat ist unentschuldbar!«

Er hörte nicht auf.

»Blutschande!«, schrie er. Und mit jedem seiner Worte wurde ich noch unsicherer. Mit jeder Stufe, die wir in den vierten Stock hochgingen, wurde ich panischer.

»Machen Sie schnell«, flüsterte mir der Polizist zu, als wir die Wohnung betraten. Ich lief in mein Zimmer und packte schnell die wichtigsten Sachen zusammen. Tatsächlich hatte ich schon seit Wochen eine Reisetasche vorbereitet. Ich weiß nicht, wieso ich das getan hatte. Ich hatte nicht vor wegzulaufen. Aber ich spürte, dass der Tag kommen würde, an dem alles eskalierte. Es hatte sich so viel aufgestaut. Ich wusste, dass ich das nicht ewig durchhalten würde.

Als ich meine letzten Klamotten zusammenpackte, kam meine Mutter in das Zimmer gestürmt. Ich wusste, dass das Drama jetzt erst beginnen würde. Meine Mutter war völlig außer sich und schrie die Polizisten an.

»Sie darf nicht gehen! Meine Tochter bleibt hier!«

Die Beamten versuchten, sie zu beruhigen. »Wir werden Ihre Tochter heute Abend mitnehmen«, erklärten sie in ruhigem Ton. »Die Lage muss sich ein wenig beruhigen. Momentan sind alle doch sehr … aufgebracht.«

»Aufgebracht?!«, schrie meine Mutter und wurde immer hysterischer. »Wenn Aylin nicht hierbleibt, dann bringe ich mich um!«

»Beruhigen Sie sich doch …«

»Sie glauben mir nicht? Sie glauben mir nicht? Ich werde es tun!«

Dann lief sie ins Wohnzimmer und riss die Balkontür auf. Einer der Polizisten rannte ihr hinterher. Er war vollkommen mit der Situation überfordert. Man hörte Sirenengeheul. Offenbar traf die Verstärkung ein.

»Lasst sie doch«, sagte ich zu dem zweiten Polizisten ruhig. »Ganz ehrlich: Wenn sie sich nicht umbringt, dann werde ich es irgendwann tun.«

Der Polizist schaute mich vollkommen entgeistert an. »Das ist Ihre Mutter!«

»Ja. Und sie ist dafür verantwortlich, dass ich in dieser Lage bin.«

Meine Mutter hatte niemals Mitleid für mich gehabt. Und jetzt hatte ich auch kein Mitleid mehr mit ihr. So weit war es also schon gekommen. Ich schämte mich für den Gedanken. Aber das war es, was ich in diesem Moment empfand. Ich war innerlich vollkommen leer. Und das machte mir Angst. Wenn es doch alles anders wäre, dachte ich nur.

»Warum tust du uns das an, Aylin?«, weinte meine Mutter, die von dem Polizisten mittlerweile vom Balkon gezogen wurde.

»Warum tut ihr mir das an?«, schrie ich ihr entgegen. »Geh, mach was du willst. Bring dich um. Oder tu es nicht. Aber lass mich in Ruhe. Ihr sollt mich alle einfach in Ruhe lassen!« Ich brüllte es ihr mit letzter Kraft entgegen. Ich war vollkommen am Ende. Ich zog den Reißverschluss von meiner Reisetasche zu und gab den Polizisten ein Zeichen, dass ich fertig war. Ich zögerte noch eine Sekunde. Dann gingen wir.

Als wir die Wohnung verließen, lag meine Mutter weinend auf dem Wohnzimmerboden. Sie krümmte sich, als hätte sie große Schmerzen. Mein Vater saß nur auf dem Sofa und hielt sich die Hände vor sein Gesicht. Der ganze Raum wurde von Blaulicht eingefärbt. Man hörte die Polizisten unten mit meinen Verwandten verhandeln.

»Was willst du, Aylin? Was willst du denn?«, fragte meine Mutter noch, doch da fiel die Tür bereits ins Schloss.

Ja, was möchte ich?, fragte ich mich selbst. Ich wollte nicht viel. Ich verlangte nie viel. Ich wollte nur nicht den Cousin meiner Mutter heiraten. Einen Mann, den ich nicht liebte. Ich wollte nur raus aus dieser Gefangenschaft. Ich wollte nicht mehr geschlagen werden. Aber ich wollte auch nicht, dass es so endet, wie es gerade endete.

Ich wollte nicht, dass meine Familie leiden muss. Obwohl ich jahrelang unter ihr litt. Wenn mein Herz nicht schon lange gebrochen gewesen wäre – den Anblick meiner weinenden Mutter hätte ich nicht ertragen können.

Auf der Treppe hörte ich, wie sich die Tür oben öffnete.

»Aylin, wir machen, was du willst. Wir lösen die Verbindung.

Hauptsache, du gehst jetzt nicht. Hauptsache, du bleibst. Dein Bruder wird dich umbringen. Das weißt du. Du wirst nicht am Leben bleiben, wenn du dieses Haus jetzt mit der Polizei verlässt. Bitte bleib, wir machen, was du verlangst«, schrie meine Mutter mir hinterher.

Ich hätte ihr so gern geglaubt. Ich hätte so gern geglaubt, dass es besser werden würde. Aber es wurde nie besser. Es wurde nur immer schlimmer.

Ich drehte mich nicht mehr um. Ich werde das jetzt beenden, sagte ich mir. Auch wenn es schmerzhaft ist. Auch wenn ich meine Familie tief in meinem Herzen noch immer über alles liebte. Aber wenn ich das heute nicht schaffte, dann würde ich niemals ein richtiges, ein glückliches Leben haben.

Wenn ich jetzt nicht gehe, werde ich niemals gehen. Das sagte ich mir wie ein Mantra immer und immer wieder.

Die Polizisten nahmen mich in ihre Mitte. Stufe für Stufe stiegen wir den Hausflur hinunter. Mit jeder Stufe ging ich einem neuen Leben entgegen. Jeder Schritt fiel mir schwer. Meine Familie hinter mir zu lassen. Sie waren doch alles, was ich hatte.

»Wir haben es beinahe geschafft«, sagte einer der Polizisten.

Als wir im Erdgeschoss angekommen waren, stand plötzlich Bero in der Eingangstür. Der Schwiegervater meines Bruders. Er war ein großer, breiter Mann mit einem freundlichen Gesicht und einem grauen Bart. Er hatte Tränen in den Augen, als er mich sah.

»Aylin«, sagte er mit leiser Stimme und öffnete seine Arme. »Aylin, mein Kind. Was ist nur los? Was ist nur passiert?«

Seine Stimme war zärtlich und voller Mitgefühl. Ich sah seinem Gesicht an, dass er aufrichtig mit mir litt. Er kam auf mich zu. Ich schüttelte nur leicht den Kopf und spürte, wie mir die Tränen wieder in die Augen schossen. Sei stark, Aylin, sprach ich mir selbst Mut zu.

Aber auf einmal konnte ich nicht mehr stark sein.

»Aylin, du bist doch unser Kind. Geh nicht. Lass uns eine Lösung finden. Wir lieben dich.«

Meine letzte Kraft, die ich noch hatte, war weg. Es war alles weg. Ich fiel Bero in die Arme und brach völlig zusammen.

»Mein Kind«, wiederholte er. »Wir werden das hinbekommen. Wir werden das alles wieder hinbekommen. Wir sind doch eine Familie. Die Familie hält immer zusammen.«

»Kommen Sie, Aylin«, sagte der Polizist. »Wir müssen gehen.«

Aber ich konnte nicht mehr. Ich war fertig.

»Sie bleibt bei mir«, sagte Bero. »Sie bleibt bei der Familie. Machen Sie sich keine Sorgen. Wir achten auf sie. Wir klären das unter uns. Wir brauchen keine Polizei.«

Der Polizist schaute mich an.

»Gehen Sie …«, flüsterte ich.

»Nein, wir können Sie nicht hierlassen.«

»Gehen Sie!«, schrie ich ihn an. »Es ist meine Entscheidung.«

»Gut so, Aylin«, sagte Bero.

***

Bero meinte es gut mit mir. Er nahm mich mit in seine Wohnung. Er machte mir einen Cay, einen arabischen Tee, brachte mir eine Wolldecke und setzte sich zu mir ins Wohnzimmer.

»Was ist denn passiert?«

Ich hatte mich mittlerweile etwas beruhigt.

»Weißt du«, sagte ich, »es war einfach zu viel. Alles, was ich die ganzen Jahre erdulden musste. Was man mit mir gemacht hat … ich musste raus«. Ich pustete in mein Teeglas.

»Was haben sie denn mit dir gemacht?«

Ich stockte und schaute ihn an. »Sie haben …« Doch ich konnte nicht weitersprechen. Irgendetwas blockierte mich.

»Aylin, was haben sie mit dir gemacht?«

Ich schüttelte nur den Kopf und versuchte, Worte zu finden. Was hatten sie mit mir gemacht? Wo sollte ich nur anfangen, eine Antwort auf diese Frage zu finden? Ich dachte zurück. An die Schläge. Dachte daran, wie man mich einsperrte, wie wir ins Frauenhaus geflohen sind, dachte daran, wie mein Bruder meine Klamotten durchwühlte, mein Handy kontrollierte, dachte daran, wie sie mich zwingen wollten, einen Mann zu heiraten, den ich gar nicht kannte – und dann verlor ich mich in diesen Gedanken. Ich war nicht in der Lage, sie in klare Worte zu fassen.

»Ich will dir doch helfen«, sagte Bero und riss mich wieder in die Realität. »Aber du musst mir sagen, was passiert ist. Ich rede mit deinem Vater. Ich rede mit deinem Bruder.«

Ich schaute ihn an. Ich dachte an meine Familie. Ich spielte alle Eventualitäten und Möglichkeiten durch. Aber egal, was Bero tun oder meiner Familie sagen würde, es gab keine Variante, in der ich mir vorstellen konnte, dass irgendetwas besser wurde. Im Gegenteil, wenn sie erfuhren, dass ich ihm alles erzählte, würde ich nur noch viel mehr leiden müssen. Es gab keinen Ausstieg. Es gab nur die sprichwörtliche Wahl zwischen Pest und Cholera. Zwischen einem Leben in Gefangenschaft oder einem Leben in Gefangenschaft mit Mitwissern. Meine Familie würde ja sowieso alles abstreiten und mich als Lügnerin darstellen.

»Bero, ich …«, versuchte ich, mich irgendwie zu retten. »Ich habe vielleicht überreagiert. Die letzten Wochen waren wohl etwas zu viel für mich. Ich denke, es ist alles gut, wie es ist.«

»Ich will dir helfen, Aylin. Aber das geht nur, wenn du mir sagst, was wirklich los ist.«

Ich streichelte seinen Arm. »Das weiß ich, Bero. Aber es ist okay.«

Ich war neunzehn Jahre alt. Ich dachte an meine Freundinnen, dachte daran, wie sie mir von ihren Sorgen erzählten. Sie reichten von »Was ziehe ich heute an?« über »Wie komme ich bis zum Sommer an einen flachen Bauch?« bis hin zu »Mit wem treffe ich mich heute nach der Schule?«. Manche hatten auch Liebeskummer. Wie sehr wünschte ich doch, nur einen Tag lang den Luxus solcher Ängste und Sorgen haben zu dürfen. Mein Alltag drehte sich hingegen nur um Schläge, Verbote und Zwänge. Meine Angst war stets die Angst, den nächsten Tag nicht zu überleben.

Ich blieb die Nacht bei Bero. Als die Sonne aufging, klingelte es an seiner Tür. Es war meine Familie. Sie kamen, um mich zu holen.

Seyed stand vor der Haustür. »Lass uns nach Hause fahren, Aylin«, sagte er kalt.

»Hör mal«, sagte Bero und zog seinen Schwiegersohn zur Seite. »Behandele sie gut. Sie ist ein gutes Kind. Sie hat es nicht verdient, schlecht behandelt zu werden. Sie ist euer Blut.« Seyed antwortete nicht, nickte ihm nur zu und gab mir dann ein Zeichen, dass ich mitkommen soll.

Während der ganzen Autofahrt sprach er kein Wort zu mir. Wir fuhren durch die Straßen von Berlin. Der Regen hatte mittlerweile aufgehört, doch der Asphalt war noch immer nass. Die ersten Arbeiter waren unterwegs. Sie trugen orangefarbene Jacken und kehrten den Müll auf, der auf den Straßen liegen geblieben war.

Als wir die Wohnung betraten, war alles ganz still. Kein Geschrei. Kein Drama. Nichts. Mein Vater stand im Bademantel in der Tür und nickte meinem Bruder zu. Mich beachtete er nicht. Ich ging in mein Zimmer und legte mich schlafen. Der große Sturm würde wohl noch kommen, dachte ich.

Aber der Sturm blieb aus. Meine Familie schwieg die Nacht, in der ich aus meinem Leben fliehen wollte, einfach tot. Als wäre nie etwas passiert.

Auch in den nächsten Tagen und Wochen blieb es ruhig. Zu ruhig. Die Wohnung durfte ich nicht verlassen. Alle ignorierten mich – außer meiner Schwester und meinem kleinen Bruder, die mit mir sprachen, wie sie immer mit mir sprachen. Aber mein Vater und meine Mutter würdigten mich keines Blickes. Ich hätte nicht gedacht, dass es etwas Schlimmeres geben könnte als die Wut, die sie für mich empfanden. Aber die Verachtung, mit der sie mich jetzt straften, das war tatsächlich noch schwerer zu ertragen. Sie lag wie ein ständiger Vorwurf im Raum. Sie breitete sich in unserer Wohnung aus wie ein schwerer, unsichtbarer Nebel, der auf meine Schultern drückte. Du hast uns enttäuscht. Du hast Schande über deine Familie gebracht. Du hast deinem Vater Kummer und Schmerz gebracht. Diese Vorwürfe lagen unentwegt in der Luft. Ich fühlte mich wie eine Täterin. Dabei war ich doch das Opfer. Oder etwa nicht? So zog sich mein Leben hin. Woche für Woche. Verachtung. Stille. Meine Gedanken fanden keine Ruhe.

***

Ein paar Monate später bekamen wir finanzielle Probleme. Mal wieder. Es gab immer wieder Phasen, in der meine Familie nur notdürftig über die Runden kam. Und jetzt war es wieder einmal so weit. Deswegen wurde mein Hausarrest aufgehoben. Ich durfte wieder arbeiten gehen. Und so stand ich an einem Dienstagmorgen pünktlich um 9.30 Uhr vor der Tür des Sanitärhauses, in dem ich seit meiner Flucht nicht mehr gewesen war. Mein Onkel nickte mir zu, als er mich sah, als wäre ich nie weg gewesen.

»Du weißt ja, was du zu tun hast«, sagte er, und ich stellte mich hinter die Kasse.

Die zehn Stunden, die ich jeden Tag arbeiten gehen durfte, waren die einzige Freiheit, die ich jetzt noch hatte. Ich durfte die Wohnung nur verlassen, wenn ich zur Arbeit ging. Mein Handy wurde mir weggenommen. Wenn ich nach Hause kam, kontrollierte mein Bruder sogar meine Handtasche.

»Was glaubst du denn?«, fragte ich ihn. »Dass ich Drogen schmuggele oder was?« Er zuckte nur mit den Schultern.

Nach zwei Wochen bekam ich Besuch im Sanitärhaus. Imad. Er schlenderte durch den Laden, kam dann auf mich zu und begrüßte mich überraschend freundlich.

»Hallo Aylin, wie geht es dir?«

»Gut«, sagte ich kalt und musterte ihn. Was wollte er hier?

»Das freut mich, ich wollte nur einmal nach dir sehen. Wenn du etwas brauchst, dann meld dich, okay?«

»Wird schwer. Ich habe kein Handy mehr«, sagte ich ihm gleichgültig.

»Oh, ach so. Okay, dann … dann ruf mich doch von zu Hause an. Also … du weißt ja, wo du mich findest.«

Dann verließ er den Laden. Ich hatte so ein komisches Bauchgefühl. Das war doch kein Zufall, dass er vorbeigekommen war.

Und natürlich war das kein Zufall. Von diesem Tag an kam Imad jeden Tag. Er kam, versuchte, ein Gespräch anzufangen und ging wieder. Es war wie ein unaufhörliches Déjà-vu. Beim Abendessen sprach mich mein Vater auf den Jungen an.

»Und Aylin, hast du eigentlich Imad wiedergesehen?«

»Ja, Baba. Er kommt jeden Tag in den Laden.«

»Und?«

»Und was?«

»Versteht ihr euch gut?«

Ich konnte nicht glauben, dass mein Vater mich das gerade ernsthaft fragte. Verstehen wir uns gut? Ich bin nachts barfuß aus unserer Wohnung geflohen, ich wurde von der Polizei begleitet, um meine Sachen zu holen, ja, ich wollte mein ganzes Leben hinter mir lassen, weil mich meine Familie zwingen wollte, diesen Mann zu heiraten. Und jetzt wollte mein Vater von mir wissen, ob wir uns »gut verstehen«? Ich wurde blass. Ich konnte mir genau denken, was das zu bedeuten hatte. Sie ließen einfach nicht locker.

Mein Vater meinte es nicht böse. Er dachte sich, wenn Imad mir auch heute noch hinterherlief, wenn er noch heute, nach allem, was geschehen war, Signale sendete, dass er Interesse an mir hatte, dann würde er mich wirklich lieben. Mein Vater meinte es wirklich nicht böse. Aber er machte alles schlimmer und schlimmer.

Von diesem Tag an wurden die Annäherungsversuche von Imad immer offensichtlicher. Mal brachte er mir eine Rose auf die Arbeit, mal saß er einfach nur stundenlang im Sanitärhaus rum, um »bei mir zu sein«, wie er sagte. Wir hatten uns überhaupt nichts zu sagen. Er starrte nur auf sein Handy und ich erledigte meine Arbeit.

Als wäre das nicht schon belastend genug, musste ich mir auch zu Hause jeden Abend anhören, was für ein guter Junge dieser Imad doch wäre. Wie sehr er mich doch lieben würde. Und wie schlimm mein abweisendes Verhalten doch sei. Tag für Tag dasselbe. Woche für Woche.

In dieser Zeit sprach ich oft mit meiner Schwester. Ich erzählte ihr, wie ich mich fühlte. Eingeengt und kontrolliert. Und dann auch noch der Kampf gegen Imad. Täglich musste ich dagegenhalten.

»Wieso lässt du nicht einfach los, Aylin? Heirate ihn doch. Dann hat das alles ein Ende. Und du kannst dein eigenes Leben leben.«

»Nichts hat ein Ende. Ich würde nur den einen Albtraum gegen den anderen Albtraum eintauschen.«

»Seitdem ich meinen Mann geheiratet habe, bin ich frei, Aylin.«

»Ich kann das nicht. Wenn ich schon mit einem Mann zusammenziehe, um den Rest meines Lebens mit ihm zu verbringen, dann zumindest mit einem Mann, der etwas für mich empfindet. Für den es sich lohnt.«

»Du bist zu romantisch.«

»Nein, das bin ich nicht. Ich weiß, wer ich bin. Und ich weiß, dass ich meinem Mann eine gute Frau sein werde. Ich werde treu und loyal sein. Selbst wenn ich ihn nicht lieben sollte. Aber wenigstens will ich wissen, dass er mich liebt.«

Meine Schwester schaute mich an. »Du klingst schon wie Mama.«

Ich hielt inne. Sie hatte recht. So weit war es schon gekommen. Ich merkte, wie ich mich Stück für Stück immer mehr aufgab.

Nach zwei Monaten war ich am Ende. Ich konnte nicht mehr. Ich konnte es nicht mehr hören, ich konnte es nicht mehr ertragen. Ich war fix und fertig. Jeden Tag dieser Druck. Als die Familie abends wieder beisammensaß und wir gerade essen wollten und meine Mutter schon wieder mit dem Thema Imad anfing, da ließ ich meine Gabel fallen, stützte meinen Kopf auf meinen Händen ab und flüsterte nur noch einen Satz. »Macht doch, was ihr wollt«, sagte ich. »Macht einfach, was ihr wollt.«

»Was soll das bedeuten, Aylin?«

Ich schwieg. Ich hörte in mich hinein. Da war nichts mehr. Keine Wut. Keine Angst. Keine Trauer. Da war gar nichts mehr. Ich war leer. Sie hatten es geschafft. Sie hatten mich gebrochen.

»Aylin? Was soll das bedeuten?«, setzte meine Mutter nach.

»Es soll bedeuten, dass es mir egal ist. Wenn ihr mich verheiraten wollt, dann verheiratet mich. Macht, was ihr für richtig haltet. Ich kämpfe nicht mehr dagegen an.«

Ich sah, wie meine Mutter lächelte. Das war genau das, was sie hören, was sie die ganze Zeit erreichen wollte.

»Das sind schöne Nachrichten, Aylin«, sagte sie. Und dann etwas sanfter: »Es sind gute Nachrichten für dich. Du wirst sehen, wenn du erst einmal verheiratet bist, dann wird alles ganz anders werden. Wenn du eine Familie hast, dann wirst du erkennen, wofür du eigentlich lebst.«

Mir war mittlerweile der Appetit vergangen. Ich ging in mein Zimmer und legte mich auf mein Bett. Egal, was jetzt noch passieren wird, ich würde es einfach über mich ergehen lassen, dachte ich. Mein Leben war vorbei. So oder so.

In den nächsten Tagen begannen sich meine Gedanken zu verändern. Während ich mir früher den Kopf darüber zerbrochen hatte, wie ich eine Hochzeit mit einem Mann, den ich nicht liebte, verhindern könnte, fragte ich mich jetzt, wie mein Leben mit einem Mann, den ich nicht liebte, wohl aussehen würde. Würde Imad mich gut behandeln? Würde ich mehr Freiheiten haben? Je länger ich darüber nachdachte, desto bewusster wurde mir, dass ich schon resigniert hatte. Ich brachte einfach nur einen Tag nach dem anderen hinter mich.

Und dann heiratete ich Imad. Sowohl nach islamischem Recht als auch standesamtlich. Wir waren nun ein Ehepaar. Die richtige, die große Hochzeit, stand noch aus. Imad bat darum, sie noch ein wenig zu verschieben. Wahrscheinlich, weil sie ihm zu teuer war.

***

In den nächsten Wochen versuchte ich, mich an ein Leben mit Imad zu gewöhnen. Wir sahen uns nun wirklich jeden Tag. Es war die Hölle. Er kam zu meiner Arbeit, saß die ganze Zeit dort rum und starrte auf sein Handy. Wenn wir doch einmal miteinander sprachen, dann tauschten wir nur Floskeln aus. Er stellte mir keine Fragen. Ich war ihm einfach egal. Für Imad war die Ehe ein Prozess, den man abschließen musste. Es fehlte nur noch die große rituelle Hochzeit und alles wäre unter Dach und Fach. Ich wusste, dass ich aus dieser Nummer nicht mehr rauskommen würde, also versuchte ich mein Bestes, um mich damit zu arrangieren. Irgendwann sprach ich Imad einfach auf mein Problem an.

»Imad, ich weiß, dass du mich nicht liebst, aber wir sind verheiratet. Wenn wir das wirklich durchziehen wollen, dann musst du wenigstens mit mir reden.«

»Natürlich liebe ich dich«, sagte er und tippte weiter auf seinem Smartphone herum.

»Willst du mich verarschen?«

»Was? Wie redest du denn?«

»Hör mal, wenn das irgendwie funktionieren soll, dann müssen wir eine gemeinsame Basis finden. Verstehst du das nicht?«

»Doch, klar. Ich habe übrigens eine Wohnung gefunden, ich werde sie morgen besichtigen.«

»Eine Wohnung besichtigen … Und was ist mit mir?«

»Wenn wir die große Hochzeit hinter uns haben, werden wir zusammenziehen. Ich kann ja nicht ewig bei meiner Tante wohnen. Und du nicht bei deinen Eltern.«

»Ja, das ist mir schon klar, aber ich meine: Warum nimmst du mich nicht mit, wenn du eine Wohnung besichtigen willst, in der wir zusammen leben werden?«

Er schaute mich mit großen Augen an. »Na, weil du vielleicht arbeiten musst, Einstein?«

Ich konnte es nicht glauben. Es war ihm einfach komplett egal.

Gefühlsmäßig schwankte ich immer mal wieder zwischen Hoffnung und Resignation. Auf der einen Seite war ich froh, dass ich aus meinem Elternhaus herauskam, dass ich ein eigenständiges

Leben führen könnte und dass ich bei einem Mann war, der mich zumindest nicht schlecht behandelte. Er beleidigte mich zwar hin und wieder und behandelte weniger wie seine Frau, sondern eher wie ein Accessoire, aber im Vergleich zu dem, was Seyed mir zu Hause antat, war das harmlos. Auf der anderen Seite: Was hieß das schon? War es wirklich mein Lebensziel, einfach bloß nicht mehr bei meinen Eltern zu wohnen und einen Mann zu haben, der mich zwar nicht liebte, aber zumindest *nicht schlecht* zu mir war? Dann kamen die Stunden, in denen ich mir einredete: Das wird schon. Wir werden uns aneinander gewöhnen. Wir werden uns einrichten.

Aber tief in meinem Inneren wusste ich, dass sich meine Situation auch nach der Hochzeit mit Imad nicht verbessern würde. Imad hat mich zwar nie geschlagen, aber er hat mich wie einen Menschen zweiter Klasse behandelt. Er hat mich ignoriert und mir eigentlich täglich gezeigt, wie egal ich ihm war, wie egal ihm mein Leben war, für wie belanglos er meine Gedanken, Wünsche, Träume und Sorgen hielt.

Für mich war die Ehe eine ernste Sache. Ich wusste, dass meine Schwester ihre Ehe als einen Freifahrtschein nutzte. Sie hatte offiziell ihren Mann, der ihr ein halbwegs eigenständiges Leben ermöglichte. Aber sie betrog ihn nach Strich und Faden. Sie traf sich heimlich mit dem Mann, den sie wirklich liebte. Für mich wäre so etwas unmöglich gewesen. Selbst wenn Imad mich schlecht behandelte, ich wäre nie auf die Idee kommen, ihn zu betrügen. Ich wäre nie auf die Idee kommen, ihm keine »gute Ehefrau« zu sein. Eine gute Ehefrau hat zu ihrem Mann zu stehen und ihn zu unterstützen. Aber so, wie es mit Imad lief, konnte selbst ich keine Ehe führen.

Also stellte ich ihn zur Rede. Erneut. Ich sagte Imad, dass ich es nicht aushalten würde, so zu leben. Ich könnte es nicht ertragen, ständig nur ignoriert zu werden. Und dann sagte ich ihm, dass ich die Ehe lösen wollte. Es war das erste Mal, dass er wirklich Emotionen zeigte.

»Nein, Aylin, das kannst du nicht machen!«, sagte er.

»Imad! Sei doch ehrlich zu dir selbst. Das, was wir führen, ist keine Beziehung. Das ist ein Albtraum. Tu doch nicht so, als würdest du irgendwas für mich empfinden.«

»Ich empfinde sehr viel für dich.«

Ich schaute ihm in die Augen und sagte ihm, dass er ein Lügner war. Er wurde rot.

»Okay, Aylin. Ich mache dir einen Vorschlag. Ich muss sowieso in den Libanon reisen. Ich muss meine Familie besuchen, ich habe auch schon ein Ticket gebucht und …«

Ich verdrehte die Augen. Das war so typisch. Er hatte wahrscheinlich schon seit Wochen diese Reise geplant und es mir einfach nicht erzählt.

»… und ich würde vorschlagen, wir nutzen diese zwei Monate, um uns darüber klar zu werden, was wir eigentlich wollen. Und wie es weitergehen soll. Und wenn ich wieder da bin, und du dann immer noch keine Ehe mit mir willst, dann werde ich das akzeptieren. Okay?«

Ich wusste nicht, warum er unbedingt Zeit gewinnen wollte – aber ich konnte seine Bedingungen akzeptieren. Ich war mir ziemlich sicher, dass sich auch in zwei Monaten nichts geändert haben würde. Also stimmte ich zu. Und freute mich, als er endlich abflog.

KAPITEL 3
Krieg

Imad und ich vereinbarten, dass wir zunächst nicht mehr miteinander telefonierten, bis er zurück sein würde. Ich genoss diese Ruhe. Die Zeit ohne ihn. Im Sommer 2007 nahm ich einen Job in einem kleinen Laden an. Dort wurden Tücher, Stoffe und andere Dekorationsartikel verkauft. Ich arbeitete dort zwei Tage die Woche. Räumte Regale ein. Beriet die Kunden. Stand hinter der Kasse. Es waren keine besonders anspruchsvollen Tätigkeiten – aber gerade das tat mir gut. Denn zu Hause hatte sich nichts geändert – ich wurde nach wie vor kontrolliert, überwacht und schikaniert. Ich dachte immer wieder an Mahmoud und daran, wie unser Leben heute aussehen könnte, wenn er mit mir weggegangen wäre. Aber er hatte sich dagegen entschieden. Und hat mir mit dieser Entscheidung mein Herz gebrochen. Und dann kam es zu einer Begegnung, die mein Leben noch einmal radikal verändern sollte.

An einem meiner Arbeitstage kam ein großer, ziemlich durchtrainierter junger Mann in unseren Laden. Er kaufte irgendwelche Einrichtungsgegenstände. Als ich ihn abkassierte, merkte ich schon, wie er mich ganz merkwürdig musterte. Ich ignorierte das. Als er bezahlte, schaute er mich noch einmal von oben bis unten an. Dann verschwand er. Merkwürdig, dachte ich, machte mir aber keine weiteren Gedanken um den Kerl.

Bis er am nächsten Tag wieder bei uns im Laden stand. Dieses Mal wühlte er im CD-Regal rum. Auffällig langsam. Nach ein paar Minuten kam er zu mir rüber und fragte mich nach Preisen für irgendwelche CDs, die wir nicht einmal im Sortiment hatten. Dabei musterte er mich wieder so komisch. Irgendwas stimmte da doch nicht. Und dann erkannte ich den Jungen. Es war Tarik. Er war in der Oberschule in meiner Parallelklasse gewesen. Wir hatten zu Schulzeiten nicht viel miteinander zu tun gehabt, aber natürlich stand man in den Pausen auch mal zusammen und sprach miteinander. Doch offenbar hatte Tarik mich nicht erkannt. Vielleicht lag es daran, dass ich in den letzten Monaten so viel abgenommen hatte oder anfing, die Klamotten zu tragen, die ich selbst gern trug. Ich hatte mich in jedem Fall verändert. Und offenbar schien er in irgendeiner Weise, Kontakt mit mir herstellen zu wollen. Nur stellte er sich sehr unbeholfen an. Und dann fiel mir ein, dass mein Bruder mir vor einigen Monaten erzählt hatte, dass Tarik verheiratet war. Das wiederum machte mich schon fast ein bisschen wütend. Warum versuchte er, hier mit mir zu flirten, wenn er doch eine Frau zu Hause hatte?

»Kaufst du die CD jetzt oder nicht?«, fuhr ich ihn an.

»Um ganz ehrlich zu sein – eigentlich nicht«, sagte er. »Eigentlich wollte ich dich nur einfach sehr gern näher kennenlernen.«

»Willst du mich verarschen, Tarik?«

Er sah mich schockiert an. »Was? Wieso kennst du meinen Namen?« Er musterte mich jetzt ganz ohne Scham, maß mich mit seinen Blicken ab. »Woher kennen wir uns denn?«

»Erinnerst du dich nicht mehr? Ich bin es. Aylin. Wir waren zusammen in der Oberschule.«

Tarik starrte mich noch immer an.

»Die Schwester von Seyed!« Und dann erkannte er mich offenbar wieder. Man sah ihm förmlich an, wie die Erinnerung zurückkam.

»Moppelchen?«, rief er lachend aus. »Moppelchen? Bist du das?«

Ich lief rot an und wäre vor Scham am liebsten im Erdboden versunken. Wie peinlich! Ich drehte mich weg und gab meinem Chef ein Zeichen, dass er unseren anstrengenden Kunden doch bitte übernehmen sollte. Mir war das einfach zu viel.

Den ganzen Tag musste ich an diese unangenehme Situation denken. Selbst als ich am Abend den Laden abschloss und mich auf den Weg nach Hause machte, ging mir die Begegnung nicht aus dem Kopf. Was für eine Frechheit! Moppelchen. Klar, war ich damals etwas runder als heute, aber mir das so ins Gesicht zu sagen. Vor meinem Chef. Dieser Typ hatte wirklich überhaupt keinen Anstand. Die gute Laune der letzten Tage war komplett verflogen. Als ich gerade die lange Hauptstraße entlanglief, merkte ich plötzlich, wie jemand hinter mir herkam.

»Aylin«, rief eine Stimme. »Warte bitte.«

Ich musste mich nicht einmal umdrehen, um zu wissen, dass es Tarik war. Ich ging stur weiter. Dieser Idiot. »Aylin, bitte …« Er lief mir hinterher und war völlig außer Atem, als er neben mir ging.

»Es tut mir leid«, sagte er. »Ich wollte dich nicht doof anmachen. Echt nicht.«

Ich ignorierte ihn.

»Ach, komm schon«, sagte er. »Sei nicht so. Ich hatte dich einfach nicht erkannt. Du hast dich extrem verändert. Du siehst toll aus, Aylin.«

Ich blieb stehen. »Was willst du von mir, Tarik?«

»Ich sage dir ganz ehrlich: Ich will nur eine zweite Chance. Ich habe mich doof angestellt. Es war nicht so gemeint. Lass uns noch einmal von vorne anfangen, okay? Noch ein blöder Spruch von mir und du kannst mich wirklich stehen lassen.«

Ich atmete tief durch. »Du bist verheiratet. Du solltest deine Zeit mit etwas anderem verbringen, als einem Mädchen auf der Straße hinterherzulaufen.«

»Ich bin geschieden«, sagte er und blickte zu Boden. »Es war keine gute Ehe.«

»Aber ich bin nicht geschieden. Ich bin verheiratet. Und allein deswegen werde ich mich nicht weiter auf dich einlassen.«

»Verheiratet?«, fragte er und griff nach meiner Hand. »Wo ist dein Ehering?«

Ich hatte ihn schon seit ein paar Wochen nicht mehr angezogen. »Den habe ich zu Hause vergessen«, sagte ich trotzig und zog meine Hand weg.

»Wie lange seid ihr schon verheiratet?«

»Ein halbes Jahr.«

»Wow, Aylin. Wenn ihr ein halbes Jahr lang verheiratet seid und du dich in diesem halben Jahr noch immer nicht dran gewöhnt hast, deinen Ring jeden Morgen anzuziehen, dann scheint es keine besonders glückliche Zeit gewesen zu sein.«

Ich wurde rot.

»Okay, hör zu«, sagte Tarik. »Ich verstehe dich ja. Das war heute ein wirklich mieser Start. Und glaub mir: Ich will mich wirklich nicht aufdrängen. Ich lasse dich jetzt in Ruhe. Aber wenn du irgendwann das Bedürfnis hast, über irgendetwas zu reden, dann meld dich einfach.« Er drückte mir einen Zettel mit seiner Telefonnummer in die Hand. »Ich bin vielleicht nicht der schlauste Typ der Welt – aber mit kaputten Beziehungen kenne ich mich definitiv aus.«

Ich steckte den Zettel mit seiner Nummer in die Tasche und ging nach Hause. Ich hatte nicht vor, Tarik anzurufen. Ich wollte ihn einfach nur loswerden.

***

Eine Woche später bekam ich einen Anruf von Imad. Er sagte mir, dass er plane, wieder nach Berlin zu kommen. Er habe über alles noch einmal nachgedacht. Er wollte, dass wir es mit unserer Ehe noch einmal versuchen. Er wollte alles wieder in den Griff bekommen und wäre bereit, auch um mich zu kämpfen. Nach dem Telefonat sackte ich richtig zusammen. Ich hatte so gehofft, dass es anders kommen würde. Dass er nicht auf diese Ehe bestand. Dass auch er einsehen würde, dass er ohne mich besser dran wäre. Der Gedanke, dass ich jetzt mit Imad für immer zusammenziehen müsste, machte mich krank. Mein ganzes restliches Leben sollte ich mit ihm verbringen? Was für eine Horrorvorstellung. Der Lebensmut, den ich die letzten Wochen gefasst hatte, verließ mich auf einen Schlag. Plötzlich war alles wieder trüb und grau und trostlos. Mir ging es schlecht. Und weil Leyla gerade mit ihrem Ehemann im Urlaub war, ich mit Mahmoud weiterhin keinen Kontakt mehr hatte und mir sonst niemand einfiel, mit dem ich noch reden könnte, wählte ich doch die Nummer von Tarik, die ich eigentlich hatte wegwerfen wollen. Warum hatte ich sie bloß behalten?

Ich hatte schon ein schlechtes Gewissen, während ich seine Nummer wählte. Aber Tarik freute sich so aufrichtig, als er meine Stimme hörte, dass ich selbst etwas überrascht war. Ich fing vorsichtig an, ihm zu erzählen, dass mein Mann jetzt aus dem Libanon zurückkommen würde. Dass es nicht sonderlich gut lief mit uns. Tarik war ein wirklich guter Zuhörer. Er ließ mich einfach reden, warf hin und wieder ein paar Fragen ein, aber man merkte, dass er sich aufrichtig für mich und mein Leben interessierte. Das kannte ich bislang nur von Mahmoud. Je länger wir miteinander sprachen, desto mehr vertraute ich mich ihm an. Und als wir das Gespräch dann beendeten, fühlte ich mich wirklich sehr viel besser. Ich war überrascht von mir selbst. Und froh, dass ich die Nummer doch behalten hatte.

In den folgenden Tagen telefonierten wir fast täglich. Ich fasste Vertrauen zu Tarik. Er wurde mir wirklich zu einem guten

Freund. Er erzählte mir von seiner gescheiterten Ehe. Er erzählte mir, dass auch er das Gefühl von Isolation und Einsamkeit kannte. Dieses fürchterliche Gefühl, mit einem Menschen in einem Raum sitzen zu müssen, dem man nichts mehr zu sagen hatte. Ich fühlte mich verstanden. Tarik besuchte mich jetzt auch hin und wieder auf der Arbeit. Und in meiner Mittagspause gingen wir miteinander Kaffee trinken. Scheinbar hatte ich diesen Mann doch ganz falsch eingeschätzt, dachte ich mir. Tarik flirtete nicht mit mir. Er war einfach nur nett. Er benahm sich genau so, wie ein guter Freund sich verhalten sollte.

Zwei Tage bevor Imad zurück nach Berlin kam, besuchte mich Tarik noch einmal im Laden. Er würde gern nach meinem Feierabend mit mir reden, sagte er. »Das geht nicht, ich muss nach Hause«, blockte ich ab.

»Es dauert nicht lange«, bat er.

»Mein Bruder bringt mich um, wenn ich nicht pünktlich zu Hause bin. Er ist wirklich total paranoid. Du kennst Seyed doch.«

»Bitte, Aylin. Ich war doch auch für dich da«, sagte er und schaute mich mit großen Augen an. Also gut, dachte ich. Er hatte ja recht. Er war in den letzten Tagen wirklich für mich da gewesen. Mehr als jeder andere Mensch. Ich schuldete ihm was. Also rief ich zu Hause an und sagte, dass es wohl etwas später werden würde. Ich müsste noch helfen, den Lagerraum aufzuräumen. Ich betete, dass meine Lüge nicht aufflog. Ich wusste, dass ich ansonsten mit Prügel zu rechnen hatte.

Als ich den Laden hinter mir abschloss, stand Tarik schon auf der Straße, um mich abzuholen.

»Also, was ist los?«, fragte ich ihn.

»Nicht hier«, sagte er. »Wir gehen zu mir nach Hause.«

»Zu dir nach Hause? Nein, das ist keine gute Idee.«

»Ach, komm schon, Aylin. Jetzt tu nicht so, als wäre ich irgendein Fremder.«

Ich rang mit mir. Nein, ich wollte wirklich nicht mit zu Tarik gehen. Wenn mich irgendjemand sehen würde – meine Familie würde mich umbringen. Während mein Ehemann im Ausland war, ging ich mit einem anderen Mann nach Hause? Vollkommen unmöglich. Auf der anderen Seite vertraute ich Tarik aber auch. Er war ein Freund. Er war gut zu mir. Und er brauchte mich jetzt. Wollte ich nun wirklich anfangen, so paranoid zu werden wie mein Bruder? Außerdem, wenn uns jemand auf der Straße sah, würde es nicht besser für mich aussehen. Ich nickte Tarik zu – und ging mit.

Tarik wohnte ganz in der Nähe. Er schloss seine Tür auf, dann gingen wir die Treppen hoch – in den fünften Stock, wo seine Wohnung lag.

»Wenn du was trinken magst, dann bedien dich einfach«, sagte er und zeigte in Richtung Küche. Er machte die Tür hinter sich zu und schloss sie zwei Mal ab.

»Was soll das?«, fragte ich. »Warum schließt du die Tür von innen zu?«

»Was? Ach – keine Sorge, die Scharniere sind so alt, ich muss sie abschließen, sonst geht sie immer wieder auf«, sagte er. »Willst du denn jetzt was trinken?«

Ich nickte und schaute mich um. Die Wohnung war ziemlich groß. Das Wohnzimmer führte in das Schlafzimmer und direkt an das Schlafzimmer grenzte noch ein drittes Zimmer. Dort lag Spielzeug und es stand auch ein Kinderbett darin.

»Was ist das?«, fragte ich Tarik.

»Das ist das Kinderzimmer. Von meiner Tochter.«

»Du hast eine Tochter?«, fragte ich ihn erstaunt.

»Ja, sie heißt Nour, habe ich dir nicht von ihr erzählt?«

»Nein«, sagte ich und wurde zunehmend nervöser. Vielleicht

kannte ich Tarik doch nicht so gut, wie ich es gedacht hatte. Und was machte ich eigentlich hier? Tarik kam mir jetzt immer näher und fing an, mich zu umarmen. Ich stieß ihn weg.

»Sag mal, spinnst du? Was soll das?«

»Ach, Aylin«, sagte er und kam mir wieder näher. »Ich habe dich so gern.«

»Was soll das? Hör auf damit, Tarik! Was willst du denn von mir? Warum bin ich hier?«

»Ich bin nur etwas einsam«, sagte er und zog mich in sein Schlafzimmer.

Ich wehrte mich nun vehementer und drückte ihn weg von mir. Doch er ließ nicht locker. Ich schubste ihn weg. Wieder und wieder. Ich sagte ihm, dass er mich loslassen soll. Aber Tarik schien gar nichts mehr wahrzunehmen. Er bedrängte mich immer mehr. Irgendwann drückte er mich auf sein Bett. Ich wehrte mich. Ich schrie. Spürte seine Hände überall, unter meinen Klamotten, an meinem Körper. Ich versuchte aufzustehen. Aber ich kam nicht gegen ihn an. Ich spürte, wie meine Tränen meine Wange entlangliefen. Ich war vollkommen geschockt. Was passierte hier?

»Nein«, sagte ich noch. »Nein. Du tust mir weh.«

»Es ist doch alles gut, Aylin …«

Tarik nahm nichts mehr wahr. Es schien, als wäre er in einer ganz anderen Welt. Als hätte er sich plötzlich in ein wildes Tier verwandelt.

Es war die Nacht, in der ich vergewaltigt wurde.

***

Als ich ein paar Stunden später wieder zu Hause war, hatte ich noch nicht wirklich begriffen, was gerade passiert war. Ich fühlte mich ungeheuer leer. Als hätte ich in dieser Nacht meine Seele verloren. Dieses Gefühl ging auch die nächsten Tage nicht weg.

Ich funktionierte nur noch, machte mechanisch die Dinge, die ich machen musste. Ich stand auf. Ich ging zur Arbeit. Ich erledigte meine Arbeit. Dann ging ich wieder nach Hause. Ich dachte über gar nichts nach. Ich war einfach nur leer. Und ich hatte niemanden, dem ich erzählen konnte, was passiert war.

Ich hatte mit Imad noch nicht geschlafen. Das wäre erst nach unserer offiziellen Hochzeitsfeier geschehen. Für viele Muslime ist die Jungfräulichkeit etwas Heiliges. Wenn eine Frau heiratet, dann hat sie für den Ehemann unbefleckt zu sein. Und wenn sie das nicht ist, dann gibt es Probleme. Wie schwer diese Probleme werden, hängt davon ab, wie radikal sich irgendwelche Männer in ihrer Ehre verletzt fühlen. Es wurden schon Mädchen umgebracht, weil sie ihre Jungfräulichkeit vor der Ehe verloren hatten. Auch wenn sie wie ich nichts dafür konnten. Aber ich war noch nicht in der Lage, mir auch nur annähernd Gedanken über die Konsequenzen zu machen.

Am Wochenende besuchte mich Imad, der mittlerweile wieder in Berlin war, zu Hause. Er erzählte mir, dass er im Libanon über alles nachgedacht hätte. Dass er mich jetzt richtig heiraten wollte. Dass er unserer Beziehung noch eine Chance geben und mich jetzt besser behandeln wollte. Erst nachdem er wieder gegangen war und ich realisierte, was seine Worte bedeuteten, wachte ich aus meiner Lethargie auf. Ich erkannte, dass ich jetzt handeln musste. Bevor alles noch schlimmer wurde. Ich wusste nicht was, aber ich wusste, ich musste etwas tun. Während ich hin- und herüberlegte, bekam ich einen Anruf von Tarik.

»Hallo Aylin, du hast dich gar nicht mehr gemeldet.«

Ich konnte es nicht glauben. Dass er wirklich noch den Mut hatte, mich anzurufen. »Sag mal, bist du wahnsinnig?«, fragte ich ihn und brüllte in mein Handy. »Nach all dem, was passiert ist, auch noch bei mir anzurufen?!«

Tarik schien gar nicht zu verstehen, wo mein Problem lag.

»Aber was meinst du denn? Dass wir miteinander geschlafen haben? Bereust du es?«

»Ob ... Du bist doch nicht ganz dicht! Wir haben nicht miteinander geschlafen, du hast mich vergewaltigt!«

»Aylin, das stimmt doch nicht! Ich dachte, du wolltest das auch.«

»Nachdem ich zehn Mal NEIN gesagt habe?«

»Ich ... ich bin fassungslos. Ich dachte, du wärst mitgekommen, weil du es auch wolltest?«

»Ich bin mitgekommen, weil ich dachte, dass du was besprechen wolltest!«

»Hör mal, ich empfinde was für dich. Das war für mich nicht nur so eine einmalige Sache. Ich weiß, dass ich dein Erster war. Und dass das ... Konsequenzen hat. Ich würde dich heiraten, Aylin. Im Ernst. Ich hätte gern, dass du meine Frau wirst.«

Ich legte auf. Ich konnte mir das nicht anhören. Ich musste mit irgendwem reden. Irgendwem, der noch ganz normal im Kopf war.

Also traf ich mich mit meiner ehemaligen Arbeitskollegin aus dem Sanitärhaus, Shirin. Ich wusste nicht, wen ich sonst um Rat fragen sollte.

»Um Gottes Willen, Aylin, wie siehst du denn aus?«, fragte sie schon, als ich den Laden betrat. Sie kannte mich mittlerweile gut genug, um mir anzusehen, wie fertig ich war. Ich versuchte, ihr zu erzählen, was passiert war – aber ich konnte nicht. Ich brach in Tränen aus und Shirin nahm mich in den Arm. »Beruhig dich doch, Schatz. Egal was passiert ist, wir kriegen das schon wieder hin.«

Als ich mich wieder etwas beruhigt hatte, erzählte ich ihr alles. Sie wusste ja schon, wie sehr ich mein Leben mit Imad hasste.

Aber jetzt war eine neue Lage eingetreten. Ich wusste nicht, was ich wegen Tarik tun sollte.

»Du musst allen die Wahrheit sagen«, riet mir Shirin.

»Ich kann das nicht«, sagte ich. »Niemand wird mir glauben.«

»Natürlich wird man dir glauben. Es geschah gegen deinen Willen.«

»Ja, aber … ich bin mit ihm mitgegangen. Man wird mir die Schuld geben.«

Shirin verstand das Problem.

»Ich weiß nicht mehr, wie es weitergehen soll, Shirin. Ich weiß es wirklich nicht. Alles, was jetzt noch passieren kann, ist furchtbar. Ich bin in einer Sackgasse.«

»Und was sagt Tarik? Wie steht er zu dem, was passiert ist?«

»Er …«, ich schüttelte den Kopf. »Dieser Idiot hat überhaupt kein Schuldbewusstsein. Er versteht gar nicht, was er mir angetan hat. Für ihn war das etwas Normales.«

»Aber er muss doch wissen, was es für dich bedeutet, welche Konsequenzen es für dich haben wird …«

»Ja. Das weiß er auch. Er hat mir angeboten, mich zu heiraten.« Als ich den Satz aussprach, musste weinen.

Ich dachte mir, dass mein Leben vorbei war. Ich redete mir ein, dass selbst ein Mann, der mich liebte, der mich wirklich über alles lieben würde, nicht mehr zustimmen könnte, sich auf eine Ehe mit mir einzulassen. Tarik hatte mir alle Optionen, alle Möglichkeiten, die ich vielleicht noch hatte, genommen. Und dann drängte sich ein fürchterlicher Gedanke auf: Hatte ich denn noch eine andere Wahl, als ihn zu heiraten? Mir wurde schlecht.

Ich dachte noch die ganze Nacht über alle meine Optionen nach. Aber ich sah keinen anderen Weg. Entweder, ich würde mein Leben lang alleine und somit gefangen bei meiner Familie sein. Oder ich würde den Mann heiraten müssen, der mich vergewaltigt hat. Ich hatte mich noch nie zuvor so elend gefühlt.

Und dann war ja da auch noch Imad. Ich würde ihm das irgendwie erklären müssen. Also schrieb ich ihm eine SMS. Ich wollte ihn am nächsten Tag an einem neutralen Ort treffen. In einem Park.

***

Ich war wirklich nervös, als ich mich auf den Weg zu unserem vereinbarten Treffpunkt machte. Ich wusste, dass ich Imad die Wahrheit sagen müsste. Ich hatte keine andere Wahl. Früher oder später würde sowieso alles rauskommen. Noch hatte ich zumindest die Gelegenheit zu steuern, wie er und meine Familie alles erfahren würden. Ich wollte in die Offensive gehen.

»Warum müssen wir uns hier in diesem blöden Park treffen?«, motzte er mich schon an, als er mich sah. »Bei dir zu Hause wäre es angenehmer gewesen.«

»Komm, setz dich«, sagte ich und zog ihn auf eine Bank. »Ich muss dir etwas sagen.«

Ich hatte wirklich keine Ahnung, wie er reagieren würde. Ob er ausrasten würde? Ob er mich auf der Stelle totschlagen würde? Ich wollte es einfach nur hinter mich bringen. Also schilderte ich ihm, was passiert war. Er schaute mich ungerührt an. Als ich ihm alles erzählt hatte, zuckte er nur mit den Schultern. Wie eiskalt er doch war.

»Ja und? Was soll ich dazu jetzt sagen?«, fragte er mich mit einer Gleichgültigkeit, die mich tief verletzte.

»Was du …? Imad! Du bist mein Mann! Ich habe dir gerade erzählt, dass ich vergewaltigt wurde. Ich weiß nicht, WAS du sagen sollst, aber irgendeine Reaktion wäre gut.«

»Wir können es ja nicht mehr ändern. Passiert ist passiert. Wenn du Angst hast wegen deiner Jungfräulichkeit … Ich heirate dich trotzdem. Es ist mir egal.«

Ich konnte mich nicht mehr zusammennehmen. Ich musste weinen, so wütend und verletzt war ich. Wie konnte ein Mensch nur so gleichgültig und kalt sein.

»Ich will dich nicht heiraten«, brach es aus mir heraus. »Ich bin dir scheißegal. Du behandelst mich wie Dreck. Wie Luft. Ich würde eher sterben, als mit dir zusammenleben zu wollen.«

Erst jetzt taute er etwas auf. »Nein, sag das doch nicht.«

»Wieso bestehst du auf diese Ehe, Imad? Ich bedeute dir rein gar nichts! Sei doch ehrlich zu dir selbst.«

»Doch, du bedeutest mir etwas«, log er.

»Ich hatte etwas mit einem anderen Mann. Und er will mich heiraten«, sagte ich nun etwas provokanter. »Und ich würde ihn eher heiraten wollen als dich.«

»Aber wir sind doch bereits verbunden, Aylin!«

»Ich begreife dich nicht! Ich begreife nicht, wie du so sein kannst! Warum tust du mir das an? Was willst du denn von mir? Was?«

Er schaute auf den Boden. »Na, ich will, dass wir heiraten. Das wir richtig heiraten.«

Und dann begriff ich, dass ich damals recht hatte.

»Du willst die Papiere, Imad? Darum geht es dir, oder?«

Er hielt seinen Blick am Boden und antwortete nicht. Dieser egoistische Mistkerl.

»Wenn es dir nur um deine verdammten Papiere geht, dann machen wir einen Deal. Wir sind doch standesamtlich schon verheiratet. Wir lassen die Ehe einfach laufen. Niemand erfährt etwas. Du bekommst deine Papiere. Aber du löst die islamische Ehe und verschwindest aus meinem Leben.«

Er schaute auf. »Und das versprichst du mir? Dass wir die standesamtliche Ehe aufrechterhalten? Auf dem Papier zumindest?«

»Ja, das verspreche ich dir.«

Er überlegte kurz. »Einverstanden«, sagte er dann und reichte mir die Hand.

Ich konnte es wirklich nicht fassen. Über ein Jahr hatte ich versucht, Imad loszuwerden. Und am Ende war es so einfach.

***

Die Scheidung nach islamischem Recht verlief ziemlich unspektakulär. Wir gingen gemeinsam zum Imam. Imad mit einem von ihm benannten Zeugen, ich mit meinem Vater. Normalerweise ist der Imam angehalten, bei einer Scheidung zu vermitteln. Er ist angehalten, zu schlichten und den Ehepartnern die Möglichkeit zu geben, dass sie noch einmal zueinanderfinden. Doch unser Imam verzichtete darauf. Er kannte mich schon seit einigen Jahren, weil ich mit seiner Tochter befreundet war. Er musste mich nur ansehen, um zu wissen, wie es mir ging. Außerdem kannte er auch die Hintergründe dieser Ehe. Also schied er sie umgehend. Ohne große Probleme. Ich war froh, zumindest ein Problem hinter mir gelassen zu haben. Die Scheidung nach islamischem Recht war sehr viel einfacher und unkomplizierter, als es eine Scheidung nach deutschem Recht wäre.

Aber Imad wäre nicht Imad gewesen, wenn er es mir nicht mit einer Retourkutsche heimgezahlt hätte. Am nächsten Morgen wurde ich von meiner ziemlich wütenden Mutter geweckt. Sie zog mir die Decke weg und schrie wie eine Verrückte durch die ganze Wohnung. Ihr Kopf war hochrot.

»Steh auf, steh sofort auf und zieh dich an! Wir haben zu reden!« Dann knallte sie meine Zimmertür zu und motzte im Wohnzimmer weiter. Als ich mich ein paar Minuten später auf unsere Couch setzte, hatte ich schon einen Verdacht, was geschehen war. Und ich hatte recht. Imad hatte sie am Morgen angerufen.

»Was muss ich da hören, Aylin? Was muss ich da hören?«,

schrie meine Mutter in einer unangenehmen Lautstärke. »Dein Mann hat sich von dir getrennt, weil du einen anderen hattest? Weil du mit einem anderen Mann geschlafen hast, du Miststück?«

Meine Kehle zog sich langsam zu. »Mama, schrei nicht so.« Ich schaute mich um, ob noch jemand anderes in der Wohnung war. Aber wir waren alleine. »Es stimmt so nicht«, sagte ich in ruhigem Ton. »Ich habe Imad nicht betrogen. Ich wurde von einem anderen Mann vergewaltigt.«

»Vergewaltigt? Ach, so nennst du das, ja?«, schrie sie, noch immer vollkommen hysterisch.

Dann erzählte ich ihr die Geschichte. Ich erzählte ihr, was mir passiert war. Ich hoffte so sehr, dass sie es verstehen würde. Dass sie auf meiner Seite stand. Dass meine eigene Mutter mir in dieser Lage beistehen würde. Aber sie lachte nur auf.

»Wieso bist du denn mit diesem Kerl überhaupt mitgegangen? Was denkst du dir nur, du naives Kind?«

»Ich habe nicht gedacht, dass er mich vergewaltigen würde, Mama.«

»Wie dumm du bist.«

Ich blickte zu Boden. Wie konnte mir meine eigene Mutter nur so in den Rücken fallen? Ich fing an zu weinen.

»Jetzt reiß dich zusammen«, sagte sie. »Wie soll es weitergehen?«

»Er hat um meine Hand angehalten«, sagte ich.

Sie nickte. »Wenigstens etwas.« Dann lehnte sie sich in ihrem Sessel etwas zurück und überlegte. Sie wurde nun auch ruhiger. »Er soll um deine Hand anhalten«, beschloss sie. »Das, was passiert ist, bleibt unser Geheimnis, verstanden?«

Ich nickte. Das war wohl das Maximum, was ich von meiner Mutter an Rückendeckung erwarten konnte.

***

Ich kontaktierte Tarik und erzählte ihm von dem Gespräch mit meiner Mutter. Ich hoffte, dass er wirklich bereit war, zu seinem Wort zu stehen und um meine Hand anzuhalten. Nicht dass die Vorstellung, mit meinem Peiniger zusammenzuleben, in irgendeiner Form eine schöne Vorstellung für mich war. Aber wenn er sich jetzt querstellte, dann hätte ich noch ein sehr viel größeres Problem. Doch Tarik erklärte sich zu allem bereit. Wir vereinbarten, dass er mit seiner Schwester in einer Woche bei meinen Eltern vorsprechen würde. Und es lief alles erstaunlich gut. Mein Vater sagte zu. Er kannte die Familie von Tarik noch aus dem Libanon und hatte eine gute Meinung von ihnen. Es störte ihn auch nicht, dass Tarik schon geschieden war und eine Tochter hatte. Er fragte mich dieses Mal sogar nach meiner Meinung. Schweren Herzens log ich meinen Vater an und sagte ihm, dass ich Tarik sehr gern heiraten würde. Es sah alles gut aus. Oder sagen wir so: Es verlief alles nach Plan. Es gab nur eine unbeständige Komponente in meiner instabilen Gleichung. Und das war meine Mutter. Und tatsächlich machte sie alles kaputt. Ich weiß nicht, was plötzlich in sie gefahren war. Ich weiß nicht, was in ihrem Kopf vorging, aber nachdem schon alles geklärt war, hatte sie wieder einen ihrer Ausraster. Sie fing an, zu toben und rumzuschreien, dass Tarik mich nicht zu heiraten habe. Dass er ein Teufel wäre. Dass alles falsch sei. Sie rastete so aus, dass mein Vater und meine Brüder sie festhalten mussten, damit sie nicht die ganze Wohnung demolierte. Ihre Wut schien einfach aus dem Nichts zu kommen. Aber ich ahnte, wo sie hinführen würde.

»Was hast du denn bloß?«, schrie mein Vater sie an. »Warum rastest du so aus? Was stimmt mit deinem Kopf nicht?«

»Mit meinem Kopf?«, fauchte meine Mutter zurück. »Du erlaubst deiner Tochter, den Mann zu heiraten, der sie vergewaltigt hat? Ihr seid krank!«

Mein Vater und meine Brüder ließen von ihr ab und schauten sie mich an. »Stimmt das Aylin?«

Ich lief hochrot an.

»Aylin! Stimmt das, was deine Mutter sagt?«

Ich warf ihr einen scharfen Blick zu. »Ja, Baba. Es stimmt.«

Meinem Vater entglitten die Gesichtszüge. Er setzte sich auf die Couch und fuhr sich mit den Händen durch die Haare. »Wieso hast du uns das nicht erzählt?«

Dann erklärte ich ihm alles. Als ich erzählte, was passiert war, verließen meine Brüder das Zimmer. Sie konnten nicht ertragen, was sie gerade hörten, so sehr nahm es sie mit. Ich musste zurückdenken an die Zeit, in der Seyed noch prahlte, wie er irgendwelche Mädchen in der Disco abgeschleppt hatte. Wie er sich stolz dafür feierte.

Als ich mit meiner Erzählung ans Ende kam, schüttelte mein Vater nur seinen Kopf. »Du kannst diesen Mann nicht heiraten. Ich kann dem nicht zustimmen.«

»Ich habe doch keine Alternative, Baba.«

»Und wenn du ewig alleine bleibst, ich werde nicht zustimmen, dass du *diesen* Mann heiratest.«

»Du könntest ja auch zustimmen, dass ich Mahmoud hei…«

»Nenn diesen Namen nicht! Ich werde keinem der beiden zustimmen. Es gibt da keine Diskussion.«

Tatsächlich hatte ich die ganze Zeit noch eine Plan-B-Hoffnung gehabt. In unserer Kultur ist eine geschiedene Frau weniger wert als ein junges Mädchen, das noch zu Hause bei ihren Eltern wohnt. Und meine Hoffnung war es, mich eines Tages von Tarik zu trennen und dann Mahmoud heiraten zu können. Er war der Mann, den ich liebte. Und er war der Mann, der mich nehmen würde. Egal was war – auch wenn ich geschieden war. Aber mein Vater machte mir mit nur einem Satz klar, dass das keine Alternative wäre.

Ich hasste meine Mutter dafür, dass sie mir das antat. Ich glaube, in ihrem Herzen meinte sie es gut. Sie wollte nicht, dass ich mit diesem Mann zusammenleben müsste. Aber sie verstand nicht, dass es für mich noch schlimmer war, zu Hause zu wohnen. Und ich hatte einfach Angst, nie mehr einen Mann zu finden, der bereit war, mich zu heiraten, obwohl ich keine Jungfrau mehr war. Ich konnte einfach nicht mehr zu Hause sein. Ich traf mich am nächsten Tag mit Tarik, um mir mit ihm einen Plan zu überlegen. Er kannte einen Imam und schlug mir vor, dass wir ihn doch um Rat fragen sollten.

»So leid es mir tut«, erklärte der alte Mann. »Ich kann euch nicht verheiraten, solange die Eltern noch leben und ihr Einverständnis verweigern.«

»Gibt es keine Möglichkeit, das zu umgehen?«, fragte ich ihn.

Der Imam überlegte. »Ja. Es gibt eine Ausnahmeregelung. Wenn die Eltern zwei Mal ablehnen, dann gibt es eine Vermittlung. Und wenn sie trotz dieser Vermittlung bei ihrem Nein bleiben, haben die Ehepartner das Recht, sich über die Entscheidung der Eltern hinwegzusetzen. Aber es muss einen runden Tisch geben«, sagte der Imam. »Es muss einen Vermittlungsversuch geben.«

Tarik und ich schauten uns an. Selbst einen Vermittlungstisch würde mein Vater noch sprengen, da war ich sicher. Aber ich hatte eine andere Idee. Es war ein wenig riskant, aber einen Versuch war es wert. Tarik hatte mir einen Ring geschenkt. Als Zeichen, dass er zu mir stand, egal, was passieren würde. Ich zog diesen Ring an, ging nach Hause und erzählte meiner Mutter, dass wir heute die islamische Ehe geschlossen hätten.

»Wie kann das sein?«, schrie sie mich an. »Ihr habt unsere Zustimmung nicht gehabt! Das ist gegen das Gesetz!«

»Wir brauchten eure Zustimmung nicht, hat der Imam gesagt.« Sie schubste mich weg, griff nach dem Telefon und rief Tarik an. »Stimmt das, was meine Tochter sagt? Ihr habt heute geheiratet?«

Tarik spielte das Spiel mit. »Ja, das haben wir.«

Meine Mutter rastete komplett aus. Sie wütete mal wieder in der Wohnung, schmiss mit Geschirr nach mir. Dann rief sie meinen Vater an und erzählte ihm, was ich getan hatte. Sie hielt mir das Telefon hin.

»Seid ihr zwei nun komplett verrückt geworden?«, motzte er mich an. »Wie geht denn das? Wie könnt ihr ohne unser Einverständnis heiraten?«

»Es geht, Baba, und wir haben es einfach gemacht. Ich hatte keine andere Wahl.«

Mein Vater war stinksauer. »Jetzt hör mir gut zu, Aylin«, sagte er in einer Kälte, die ich von ihm nicht kannte. »Wenn du mich anlügst, wirst du das bereuen! Das verspreche ich dir. Aber wenn es stimmt, wenn ihr wirklich hinter unserem Rücken geheiratet habt – dann werden wir das nächste Woche offiziell machen. Und danach verschwindest du aus unserem Haus. Und dann will ich dich nie wieder sehen.« Er legte auf.

Unser Plan ging auf. Tatsächlich schafften wir es durch unsere Lüge, meine Eltern dazu zu bewegen, uns ganz offiziell trauen zu lassen. Ich begriff selbst noch nicht ganz, was ich da tat. Ich belog meine Eltern, damit sie mich meinen Vergewaltiger heiraten ließen. Aber welche Wahl hatte ich denn? Mich für diesen Weg zu entscheiden, war für mich die einzige Möglichkeit, meiner Familie zu entkommen. Und so abstrus es klingen mag, aber Tarik war mir trotz der Vergewaltigung als Ehemann angenehmer als Imad. Körperliche Gewalt war ich gewohnt, damit konnte ich mehr oder weniger gut umgehen. Doch mit der Ignoranz und der Gleichgültigkeit, die mir Imad stets entgegengebracht hatte, hätte ich nie umgehen können. Ich wäre an ihr zerbrochen.

Als die Zeremonie zu Ende war und Tarik und ich offiziell nach islamischem Recht miteinander verheiratet waren, fragte mich meine Mutter, ob wir ihr wirklich die Wahrheit gesagt hatten. Oder ob es nicht doch nur ein Trick gewesen war. Ich hätte bei meiner Lüge bleiben sollen. Aber ich war eine schlechte Lügnerin. Also sagte ich ihr die Wahrheit: »Ganz ehrlich, Mama, wenn ihr euren Verstand eingeschaltet und euch ein bisschen mit eurer eigenen Religion beschäftigt hättet, die ihr ja immer so gern zitiert – dann hättet ihr gewusst, dass wir gar nicht heimlich hätten heiraten können.«

Meine Mutter war natürlich stinksauer. Sie beschimpfte und verfluchte mich. Aber die Ehe war nun geschlossen. Es gab kein Zurück mehr.

***

Tarik hatte für den Tag nach unserer Hochzeit ein Ticket in den Libanon gebucht. Er wollte dort Verwandte besuchen, das Ganze war schon länger geplant und unsere Eheschließung wirklich eine Last-Minute-Aktion. »Kann ich dich denn alleine bei deiner Familie zurücklassen?«, fragte er mich.

»Es sind ja nur drei Wochen«, antwortete ich. »Es wird schon nichts passieren.« Tarik sorgte sich wirklich um mich – so sehr ich ihn auch für das verachtete, was er mir angetan hatte. Aber er schien nicht gelogen zu haben. Er empfand tasächlich sehr viel für mich.

Aber ich unterschätzte meine Familie. Sie schafften es, aus dieser Zeit eine Hölle für mich zu machen, die ich so noch nie erlebt hatte. An dem Tag, als Tarik abflog, nahmen sie mir zunächst mein Handy weg und schlossen mich dann in meinem Zimmer ein. Sie sperrten mich weg wie eine Gefangene. Fünf Tage lang ging das. Zwei Mal am Tag kam meine Mutter und stellte mir ein

Tablett mit etwas zu Essen auf den Boden. Immer wieder kam Seyed in das Zimmer und schrie mich an. Ich sollte einer Scheidung von Tarik einwilligen. Ich weigerte mich. Dann schlug er mich. Er zog mich an den Haaren durch den Raum. Er spuckte mich an. Fünf Tage ging diese Folter. Ich aß in diesen Tagen so gut wie nichts. Ich weinte und schlief. Ich ließ alles über mich ergehen. Und ich betete zu Gott, dass dieser Albtraum ein Ende finden würde. Am fünften Tag kam Bero, der Schwiegervater meines Bruders, zu Besuch.

»Aylin, was ist denn passiert?«, fragte er wieder sehr fürsorglich. Doch ich spürte, dass dieses Mal etwas anders war. Dieses Mal stand er nicht auf meiner Seite. Dieses Mal wollte er nur, dass ich tat, was meine Familie verlangte.

Er nahm mich mit zu sich nach Hause. Natürlich behandelte er mich besser, als meine Familie es tat. Aber auch er versuchte, mir eine Gehirnwäsche zu verpassen. Er und seine Frau sprachen rund um die Uhr auf mich ein, dass ich die Ehe doch lösen solle. Dass es besser wäre. Dass ich Schande über die Familie bringen würde. Es wurde immer herabwürdigender. Irgendwann bezeichnete er mich als »Hure« und als »Schlampe«. Ich erkannte den Bero, der mir damals in meiner größten Not die Hand gereicht hatte, kaum wieder. Den Bero, der mich aufnahm, als die Polizei mich von zu Hause wegbringen wollte. Als Bero merkte, dass ich nicht auf seine Forderungen einging, bestellte er den Imam ein. Bero wollte ihn drängen, auch gegen meinen Willen die Ehe zu lösen. Doch der Mann merkte sofort, wie schlecht es mir ging und dass meine Familie mich massiv unter Druck setzte. »Hören Sie, das kann ich nicht. Selbst wenn ich das wollte«, wiegelte er ab. »Solange der Ehemann nicht vor Ort ist, kann ich gar nichts machen. Aylin ist eine erwachsene Frau. Behandeln Sie sie auch so.«

»Ich werde diesen verdammten Ehevertrag zerreißen«, schrie Bero.

»Und selbst wenn Sie das tun«, sagte der Imam scharf. »Die beiden sind vor Gott verheiratet. Da ist ein Stück Papier wertlos.« Das war alles, was er für mich tun konnte.

Bero war stinksauer und brachte mich wieder zu meinen Eltern zurück. Sie schlossen mich wieder in mein Zimmer ein. Ich hörte, wie sie im Wohnzimmer über mich schimpften, aber ich nahm es schon gar nicht mehr richtig wahr. Es waren nur noch wirre Stimmen, die in mein Zimmer drangen. Ich war mir gar nicht mal sicher, was echt und was nur noch ein böser Albtraum war. Und dann klingelte es an der Tür.

Es waren Tariks Mutter und seine Schwester. Sie wollten nach mir schauen. Sie machten sich Sorgen, weil ich weder auf ihre Anrufe noch auf ihre Nachrichten reagiert hatte.

»Ihr geht es gut«, versuchte meine Mutter, die beiden abzuwimmeln. Aber sie bestanden darauf, mich zu sehen.

Als meine Mutter mich aus dem Zimmer zog, erschraken die beiden Frauen. Ich muss ein fürchterliches Bild abgegeben haben. Ich hatte seit Tagen nicht gegessen. Nichts getrunken. Ich wurde geprügelt. Meine Augen waren rot.

»Hören Sie«, sagte die Mutter von Tarik an meine Mutter gewandt. »Wir wollen keine Probleme. Wir wollen, dass das aufhört. Es muss doch eine Möglichkeit geben, dass unsere Familien Frieden schließen.«

Meine Mutter antwortete hochnäsig: »Sagen Sie ihrem Sohn, er soll die Scheidung einreichen. Dann enden die Probleme.«

Tariks Schwester nahm mich derweil zur Seite. »Aylin, was kann ich für dich tun? Du siehst schlimm aus.«

»Bitte ruf einfach die Polizei«, sagte ich. »Ich muss hier raus. Ich ertrage das nicht.«

In dem Moment kam mein Onkel auf mich zugerannt, der auch in der Wohnung war. Er zog mich auf den Boden. »Du hast hier nicht mit denen zu tuscheln«, schrie er mich an. Sofort stellten sich die beiden Frauen schützend vor mich.

»Haben Sie den Verstand verloren? Wie gehen sie denn mit dem Kind um?«

Ich kauerte mich auf dem Boden zusammen. Ich erwartete, dass gleich irgendwer auf mich eintreten würde.

»Komm Aylin, steh auf, wir nehmen dich mit«, sagte Tariks Mutter und reichte mir die Hand. Aber mein Onkel packte mich an den Haaren und schliff mich durch den Raum. »Sie gehört zu uns«, schrie er.

»Wir werden dem ein Ende bereiten«, sagten die beiden Frauen. »Halt durch, Aylin. Das wird ein Ende finden. Das versprechen wir dir.« Dann verließen sie unsere Wohnung. Sie wussten, dass alles, was sie jetzt tun würden, die Lage nur noch mehr zum Eskalieren brachte.

»Die rufen bestimmt die Polizei«, sagte meine Mutter zu ihrem Bruder. »Nimm sie mit zu dir.«

Und so wurde ich weitergereicht. Zu meinem Onkel. Er setzte mich in sein Auto und fuhr mich zu sich nach Hause. Ich hatte keine Kraft mehr, mich zu wehren oder auch nur irgendetwas dagegen zu sagen. Als wir bei ihm ankamen, legte ich mich auf die Matratze und starrte die Wand an. Ich war so leer. Ich weiß nicht, wie viel Zeit vergangen war. Vielleicht waren es Minuten. Vielleicht waren es auch einige Stunden. Aber irgendwann stand ich auf, ging in die Küche und nahm mir das größte Messer, das ich finden konnte. Ich ging zu meinem Onkel und drückte es ihm in die Hand.

»Was soll das?«, fragte er.

»Ich kann nicht mehr«, entgegnete ich. »Entweder bringst du mich jetzt wirklich um oder du lässt mich in Ruhe.«

»Was meinst du damit, Aylin?«

»Ja, ich habe mit Tarik vor der Ehe geschlafen. Ich habe eure

Ehre beschmutzt. Verdreckt. Ich habe mit ihm geschlafen und entweder bringt ihr mich jetzt um und erlöst mich endlich von diesem ganzen Leid, das ich erfahren muss – oder ihr lasst mich in Ruhe.«

Ich schloss die Augen. Ich war an dem vorläufigen Tiefpunkt meines Lebens angekommen. Ich dachte wirklich, dass mein Onkel mich nun umbringen würde. Aber er legte das Messer zur Seite und gab mir eine Ohrfeige.

»Bist du verrückt? Willst du mein Leben zerstören?«, schrie er mich an. »Ich soll dich umbringen? Du bist doch nicht ganz dicht!«

Noch während er zu einem zweiten Schlag ausholte, klopfte es an der Tür.

»Polizei!«, hörte ich eine Stimme rufen. »Öffnen Sie sofort die Haustür!«

Mein Onkel ließ von mir ab und ging an die Tür. Sieben Polizisten standen da, einer drückte ihn sofort gegen die Wand, die anderen kamen in die Wohnung gelaufen.

»Was macht ihr da? Seid ihr verrückt?«, motzte mein Onkel.

Eine Polizistin kam auf mich zu. »Du bist Aylin?«

»Ja«, antwortete ich. Ich war so wahnsinnig dankbar, dass die Polizei da war.

»Geht es dir gut? Ist alles okay?«

Ich schaute zu meinem Onkel und nickte nur vorsichtig. Aber die Polizistin sah mir natürlich an, dass es mir alles andere als gut ging.

»Komm, wir nehmen dich erst einmal mit aufs Revier«, sagte sie.

Während wir die Wohnung verließen, rief mein Onkel mir hinterher. »Sag bloß nichts Falsches, Mädchen! Wir finden dich. Und wir holen dich zurück.«

***

Ich verbrachte einige Stunden auf dem Revier. Dort lernte ich eine Polizistin kennen. Sie hieß Sabine Schneider. Sie war sehr verständnisvoll und ich hatte den Eindruck, dass sie mir wirklich helfen wollte.

»Weißt du, Aylin, wir haben viele Fälle wie deinen. Es ist nicht leicht, sich von seiner Familie zu lösen. Aber es ist möglich.«

Ich nippte an dem heißen Tee, den sie mir gebracht hatte.

»Wenn du nicht mehr zurückwillst, dann musst du nicht zurück. Es gibt Alternativen. Wir haben gute Kontakte zu einem Frauenhaus hier in der Nähe. Dort bist du sicher. Dort wird dich niemand finden.«

»Nein, das will ich nicht«, sagte ich und überlegte. Dann dachte ich an Tariks Familie. Sie haben mich doch so gut behandelt. Und sie waren auch diejenigen, die die Polizei gerufen hatten, um mich da rauszuholen.

»Kann ich nicht zu meinen Schwiegereltern gehen?«, fragte ich.

»Natürlich«, sagte Sabine und fragte nach der Nummer von Tariks Mutter. Sie hatte keine Einwände. Und so brachte mich ein Streifenwagen zu meiner Schwiegermutter, die mir in der Zwischenzeit schon ein ganzes Zimmer eingerichtet hatte.

Als ich in die Wohnung kam, küsste sie mich auf die Stirn. »Keine Sorge, Kind. Hier bist du sicher. Hier wird dir nichts passieren.«

Als ich in der fremden Wohnung lag, noch immer völlig erschöpft nach einer Woche reiner Schikane und Quälerei wurde mir bewusst, dass es nun wirklich passiert war. Ich hatte mich von meiner Familie losgesagt. Ich war nun weg von zu Hause. Und ich wollte nie wieder zurück.

***

Meine Schwiegermutter versicherte mir, dass ich so lange bleiben konnte, wie ich wollte. Und Tarik würde ja auch bald aus dem Libanon zurückkehren. Ich solle mir keine Gedanken machen. Ich war der Frau so wahnsinnig dankbar, dass sie mich aufnahm wie ihre eigene Tochter. Das bedeutete mir viel. In den kommenden Tagen hatte ich nur noch Kontakt zu Leyla. Sie war sehr traurig über die Eskalation, aber auch sie riet mir, erst einmal nicht nach Hause zu kommen. Ich sollte lieber etwas Abstand gewinnen. Irgendwann würde sich das schon alles wieder beruhigen, sagte sie. Doch danach sah es nicht aus. Ich bekam beinahe täglich Nachrichten von meinen Brüdern zugeschickt, dass ich zurückkommen sollte. Sie drohten mir ganz offen damit, mich umzubringen, wenn ich es nicht täte. Sogar mein kleiner Bruder Selim hatte sich jetzt gegen mich gestellt. Ich war so vieles gewohnt. Hatte so vieles erlitten. Aber ich konnte dennoch nicht glauben, dass meine eigenen Brüder mir den Tod androhten. Ich ignorierte die Nachrichten.

Und dann kam Tarik zurück. Er hatte seine Reise vorzeitig abgebrochen, weil er erfahren hatte, was alles passiert war, und da wollte er bei mir sein. So verrückt es klingt – ich war wirklich froh, dass er wieder da war. Er behandelte mich gut. Er sagte mir, dass ich mir keine Sorgen machen müsse. Dass er mich beschützen werde. Und dass er nicht zulassen würde, dass mir jemand aus meiner Familie jemals wieder etwas antut.

In den kommenden Wochen versuchte Tarik alles Mögliche, um zwischen unseren Familien wieder Frieden zu stiften. Er ging bei meinen Eltern vorbei. Vergeblich. Er schrieb ihnen Briefe. Vergeblich. Er versuchte über gemeinsame Verwandte zu vermitteln. Auch das: vergeblich. Schließlich bat er einen sehr einflussreichen Imam aus der Gegend, als Streitschlichter zu agieren. Streitschlichter haben in der arabischen Kultur einen sehr hohen

Stellenwert. Wenn zwei Parteien zerstritten sind, wird ein von allen Seiten respektierter Schlichter benannt, man setzt sich gemeinsam an einen Tisch, bringt seine Positionen vor und erklärt sich bereit, das Urteil des unparteiischen Schlichters zu akzeptieren. Ich war überrascht, dass mein Vater sich bereit erklärte, an einer solchen Runde teilzunehmen.

Aber sie ging nicht gut aus. Tarik erzählte mir, dass mein Vater mitten im Gespräch in Wut ausbrach, Tarik und seine gesamte Familie schlimm beschimpfte und dann einfach wegging. Nein, meine Familie war einfach nicht bereit, den Konflikt zu lösen. Tarik und ich planten derweil die große Hochzeitsfeier. Verheiratet waren wir ja schon, aber ich wollte gern auch eine richtige Feier haben. Mit Brautkleid, mit traditionellem Tanz und allem drum und dran. So, wie ich es mir als kleines Mädchen immer ausgemalt hatte. Die Umstände waren zwar nicht die besten, aber ich wollte mir diese eine Freude dennoch nicht nehmen lassen. Nur der Gedanke, dass niemand von meiner Familie anwesend sein würde, machte mich sehr traurig. Tarik bot mir an, die Feier zu verschieben, bis die Sache geklärt sei. Aber ich hatte wenig Hoffnung, dass sich der Streit mit meiner Familie jemals klären würde. Es waren ja nun auch schon einige Monate vergangen. Ich schrieb meiner Familie einen Brief und lud sie zu der Feier ein. Wenn sie kommen würden, würden sie kommen. Wenn nicht, dann nicht.

***

Eine Woche später klingelte es an der Tür. Vor mir standen zwei Männer. Sie zeigten mir ihre Ausweise. Kriminalpolizei.

»Frau Said, wir müssen mit Ihnen reden.« Ich hatte keine Ahnung, was die Männer von mir wollten, aber ich war nicht verwundert. Mittlerweile war ja immer irgendetwas. Ich bat die Polizisten herein. Wir waren alleine. Tarik war einkaufen.

»Frau Said«, sagte einer der Männer. »Wir haben hier eine Anzeige vorliegen. Gegen einen gewissen Tarik al-Zarin.«

»Was für eine Anzeige? Und was habe ich damit zu tun?«

Die beiden Männer schauten sich an. »Herr al-Zarin soll Sie vergewaltigt haben. Die Anzeige kommt von Ihrer Mutter.«

Sie konnte es nicht lassen. Sie versuchte auf allen möglichen Ebenen, unsere Hochzeit zu sabotieren. Verdammt, Mama. Sie hatte ja recht. Und ich wusste auch, dass sie es gut meinte. Zumindest dieses Mal. Aber sie machte alles nur noch schlimmer. Ich wollte einfach raus aus dieser Familie. Und diese Hochzeit war wahrscheinlich meine allerletzte Chance. Ich konnte nicht zulassen, dass man mir die nahm.

»Nein, es gab keine Vergewaltigung«, sagte ich und versuchte, so glaubwürdig wie möglich zu klingen. Die Polizisten merkten mir wahrscheinlich sofort an, dass ich log. Aber was sollten sie schon tun? Ich wiederholte meine Aussage. »Es war keine Vergewaltigung.«

»Denken Sie über Ihre Aussage noch einmal nach«, sagten die Männer und drückten mir eine Visitenkarte in die Hand. Sie wussten, dass Aussage gegen Aussage stand. Und solange ich nichts sagte, würde es keine Anklage geben. Ich brachte die beiden Männer zur Tür, schmiss die Visitenkarte weg und legte mich wieder ins Bett. Meine Familie ließ nicht locker.

***

Umso überraschender war der Anruf, der mich einen Tag vor meiner großen Feier erreichte. Mein kleiner Bruder Selim war am Apparat.

»Hallo Aylin, wie geht es dir?«

»Mir geht es gut«, sagte ich etwas verwundert. Ich hatte über mehrere Wochen gar nichts mehr gehört. Nicht mal von Leyla.

Und jetzt, einen Tag vor der Hochzeit, meldete sich mein Bruder?

»Aylin, wir haben heute mit der ganzen Familie zusammengesessen. Morgen ist ja deine Hochzeit. Baba hat gesagt, dass er dir alles vergeben möchte. Dass er sehr gern zu der Feier kommen möchte. Und die anderen würden auch gern kommen.«

»Ist das euer Ernst?«, fragte ich skeptisch. Ich konnte mir den plötzlichen Sinneswandel nicht erklären.

»Ja«, sagte Selim. »Baba sagt, es tut ihm sehr leid, was vorgefallen ist. Er sagt, dass du morgen vorbeikommen sollst. Und dann würden wir alle gemeinsam zu der Feier fahren.«

»Ich weiß nicht, das kommt etwas überraschend.«

»Baba sagt, dass du das nicht machen musst. Wenn du es nicht willst, dann kann er das verstehen. Er würde sich aber freuen, wenn man an einem so wichtigen Tag Frieden schließt. Überleg es dir doch einfach.«

Ich legte auf. Ich traute der Sache nicht. Andererseits: Vielleicht hatten sie wirklich eingesehen, dass sie mit ihrer aggressiven Haltung nicht weiterkamen? Vielleicht hatten sie begriffen, dass ich jetzt verheiratet war, dass ich jetzt meine eigene Familie hatte? Dass ich nicht mehr ihr Besitz war? Vielleicht war es wirklich ein Friedensangebot? Meine Eltern wussten besser als jeder andere auf der Welt, wie wichtig mir meine Hochzeitsfeier war. Wie ich schon als kleines Kind davon geträumt hatte. Vielleicht wollten sie mir wirklich einfach etwas Gutes tun.

Tarik strich mir über den Arm, als ich ihm von dem Anruf erzählte. Er lächelte. »Siehst du«, sagte er. »Ich habe dir doch gesagt, dass alles gut ausgehen wird.«

»Und wenn es eine Falle ist?«

»Eine Falle? An deinem Hochzeitstag? Komm schon, Aylin. Sogar deine Familie hat Grenzen, die sie nicht überschreitet.«

Ich konnte nur dafür beten, dass er recht hatte.

***

Ich hatte mich auf den großen Tag vorbereitet. Nicht so intensiv, wie ich es mir gewünscht hatte, aber doch schon so, dass ich wirklich stolz war. Wir hatten ein Hochzeitskleid gekauft. Es war lang und weiß und wunderschön. Ich ließ mich am Morgen noch von einer Kosmetikerin schminken. Als ich in den Spiegel sah, konnte ich zum ersten Mal seit Monaten wieder lächeln. Ich war zufrieden. Ich fand, ich sah hübsch aus. Und ich freute mich auf diesen Tag. Ich freute mich darauf, mit Freunden zu feiern. Und insgeheim freute ich mich auch darauf, meine Familie wiederzusehen. Ich weiß, dass es Menschen gibt, die das niemals verstehen werden. Aber egal, was meine Familie mir angetan hat – sie waren doch immer noch meine Eltern und meine Geschwister. Es gab ja auch so viele gute Zeiten. Ich habe so viele schöne Erinnerungen an meine Kindheit und wie mein Vater für mich da war. Mit mir gespielt hat. Und mir versprochen hat, dass er immer auf mich aufpassen würde. Das konnte ich nicht alles ausblenden. Ich wusste auch, dass sie alles, was sie mir antaten, machten, weil sie dachten, es wäre das Beste für mich. Natürlich war es das nicht, aber aus ihrem Blickwinkel beschützten sie mich nur.

Eine Stunde vor der Hochzeit fuhren Tarik und ich zu meiner alten Wohnung, um meine Eltern abzuholen.

»Warte hier bitte«, sagte ich ihm.

»Soll ich nicht mit nach oben kommen?«

»Nein, ich will nicht, dass irgendetwas eskaliert. Ich will erst einmal die Situation klären. Wenn alles gut ist, kommen wir gemeinsam runter«, sagte ich und schaute hoch in den dritten Stock, wo unsere Wohnung lag. Ich war nun schon seit vier Monaten nicht mehr hier gewesen. Ein merkwürdiges Gefühl. Ich drückte auf die Klingel.

»Hallo?«, hörte ich die Stimme meiner Mutter an der Gegensprechanlage.

»Ich bin's, Aylin.«

Die Tür sprang auf. Ich schaute noch einmal zu Tarik. Er lächelte mir zu. Ich war ihm dankbar für die letzten Monate. Er hatte mir viel Kraft gegeben. Ohne ihn hätte ich das alles nicht durchgestanden. Auch wenn ich ihm niemals verzeihen würde, was er mir angetan hat. Ich betrat unseren alten Hausflur. Der Geruch von Linoleum lag in der Luft. Wie ich diesen Geruch vermisst hatte. Ich drückte auf den Knopf und wartete auf den Aufzug. Es war ganz still im Haus. Ich atmete tief durch. Vielleicht würde ja doch noch alles gut werden, dachte ich. Vielleicht würde sich mein Leben einfach etwas einpendeln. Etwas Normalität. Mehr wollte ich doch gar nicht. Ich stand jetzt vor unserer Haustür. Sie war offen. Es war ein komisches Gefühl, unsere alte Wohnung zu betreten. Ein schönes Gefühl. Ein Gefühl von Nachhausekommen. Ich ging ins Wohnzimmer. Dort waren alle versammelt. Meine Eltern. Meine Brüder. Meine Cousins und Cousinen. Meine Onkel und Tanten. Nur meine Schwester war nicht da.

Alle starrten mich an. Keiner sagte etwas. Es war beinahe gespenstisch still. Dann fing meine Mutter an zu weinen. Ich dachte, sie würde weinen, weil sie mich im Brautkleid sah. Weil ich mich so schön gemacht hatte. Weil ich so glücklich aussah. Aber es waren keine Freudentränen.

»Aylin«, sagte mein älterer Bruder dann. »Das hier heute, das ist keine Hochzeit. Das ist eine Beerdigung.«

»Was sagst du da?«

In dem Moment spuckte mein Onkel mich an. Ich konnte nicht fassen, was hier gerade passierte. Ich dachte, sie wollten sich mit mir versöhnen.

»Du mieses Stück Dreck«, schrie mich mein Bruder an. »Du hast die Ehre unserer Familie beschmutzt.« Und plötzlich schrien sie alle durcheinander. Sie beleidigten mich auf das Allerheftigste. Ich spürte, wie sich mein Hals zuschnürte und mir die Tränen in die Augen schossen. Ich wollte nicht weinen. Ich wollte stark sein. Aber ich konnte nicht. Wie naiv war ich nur zu glauben, dass das hier gut ausgehen könnte?

»Was seid ihr nur für Menschen?«, flüsterte ich und wollte gerade die Wohnung verlassen, da liefen mir meine Brüder hinterher. Sie hatten Farbeimer und schütteten sie auf mich. Ich flüchtete weinend in den Aufzug. Ich stand vollkommen unter Schock.

Ich wusste, dass mittlerweile auch die Freunde und die Familie von Tarik unten warteten. Wir wollten in einem großen Autokorso gemeinsam zum Veranstaltungsort fahren. Als sie sahen, wie ich mit Farbe verdreckt und verklebt aus der Haustür kam, liefen mir alle gleich entgegen.

»Was haben sie dir angetan?«, schrie Tarik und hatte selbst Tränen in den Augen. »Die knöpfe ich mir endgültig vor jetzt«, rief er.

»Nein«, sagte ich und rang um Fassung. »Nein. Wir fahren jetzt zu unserer Feier. Meine Familie wird nicht mitkommen. Aber wir lassen es nicht weiter eskalieren. Das Ganze hat nun ein Ende gefunden.«

***

Ich wollte es durchziehen. Trotz allem. Ich saß auf dem Rücksitz von Tariks Auto, das Fenster war runtergekurbelt. Ich brauchte frische Luft, ich hatte das Gefühl, ich würde ersticken. Mein Herz pochte wie verrückt. »Bleib ruhig«, versuchte Tarik mich zu beruhigen. Aber ich nahm seine Worte gar nicht wirklich wahr. Alles fühlte sich so unreal an. Als würde ein Film laufen und ich war ein Teil davon, ich spielte mit, aber ich handelte bloß mechanisch. Während wir durch Berlin fuhren, zog ich mein Handy raus und schrieb meiner Mutter eine SMS: »Ab heute hast du keine Tochter mehr. Und ab heute habe ich keine Mutter mehr.«

Der Wagen fuhr vor dem Brautbekleidungsgeschäft einer Freundin vor. »Komm schon«, sagte Tarik. »Wir werden dir jetzt ein neues Kleid besorgen.«

Mein Körper reagierte, er stieg aus dem Auto, ging in das kleine Geschäft. Ich nahm wahr, wie sich die Besitzerin schockiert die Hände vor den Mund halten musste, als sie mich sah. Mein Körper streifte das Kleid ab, ließ sich helfen, ein neues Kleid anzuprobieren, mein Körper zwang sich sogar zu einem Lächeln. Aber mein Geist war ganz woanders. Mein Geist spielte das Martyrium wieder und wieder durch, das ich erleben musste. Wie in einer Endlosschleife sah ich die Bilder vor mir. Mein Onkel, der mich anspuckte. Meine Brüder, die mich mit Farbe überschütteten. Meine Mutter, mein Vater, die zusahen. Wie kann man das seinem eigenen Kind nur antun? Wie? Ich verstand es nicht.

»Aylin, ist alles okay?«, fragte mich Tarik.

»Ja, ja, alles okay«, log ich.

»Wie findest du das Kleid?«

Ich schaute mich im Spiegel an. Es war wunderschön. Aber ich konnte mich nicht freuen. Nicht eine Sekunde lang. Ich musste mich zusammenreißen, nicht in Tränen auszubrechen. Und dann dachte ich an Mahmoud. Was er wohl gerade machte? Ob er wusste, dass ich heute heiraten würde? Ich vermisste ihn. Am liebsten wäre ich jetzt einfach zu ihm gefahren. Ich wollte nur, dass er mich festhielt, dass er mir sagte, dass alles gut werden würde.

»Wir müssen los, Aylin«, riss mich Tarik aus meinen Gedanken.

Wir fuhren in den angemieteten Saal. Meine Freundin Yasmin setzte sich neben mich und versuchte, mich aufzuheitern.

»Komm schon Aylin, schau jetzt nach vorne. Freu dich auf das, was kommt«, sagte sie und sie meinte es gut. Aber wenn ich ehrlich zu mir selbst war, konnte ich weder auf etwas Schönes zurückblicken noch gab es etwas, worauf ich mich in meiner Zukunft freuen konnte. Schließlich heiratete ich gerade den Mann, der mich vergewaltigt hatte. Wie viel härter kann einen das Leben eigentlich noch treffen?

Aber ich wollte mir nichts anmerken lassen. Ich zwang mir ein Lächeln ab. Als unser Auto hielt, stiegen wir aus und betraten die große, angemietete Halle. Da waren 200, vielleicht auch 300 Menschen, die uns erwarteten und uns beklatschten, als wir den Raum betraten. Und dann feierten wir.

Wir feierten, wie man feiert, wenn eine arabische Hochzeit gefeiert wird. Es lief alles streng nach Ritual ab. Mein Mann und ich betraten den Raum. Dann hob er meinen Schleier hoch und küsste mich auf die Stirn. Die Musik setzte ein und wir fingen an zu tanzen. Die Gäste bildeten einen Kreis um uns. Als der Brauttanz beendet war, setzten wir uns an eine lange Tafel. Jetzt tanzten die Gäste. Dann legte mein Mann mir das Gold an. Ich spulte das Programm wie mechanisch ab. Alles fühlte sich noch immer so unwirklich an. Ich zwang mir ein Lächeln ab, aber jeder, der mich kannte, wusste, dass mir zum Weinen zumute war.

Da meine Familie nicht kam, war gut die Hälfte des Raums leer. Viele Leute kamen auch nicht, weil sie von den Geschehnissen im Vorfeld etwas mitbekommen hatten und dachten, die Hochzeit würde unter diesen Bedingungen sowieso abgesagt. Wir hatten etwa mit 800 oder 900 Gästen gerechnet. Auf arabischen Hochzeiten ist das ganz normal. Freunde kommen und bringen Freunde mit, die ihre Freunde mitbringen. Es ist alles offen für jeden, und jeder, der kommen mag, ist willkommen. Eine Hochzeit ist ein Fest der Freude und von einem Fest der Freude sollte niemand ausgeschlossen sein. Wie schön das alles klang – in der Theorie.

Es waren nur drei Freundinnen von mir da. Nach etwa zwei Stunden kam dann auch meine Schwester. Sie wollte mich unterstützen, auch wenn unsere Familie ihr das natürlich verboten hatte. Sie hatte es in dem ganzen Stress nicht geschafft, sich aufzustylen. Sie kam mit ganz normalen Straßenklamotten. Aber das war mir vollkommen egal, ich war einfach froh, sie überhaupt zu sehen, und fiel ihr in die Arme, als sie zu mir kam.

»Hast du was von Mahmoud gehört?«, fragte ich Yasmin während der Feier. Er ging mir einfach nicht aus dem Kopf.

Sie nickte. »Es geht ihm nicht sehr gut.«

Als sie das sagte, wurde mein Herz unglaublich schwer. »Was ist mit ihm?«, fragte ich.

»Na, was soll denn mit ihm sein? Er hat mitbekommen, dass du heiraten wirst. Ich war vor ein paar Tagen bei ihm. Ich habe ihn noch nie so gesehen. Er war total fertig. Er saß wie ein Häufchen Elend auf seiner Couch, total betrunken. Seine Wohnung war komplett verwüstet. Als ich ankam, hat er nur geweint. Er hat kein Wort mit mir gesprochen. «

Es brach mir das Herz.

Um Mitternacht kam es dann zu dem letzten Tanz. Ein langsamer, enger Tanz des Brautpaars. Und dann war alles vorbei.

***

Nach der Hochzeitsfeier ging ich mit zu Tarik. Ich wohnte jetzt bei ihm. Ich war zum ersten Mal in meinem Leben offiziell weg von meiner Familie. Das hatte ich mir immer gewünscht. Aber glücklich war ich nicht. Ich hatte gehofft, dass es ein anderes Ende nehmen würde. Dass wir »im Guten« auseinandergehen würden, wie es so schön heißt. Aber wie hätte das funktionieren sollen?

Das Leben mit Tarik war ein gutes Leben. Wer hätte das gedacht? Ich habe meinen Vergewaltiger geheiratet, aber er behandelte mich gut. Für ihn ist das, was vorgefallen ist, bis heute keine Vergewaltigung gewesen. Ich bin mit ihm mitgegangen. Das war für ihn ein Zeichen, dass ich »es auch wollte«. In seiner Weltsicht hat er nie etwas Falsches getan. Er hat mich ja geliebt, so sagt er. Es war extrem schwer für mich, das zu realisieren und einen Weg zu finden, damit umzugehen. Aber in all den Jahren habe ich für mich Wege gefunden, mit allem, mit wirklich allem irgendwie umzugehen.

Und ich muss gestehen: Die Art, wie er mich behandelt hat, hat das Geschehene nicht vergessen gemacht, aber es half mir, damit fertigzuwerden. Tarik war aufmerksam. Er hörte mir zu. Er nahm mich ernst. Ich hatte zum ersten Mal in meinem Leben eine gewisse Freiheit. Ich wurde nicht mehr kontrolliert. Musste mich nicht mehr beschimpfen, mich nicht mehr schlagen lassen. Tarik behandelte mich respektvoll.

Und er hat mir eine ganze andere Welt gezeigt, die ich bis dahin nicht kannte. Auch was seine Familie anging. Dort ging man so liebevoll, so respektvoll miteinander um – so, wie ich es mir immer gewünscht hatte. Der Streit mit meiner Familie fand jedoch kein Ende. Tarik versuchte, mich so gut es ging aus der Schusslinie zu nehmen, geriet dabei aber selbst immer mehr ins Visier. Er und seine Familie. Der Streit betraf jetzt nicht mehr bloß mich, er weitete sich aus. Meine Brüder fingen an, die Brüder von Tarik zu beleidigen. Meine Onkel griffen die Onkel von Tarik an. Es waren hundert kleine Stellvertreterkriege. Und Berlin ist eine Stadt, in der man sich nicht verstecken kann. Immer wieder kam es zu Streitereien. Einmal wurde sogar Tariks Vater vor der Moschee niedergeschlagen.

Es eskalierte immer häufiger. Immer wieder kam es zu Schlägereien zwischen Mitgliedern der beiden Familien. Ich bekam das nur am Rande mit. Und dennoch holten mich die Auseinandersetzungen immer wieder ein. Als Tarik gerade unterwegs war, klingelte es an unserer Haustür. Ich erschrak. Alles Unerwartete, was um mich herum passierte, war für mich ein Warnsignal. Ich ging in unser Schlafzimmer und zog die Gardine zur Seite, um zu sehen, wer vor unserer Tür stand. Ich traute meinen Augen nicht. Dort stand der Schwiegervater meines Bruders, Bero, gemeinsam mit gut zwanzig anderen Männern vor unserer Tür. Einige hatten Baseballschläger in der Hand. Ich wurde panisch. Ich war ganz allein zu Hause. Was, wenn sie jetzt unsere Wohnung stürmten? Sie würden mich umbringen. Wahrscheinlich waren sie auf der Suche nach Tarik, weil wieder irgendetwas passiert war, aber wenn sie mich erst einmal hatten, dann würden sie wahrscheinlich durchdrehen. Ich rief die Polizei. Ich hatte wirklich panische Angst, dass sie die Tür einschlagen und mich einfach umbringen würden. Doch bevor die Beamten eintrafen, zogen die Männer schon wieder ab.

Es waren Momente wie diese, die mein Leben nun zunehmend bestimmten. Ich war in ständiger Alarmbereitschaft. Lebte in ständiger Angst. Dabei hatten Tarik und ich doch schon mit uns selbst genug zu tun.

***

Tarik hatte eine Tochter. Nour war ein wundervolles Mädchen. Sie war gerade einmal fünf Jahre alt, aber ich hatte manchmal das Gefühl, dass sie mehr von der Welt verstand als wir alle zusammen. Für mich war es, als wäre sie meine eigene Tochter. Nour wohnte in der Woche bei ihrer Mutter und am Wochenende bei Tariks Eltern. »Wieso nehmen wir sie nicht mit nach Hause?«, fragte ich ihn irgendwann.

Tarik schaute mich überrascht an. »Wird dir das denn nicht zu viel?«

»Mir? Nein, natürlich nicht.«

Er schaute etwas beschämt zu Boden. »Na ja«, sagte er. »Sie ist nicht deine Tochter, Aylin. Wenn du das nicht willst, dann müssen wir das nicht machen.«

Auch Tariks Mutter mischte sich ein. »Ihr seid noch so frisch verheiratet. Ihr braucht doch auch ein bisschen Zeit für euch.«

»Was redest du für einen Unsinn. Du bist mein Mann. Sie ist deine Tochter. Und jedes Kind braucht seinen Vater.« Tarik nickte. Dann sprach ich zu seiner Mutter. »Es ist toll, dass ihr euch so um die Kleine kümmert. Und man sieht ihr an, wie sehr sie euch liebt. Aber sie wird bei uns auch ein schönes Zuhause haben. Dass die Ehe ihrer Eltern in die Brüche ging, ist doch schon schwer genug für sie.«

Tariks Mutter kam zu mir und küsste mich auf die Stirn. »Was hast du nur für ein gutes Herz!«

»Nein«, sagte ich. »Das ist einfach nur eine Selbstverständlichkeit.«

Und so nahmen wir Nour bei uns auf. Wir richteten ihr Kinderzimmer ein, spielten mit ihr und boten ihr das schönste Zuhause, das sie nur haben konnte. Zumindest an den Wochenenden.

Im Winter rief uns Tariks Exfrau an. Sie wollte für drei Monate in den Libanon reisen, um dort zu heiraten. Sie bat uns, in dieser Zeit auf Nour aufzupassen. Tarik fragte mich, ob das für mich in Ordnung wäre. Natürlich war es das.

***

Und so zog Nour zu uns in die Wohnung. Wir waren wie eine richtige Familie, doch irgendwann breitete sich in mir ein ungutes Gefühl aus. Ich wusste nicht genau, warum. Es war nicht wegen meiner Familie. Es war wegen Tarik. Er war verändert. Er blieb nach der Arbeit länger weg. Er war schweigsamer als sonst.

Und ich konnte mir nicht erklären, woran das lag. Ich versuchte, mit ihm zu sprechen, aber er wich mir aus. Bis mir an einem Samstagabend alles klar wurde. Ich hatte Nour gerade ins Bett gebracht und ging ins Wohnzimmer, da hörte ich, wie Tarik telefonierte. Und ich hörte, dass er mit einer Frau sprach. Als er sah, wie ich in das Zimmer kam, beendete er das Telefonat.

»Wer war das?«, fragte ich ihn.

»Ein Arbeitskollege«, log er, ohne mich anzusehen. Ich hatte ganz genau gehört, dass eine Frau am Telefon war. Aber ich sagte nichts und nickte nur.

»Aylin, ich muss heute Abend noch mal weg«, sagte er.

»Zu deinem Arbeitskollegen?«

Er schaute mich ein paar Sekunden an. »Ja«, sagte er. »Ja, ganz genau. Er fährt auch Taxi und fällt ein paar Tage aus. Fuß gebrochen oder so was. Ich übernehme seine Schicht. Ich geh nur noch schnell unter die Dusche.«

Ich schaute ihm in die Augen, doch er konnte meinem Blick nicht standhalten. Da stimmte etwas ganz und gar nicht, dachte ich mir. Wen willst du hier eigentlich verarschen?

Aber ich hielt mich noch zurück. Als Tarik im Bad war, nahm ich sein Handy und schaute nach, wen er zuletzt angerufen hatte. A stand da nur. Ich kannte alle seine Freunde und auch alle Namen in seinem Telefon. Nur A kannte ich nicht. Ich holte mir einen Zettel und notierte die Nummer.

Tarik brauchte eine Ewigkeit im Bad.

»Du hast dich aber schick gemacht«, sagte ich ihm, als er endlich fertig war.

»Ne, ganz normal«, wiegelte er ab.

»Ich wünsche dir eine entspannte Schicht«, sagte ich, als er sich seine Schuhe zuschnürte.

»Was?«

»Eine entspannte Schicht.«

»Ach so, ja, na klar. Danke dir.« Tarik gab mir einen Kuss und machte sich auf den Weg.

Ich gab ihm fünf Minuten. Dann rief ich die Nummer an. Es meldete sich eine Frau.

»Hallo?«

»Wer ist denn da?«, fragte ich.

»Amira. Und wer bist du? Und wo hast du meine Nummer her?«

Amira also. Dieses miese Schwein.

»Ich bin die Frau von Tarik«, sagte ich.

»Hä? Die Frau von Tarik? Ich bin die Freundin von ihm. Er hat doch gar keine Frau.«

Dieses miese, miese Schwein.

Ich nahm Amira ab, dass sie wirklich überrascht war. Ich erzählte ihr, wer ich bin. Sie wusste wirklich nichts von mir. Seit drei Wochen hatten die beiden eine Beziehung. Ich konnte es nicht fassen.

Nein, wir haben nicht aus Liebe geheiratet. Aber wir haben uns ein Versprechen gegeben. Wir haben uns Treue geschworen. Und er hinterging mich eiskalt. Und das auch noch in unserer Situation! Ich hatte seinetwegen so viel Stress und Ärger. Und trotz allem versuchte ich, ihm die bestmögliche Frau zu sein. Ich kümmerte mich um seine Tochter, als wäre sie meine eigene. Und er? Er ließ mich hier alleine zu Hause sitzen, um seinen Spaß mit einer anderen zu haben. Wie niederträchtig kann man sein?

»Hör mal«, sagte Amira. »Tarik ist gerade auf dem Weg zu mir. Ich werde mit ihm Schluss machen. Ich schwöre dir, ich wusste das nicht.«

Ich legte auf und schmiss das Handy mit voller Wucht gegen die Wand. Dieses miese, miese, miese Schwein!

Ich sank zusammen und heulte wie ein kleines Kind. Wieso musste sich nur alles gegen mich verschwören? Warum, warum, warum?

Ich heiratete meinen Vergewaltiger, ich heiratete ihn gegen den Willen meiner Familie, verteidigte ihn auch noch, weil er mir schwor, dass er mich lieben würde, nahm seine Tochter bei mir auf – und dann betrog er mich.

Das war also meine Ehe. Ein Leben in Angst und Paranoia und sie endete, indem mein Mann mich betrog.

»Warum weinst du?«

Ich schaute auf. Oh nein. Nour. Sie hatte ich ganz vergessen.

»Warum hast du das Handy gegen die Wand gemacht?«

Ich wischte mir die Tränen weg und versuchte, so stark zu sein, wie es nur irgendwie ging.

»Komm mal her, meine Kleine«, sagte ich. »Du musst keine Angst haben, es ist alles okay.«

Sie kam zögerlich näher. Sie hatte wirklich Angst. Es brach mir das Herz.

»Nein, mein Schatz. Nein, hab keine Angst. Es ist alles gut. Ich war eben nur ein kleines bisschen traurig, weißt du. Manchmal sind Menschen einfach traurig.«

»Wegen Papa?«

»Nein, mein Schatz. Einfach so. Aber jetzt ist alles wieder gut.« Ich nahm sie auf den Arm und gab ihr einen Kuss auf die Wange.

»Ich bin auch traurig«, sagte Nour, während ich sie durch das Wohnzimmer trug.

»Warum denn?«, fragte ich.

»Weil meine Mama mir fehlt.«

»Ja, das verstehe ich sehr gut, mein Engel. Weißt du was, ich habe eine Idee.«

Die Kleine schaute mich an.

»Wir gehen jetzt beide ins Bett, du darfst heute bei mir schlafen, okay? Und morgen stehen wir ganz früh auf, gehen in den Callshop und rufen gemeinsam deine Mama im Libanon an, okay?«

Nour strahlte. »Wirklich? Und wo schläft Papa?«

»Dem legen wir eine Matratze ins Wohnzimmer. Und dann schläft er da.«

Das Mädchen lachte. »So machen wir das«, sagte sie und streckte mir die Hand entgegen. Ich schlug ein und zwang mir ein Lächeln ab. Dann schoben wir eine Matratze ins Wohnzimmer und kuschelten uns zusammen. Ich küsste sie auf die Stirn.

»Du bist die treueste Seele, die ich kenne«, sagte ich zu der Kleinen. Irgendwann schlief ich ein.

Tarik muss spät in der Nacht nach Hause gekommen sein. Er schlief im Wohnzimmer, als ich aufstand. Ich würdigte ihn keines Blickes. Ich nahm an, dass seine Amira ihn bereits aufgeklärt hatte.

Ich ließ ihn schlafen, ging mit Nour in den Callshop und rief seine Exfrau an. Als wir zurückkamen, war er aufgewacht und kam zu mir, um mich zu küssen. Ich stieß ihn weg.

»Was hast du denn?«, fragte er mich.

»Was ich habe? Meinst du das jetzt ernst?«

Er schaute mich verwundert an.

»Vielleicht habe ich ein Problem, dass du dich nachts mit fremden Frauen triffst, statt bei mir zu sein?!«

»Was für andere Frauen?«

»Sag mal, verkaufst du mich für blöd? Ich weiß von Amira.«

Tarik zog seine Nummer durch. »Ich kenne keine Amira.«

»Wer ist das?«, fragte Nour.

»Niemand, Schatz«, sagte ich und warf Tarik einen tödlichen Blick zu. Also gut, dachte ich mir. Soll er doch in seiner Lügenwelt weiterleben. Ich war mit ihm fertig. Innerlich nahm ich mir vor, Tarik bei der nächsten sich mir bietenden Gelegenheit zu verlassen.

Aber so leicht war das nicht. Denn es gab ja noch immer ein sehr viel größeres und bedrohlicheres Problem als die Untreue meines Mannes. Meine Familie und ihre ständigen Übergriffe. Mein Kopf war schwer. Ich hatte tausend Gedanken, ich musste einfach raus. Ich hatte mich schon viel zu lange in meiner Wohnung versteckt. Also setzte ich mich in den Bus und fuhr so weit raus, wie es nur ging. Ich erinnerte mich an den alten Bauernhof, bei dem ich mit meinem Vater damals immer gewesen bin. Ich weiß nicht, was mich an diesen Ort zog, vielleicht die Erinnerung an eine unbeschwerte, schöne Zeit. Aber ich machte mich auf den Weg. Die frische Luft tat mir tatsächlich gut. Ich ging durch den großen, angrenzenden Park und genoss die Ruhe. Die Geräusche der Großstadt waren so weit weg. Hier waren nur die Vögel, die sangen, und das Unterholz, das knackte, wenn ich durch den Wald lief. Wenn es doch immer so ruhig und harmonisch sein könnte. Ich beobachtete die Tiere in einem der Gehege. Sie hatten ihren kleinen, eingezäunten Lebensraum, mit dem sie sich arrangierten. Sie brauchten nicht viel. Ein bisschen Futter. Ein bisschen Platz. Ich fühlte mich ihnen verbunden. Der einzige Unterschied war, dass sie nicht ständig angegriffen wurden von ihren Artgenossen. Ich beobachtete die Rehe. Und plötzlich sah ich Levent. Das konnte doch nicht wahr sein. Levent war der beste Freund von Seyed. Er schaute mich an. Ließ den Blick auf mir ruhen, zog sein Handy aus der Jackentasche, wählte eine Nummer, hielt das Handy an sein Ohr und ließ den Blick nicht von mir. Verdammt, dachte ich. Verdammt, verdammt, verdammt. Er wird meine Brüder anrufen. Ich machte mich auf den Weg zurück zur Bushaltestelle. Ich wartete ein paar Minuten, doch noch bevor der Bus ankam, fuhr schon ein Wagen vor. Mit meinen Brüdern.

»Verdammt, wie kann das sein?«, fragte ich mich. Wie können die nur so schnell hier sein?

Ich lief in den Wald. Ich blickte mich nicht um. Ich sah nicht, ob ich verfolgt wurde oder nicht. Ich lief einfach. Ich lief und lief und lief. Irgendwann war ich so tief im Wald und so außer Puste, dass ich mich gegen einen Baum lehnte und langsam zusammensackte. Ich fing an zu weinen. Ich hatte keine Kraft mehr. Ich weiß nicht, wie lange ich in diesem Wald saß, aber es kam mir vor wie eine Ewigkeit. Hätten meine Brüder mich jetzt hier gefunden, hätte ich mich ihnen ergeben. Sollten sie mich doch umbringen. Sollten sich mich doch schlagen, treten oder verstümmeln. Sollten sie doch machen, was sie wollten. Noch schlimmer könnte mein Leben nicht werden, dachte ich. Aber irgendwann fasste ich wieder Lebensmut. Ich stand auf, suchte den Weg zurück zur Bushaltestelle und fuhr nach Hause.

Am nächsten Tag ging ich zur Polizei. Ich wollte eine einstweilige Verfügung beantragen. Sie wurde abgelehnt. Eine ernsthafte Gefährdung für mich würde nicht bestehen, hieß es.

»Wie können Sie das sagen? Ich habe Ihnen doch erzählt, wie ich bedroht werde«, schrie ich den Polizisten an.

»Frau Said, beruhigen Sie sich. Solange es nur Drohungen sind, können wir nichts unternehmen.«

»Das bedeutet, dass mir erst etwas passieren muss, damit Sie eingreifen?«

Ich war außer mir. Das war alles so ungerecht. Und niemand konnte mir helfen. Also musste ich in Angst weiterleben. Und meine Familie wusste ganz genau, wie sie diese Angst noch steigern konnte. Meine Brüder verbreiteten überall, was sie mit mir vorhatten: Sie wollten mir Säure ins Gesicht schütten. Sie erzählten es den Leuten, von denen sie wussten, dass sie es an mich herantragen würden.

Jedes Mal, wenn ich das Haus verließ, hatte ich tausend Gedanken im Kopf. Wem würde ich begegnen? Wie würde die Person auf mich reagieren, wenn sie mich sah? Wem würde sie erzählen, dass sie mich gesehen hat und was würde dann passieren? Ich wurde paranoid. Wenn ich auf der Straße war, musste ich mich ständig umdrehen. Ich vertraute niemandem mehr. Wenn ich irgendjemanden, den ich kannte, nur aus der Ferne sah, lief ich weg.

Das geschah nicht grundlos. Es passierte immer wieder, dass mich in der Stadt jemand sah, der mit meinen Brüdern befreundet war und sie anrief. Als ich mit Tarik und seiner Mutter in der Stadt einkaufen war, bemerkte uns ein entfernter Cousin. Ich sah, wie er sein Handy rauszog, mich im Blick behielt und mit irgendwem telefonierte. »Lass uns gehen«, sagte ich zu Tarik.

»Beruhig dich«, entgegnete er. »Wir sind doch fast durch.«

Wir schoben den Einkaufswagen durch den Supermarkt. Ich war so wahnsinnig nervös. Was würde jetzt passieren? Meine Schwiegermutter stand an einem der Regale und packte gerade die letzten Lebensmittel, die auf ihrer Liste standen, in den Wagen, als ich sah, dass mein Vater und meine Brüder den Laden betraten. Verdammt, dachte ich. Das kann doch gar nicht sein. Mein Cousin hat doch gerade einmal vor fünf Minuten angerufen. Länger kann das nicht her sein. Wie können sie so schnell hier sein?

»Tarik!«, flüsterte ich und zog an seiner Jacke.

»Wir gehen ja glei…«, fing er an, als er meine Brüder auch sah. »Shit!«

»Komm, lass uns hier sofort verschwinden«, sagte ich. Tarik nickte und griff seine Mutter am Arm. Wir ließen den vollen Einkaufswagen stehen, rannten aus dem Laden, setzten uns ins Auto und fuhren nach Hause.

»Sie werden uns nie in Ruhe lassen«, sagte ich abends, als wir gemeinsam im Bett lagen, und ich spürte, wie sich meine Kehle langsam wieder zuschnürte. »Es wird niemals aufhören. Sie werden erst Ruhe geben, wenn etwas Teuflisches geschehen ist.«

»Komm schon«, sagte Tarik und nahm mich in den Arm. »Es wird aufhören, wir werden das durchstehen.«

Ich wollte seinen Worten Glauben schenken. Ich wollte es so gern. Aber irgendetwas tief in meinem Inneren sagte mir, dass es niemals aufhören würde. Der einzige Trost, den ich hatte, war der Glaube an Tariks Familie. Sie suchten keine Eskalation. Sie versuchten, dem Wahnsinn aus dem Weg zu gehen.

Doch das war nicht so einfach. Meine Familie provozierte wirklich, wo sie nur konnte. Am Tag nach der Begegnung im Supermarkt bekam ich einen Anruf von Tarik.

»Aylin, kannst du schnell zur Lessing-Schule kommen?«

»Zur …?« Ich kannte auf Anhieb keine Lessing-Schule. Ich verstand gar nicht, was los war.

»Lessing-Schule. Neukölln. Komm bitte einfach.« Er legte auf.

Als ich im Internet nach der Schule suchte, fiel mir ein, dass Tariks jüngster Bruder dort war. Um Gottes Willen, dachte ich, hoffentlich war nichts passiert. Ich fuhr sofort los und als ich auf das Gebäude zukam, da sah ich schon Tarik, seinen kleinen Bruder und drei Polizeiwagen.

»Was ist denn passiert?«, fragte ich und schaute mir Yamal an. Er hatte ein blaues Auge und eine blutige Nase. »Was hast du denn gemacht?«, fragte ich ihn. Er war doch gerade einmal dreizehn Jahre alt. »Nichts, Tante Aylin«, sagte der Kleine und schaute auf den Boden.

»Er hat nichts gemacht«, sagte Tarik. »Dein kleiner Bruder war das.«

»Was? Selim?« Das konnte ich nicht glauben. Er war aus der Familie doch immer der Vernünftigste gewesen. Und jetzt drehte er auch so ab?

»Ja«, sagte Tarik. »Selim. Er hat mit ein paar Freunden meinem kleinen Bruder aufgelauert. Dann sind sie zu dritt auf ihn losgegangen und haben ihn verprügelt.«

Die Polizisten standen nur da und sahen uns an.

»Aylin, du musst den Polizisten erklären, zu was deine Brüder in der Lage sind. Ich habe es auch schon versucht, aber sie meinen, sie könnten nichts machen.«

»Wir können mit Ihrer Familie sprechen, Frau Said, und eine Gefährderansprache machen«, warf der Polizist ein, »aber ansonsten sind uns rechtlich die Hände gebunden.«

»Verdammt noch mal!«, schrie Tarik. »Wenn Sie nichts unternehmen, wird es irgendwann eskalieren! Verstehen Sie das nicht?!«

»Bitte beruhigen Sie sich«, sagte der Polizist etwas unbeholfen.

»Nein, ich beruhige mich nicht. Und Sie sollten auch nicht so ruhig sein. Seit Monaten wird meine Familie angegriffen. Wir wollen keine Eskalation. Aber wir können uns das doch nicht ewig gefallen lassen. Wenn Sie nicht langsam eingreifen und das unterbinden, dann werde ich …«

»Tarik!«, fuhr ich ihm ins Wort.

»Sie werden gar nichts machen!«, sagte jetzt auch der Polizist in scharfem Ton. »Wir werden mit Familie Said sprechen. Bleiben Sie einfach ruhig. Lassen Sie sich nicht provozieren.«

Tarik schüttelte nur den Kopf.

»Komm«, sagte ich und nahm Yamal an die Hand. »Wir bringen dich jetzt nach Hause.«

Als wir Yamal bei ihm zu Hause abgesetzt hatten, schlug Tarik gegen das Lenkrad seines Autos.

»Verdammt, Aylin!«

Ich legte meine Hand auf seine Schulter. Ich wusste nicht, was ich ihm sagen sollte. Ich verstand ihn ja. Ich verstand ihn so gut.

»Ich muss das jetzt klären. Sonst wird es niemals enden.«

Ich fing an zu weinen. Die Situation war einfach ausweglos. Und mir war klar, dass sie irgendwann eskalieren würde.

Tarik rief einen Freund an, der auch meinen Bruder kannte. »Richte dem Jungen aus, dass wir es nicht mehr akzeptieren werden, wenn ihr in Zukunft Leute aus meiner Familie angreift.« Dann ließ Tarik meinem Bruder noch ausrichten, wo er sich am Nachmittag aufhalten werde. Für den Fall, dass er bereit wäre zu reden.

»Pass auf dich auf, in Ordnung?«

»Natürlich.«

Tarik setzte mich zu Hause ab und fuhr dann zu dem verabredeten Treffpunkt. Natürlich kam mein Bruder. Und er kam, wie ich es erwartet hatte, nicht alleine. Er hatte zahlreiche Freunde mitgebracht. Tarik war nicht naiv. Auch er hatte Leute dabei. Und so war schon die Voraussetzung, dass es wirklich zu einer ehrlichen Aussprache kommen konnte, vollkommen verschenkt.

Die beiden Gruppen gingen aufeinander los. Doch bevor etwas passieren konnte, war schon die Polizei da. Ich hatte keine Ahnung, woher die Beamten wussten, was los war. Aber wahrscheinlich haben einfach irgendwelche Anwohner die 110 gewählt, als sie sahen, dass zwei Gruppen aufeinander losgingen. Die Polizisten versuchten zu deeskalieren, aber Tarik kochte vor Wut. Ich konnte es ihm nicht mal verübeln.

***

In einer dieser Nächte bekam ich einen Anruf. Ich schaute auf mein Handy. Die Nummer war unterdrückt. Tarik schaute mich an.

»Wer ist das?«

»Keine Ahnung«, sagte ich ihm.

»Es ist fast Mitternacht. Wer ruft dich um diese Zeit an?«

»Ich habe keine Ahnung«, wiederholte ich. Aber das stimmte nicht. Ich hatte eine Ahnung. Entweder würde dieser Anruf etwas Schlimmes bedeuten oder es war …

»Willst du nicht rangehen?«, fragte Tarik ungeduldig und ich nahm ab.

»Hallo?«

»Aylin, ich bin's. Können wir reden?«

Ich hatte es befürchtet.

»Wer ist denn da?«, fragte ich, obwohl ich es doch ganz genau wusste.

»Aylin … ich bin es. Mahmoud.«

Als Tarik den Namen hörte, lief sein Gesicht knallrot an. Er wusste von Mahmoud. Ich habe ihn nie belogen und hatte keine Geheimnisse in meiner Ehe. Aber ich hatte Tarik auch die Wahrheit gesagt, als ich sagte, dass ich mit Mahmoud keinen Kontakt mehr hatte. Er würde jetzt bestimmt denken, ich hätte eine Affäre oder sonstwas.

Ich versuchte, die Situation so gut es nur ging einzufangen. »Wir haben ewig nicht mehr miteinander gesprochen«, sagte ich so kalt, wie ich nur konnte. »Was willst du von mir? Warum rufst du mich an?«

Tariks Blick ruhte auf mir. Eine Vene auf seiner Stirn pulsierte.

»Ich wollte dir nur sagen, dass ich dich vermisse. Dass ich dich liebe. Und dass ich dich immer lieben werde.«

»Mahmo …«, versuchte ich, ihn zu unterbrechen.

»Nein. Hör mir zu. Ich weiß, dass du verheiratet bist. Aber ich weiß auch, dass du diesen Mann nicht liebst. Und ich weiß, dass eure Ehe keine Zukunft hat. Und ich will, dass du weißt, dass ich da sein werde, wenn es auseinanderbricht. Ich liebe dich, Aylin.«

»Mahmoud, bist du betru…«

Da hatte er schon aufgelegt.

»Hallo?«

Ich drehte mich um zu Tarik. Er war stinksauer. Er fing an rumzuschreien.

»Was fällt diesem Kerl ein, dich anzurufen? Er weiß doch, dass du verheiratet bist! Das ist das Allerletzte! Dieser Hund. Ich bringe ihn um, ich fahre zu ihm und bringe ihn um.«

»Tarik«, sagte ich sanft. »Beruhig dich. Er war betrunken. Er selbst wird das wahrscheinlich mehr bereuen als jeder andere.«

Doch Tarik wollte sich nicht beruhigen.

»Der hat sie doch nicht mehr alle. Der ist doch krank. Wie kann man nur so krank vor Liebe sein und einem Menschen so lange nachlaufen, obwohl man weiß, dass …«

Ich legte ihm einen Finger auf seinen Mund, als Zeichen, dass er jetzt schweigen sollte. »Ich bin deine Frau, Tarik. Und du bist mein Mann. Es gibt sonst niemanden. Und Mahmoud ist nicht unser Problem. Unser Problem ist meine Familie. Und darauf sollten wir unsere Energie richten, okay?«

Tarik schaute mir in die Augen und beruhigte sich wieder. Dann nickte er. Er wusste, dass ich recht hatte.

In dieser Nacht fand ich keine Minute Schlaf. Ich dachte an Mahmoud. Die Wahrheit ist: Ich dachte sehr oft an Mahmoud. In der Lage, in der ich mich seit der Hochzeit mit Tarik befand, hätte ich auch Mahmoud heiraten können. Ich wäre in derselben Situation gewesen. Nur wäre ich mit dem Mann zusammen, den ich wirklich liebte. Aber Mahmoud wollte mich nicht gegen den Willen meiner Eltern heiraten. Weil er viel klüger war als ich und genau gewusst hatte, was auf mich zukommen würde. Ich hatte immer gedacht, ich würde das aushalten. Ein paar Monate würde meine Familie Terror machen, klar. Aber sie würden sich schon irgendwann einkriegen. Das hatte ich all die Zeit gedacht. Wie ich mich doch getäuscht habe. Wie ich sie unterschätzt habe.

Tarik dachte da anders. Ihm war es egal, ob meine Eltern für oder gegen ihn waren. Er hatte sie vor vollendete Tatsachen gestellt. Was hätten sie denn auch tun können? Tarik dachte nicht an die Zukunft. Er dachte nur an den Moment. Und all die Schmerzen, die ich wegen ihm schon erlitten hatte, waren in der Summe so qualvoll, dass man sie kaum aushalten konnte. Aber es musste weitergehen, sagte ich mir. Halt einfach durch, Aylin. Irgendwann wird es besser. Irgendwann wird es besser. Irgendwann wird es besser. Ich wiederholte diesen Satz wie ein Mantra.

Dieser eine Anruf von Mahmoud gab mir die Kraft weiterzumachen. Weiterzuleben. Einfach nur, weil ich wusste, dass da draußen jemand war, dem ich etwas bedeutete. Der mich wirklich liebte. Das war für mich ein Zeichen, dass es so etwas wie wahre Liebe noch gibt. Das war keine Erfindung. Das war kein Traum aus meiner Kindheit. Das war echt.

***

Mit der Zeit wurde es ruhiger. Es war nicht so, dass ich wirklich die Hoffnung hatte, dass meine Familie von mir ablassen würde. Aber ich hatte zumindest das Gefühl, dass sich die Gesamtsituation etwas beruhigte. Seit meiner Hochzeit war fast ein Jahr vergangen. Die Emotionen waren runtergekühlt. Und in unserer Ehe, die bisher alles andere als normal war, rückten nach und nach immer mehr alltägliche Probleme in den Vordergrund. Morgens am Küchentisch sprachen wir nicht mehr davon, wer aus welcher Familie wieder wem gedroht hat, ihn abzustechen. Wir sprachen nicht mehr davon, wer wem wo aufgelauert und zugeschlagen hat. Wir sprachen über weitestgehend normale Themen, die jede Ehe betreffen: über Eifersucht, über Finanzen, über unseren nächsten Urlaub, über Familienplanung. Im März 2009 war besonders ein Thema ganz wichtig: Tariks berufliche Perspektive. Er verdiente sein Geld noch immer als Taxifahrer. Aber den Wagen teilte er sich mit seinem Bruder, und das führte immer häufiger zu Streitigkeiten. Tarik träumte davon, sich selbstständig zu machen. Er träumte von einer eigenen Shishabar. Oder einem eigenen Imbiss. Aber mit unseren Ersparnissen war das einfach nicht realistisch.

»Wieso nehmen wir nicht einfach das Geld, das wir haben«, riet ich Tarik, »und kaufen uns einen eigenen Wagen davon?«

Er dachte nach.

»Es hätte nur Vorteile. Wir wären mobiler. Es gäbe keine Streitigkeiten mit deinem Bruder. Ihr hättet zwei Autos, könntet Privates und Geschäftliches besser trennen – und so am Ende auch mehr Schichten übernehmen. Mehr Schichten bedeuten mehr Geld.«

Wir rechneten alles durch. Wenn wir diszipliniert wären und jeden Monat Geld zurücklegen würden, dann könnten wir uns in ein paar Jahren selbstständig machen. Und zwar mit einem finanziellen Polster. Wir müssten keinen Kredit aufnehmen und würden kein Risiko eingehen.

»Du bist immer so vernünftig, Aylin«, sagte Tarik.

»Einer muss es ja sein«, sagte ich und setzte noch einen Kaffee auf. Wie gut es mir tat, über die Finanzierung eines Autos nachzudenken, statt darüber, wo meine Brüder eine Säureattacke auf mich planen könnten.

Tarik verbrachte den ganzen Nachmittag am Laptop und suchte alle möglichen Portale ab. Bis er sein Traumauto hatte. Einen schwarzen 3er BMW. Er war ein bisschen teurer, als wir es durchgerechnet hatten, aber er passte noch ins Budget.

Nach einer Woche stand der Wagen vor unserer Haustür. Tarik war außer sich vor Freude. Ich habe nie verstanden, warum Männer sich so über ein Auto freuen können, aber es war schön, Tarik einmal so glücklich zu sehen. Und ich fand den Wagen auch ziemlich schick.

Am nächsten Morgen weckte mich mein gut gelaunter Ehemann.

»Aylin, wünsch dir ein Kennzeichen.«

»Was?«

»Ich fahre jetzt zur Zulassungsstelle und melde unser hübsches, schwarz lackiertes Baby an. Such dir ein Kennzeichen aus.«

»Tarik, das ist mir egal.«

»Nein, nein, es ist unser Auto und ich will, dass du dir etwas wünscht.«

Ich tat ihm den Gefallen und nannte ihm eine vollkommen willkürliche Buchstaben- und Zahlenabfolge und zog mir das Laken über das Gesicht, um weiterzuschlafen. Eigentlich wollte ich ja mitkommen. Aber ich war ein wenig angeschlagen und kämpfte mit einer Erkältung. Tarik gab mir einen Kuss und sagte, dass wir uns dann am Abend sehen würden.

»Und dann gehen wir essen, okay?«, fragte er.

»Ich weiß nicht«, sagte ich.

»Doch, komm schon, richtig schön. Zur Feier des Tages. Wir müssen uns auch mal etwas gönnen. Ich werde dafür diese Woche ein paar Sonderschichten übernehmen.«

»Also gut«, sagte ich. »Aber jetzt geh schon los. Du weißt doch, dass es auf den Ämtern immer ewig dauert.«

Er lächelte, gab mir noch einen Kuss, griff nach seiner Lederjacke und machte sich auf den Weg.

Ich schlief ein. Als ich wieder aufwachte und auf den Digitalwecker blickte, zeigte der mir nur vier rote Achten an. Scheinbar war die Batterie leer. Ich zog die Vorhänge auf und schaute aus dem Fenster. Es war ein grauer und nebliger Tag. Ein ekliges

Wetter. Die Straßen waren fast leer. Ich ging in die Küche, um mir einen Kamillentee zu machen. Es war still. Irgendwie fühlte sich alles ganz unwirklich an, als wäre die Zeit stehen geblieben. Aber nein, Aylin, sagte ich mir. Das ist bestimmt noch deine Erkältung. Du bist einfach noch nicht ganz fit. Ich nahm meinen Tee und ging langsam, fast schlafwandlerisch ins Wohnzimmer und setzte mich auf die Couch. Alles war so still. Ist es hier immer so still? Dann ging ich zu unserem Vogelkäfig und bekam einen Schreck. Wir hatten zwei Sittiche. Einer von beiden lag kraftlos am Boden. Um Gottes Willen. Ich öffnete die Käfigtür und nahm das kleine Wesen heraus, um zu sehen, was es hatte.

»Was ist mit dir, mein Kleiner?«, fragte ich zärtlich, da fing der Sittich noch einmal an, fest mit den Flügeln zu schlagen, sich ein letztes Mal aufzubäumen – und starb dann in meiner Hand. Ich bekam Panik. Das fühlte sich gerade alles so wahnsinnig irreal an. War gerade wirklich mein kleiner, geliebter Vogel in meiner Hand gestorben?

Ich fing an zu hyperventilieren, machte das Fenster auf, um ein wenig frische Luft in die Wohnung zu bekommen, und in dem Moment klingelte mein Handy. Es klingelte so laut und schrill, dass ich aufschreckte. Das kann nichts Gutes bedeuten, dachte ich mir. Der Klingelton durchschnitt die Stille, die schwer auf der Wohnung lag. Es hörte nicht auf.

Langsam zog ich das Handy heran, ich hatte immer noch meinen toten Wellensittich in der Hand.

»Hallo?«, flüsterte ich kaum verständlich.

»Hast du mitbekommen, was mit deinem Mann passiert ist?«, schrie mir mein Schwiegervater aufgeregt entgegen.

»Was? Nein. Was ist denn passiert?«

»Ich weiß es nicht. Ich weiß nicht, wie es ihm geht. Hast du etwas gehört?«

Mein Herz schlug immer schneller.

»Ich weiß nur, dass er zu der Zulassungsstelle wollte. Unser Auto anmelden.«

»Ja, von dort hatte er mich vorhin angerufen. Er sagte, es gäbe Ärger. Und dann hat er plötzlich aufgelegt, und ich wollte wissen, ob du mehr weißt?«

»Ich weiß gar nichts«, antwortete ich und wurde immer hysterischer.

»Ich kann ihn nicht mehr erreichen, sein Handy ist aus. Irgendwas muss passiert sein. Wir fahren jetzt alle dahin«, sagte er und legte auf.

In mir stieg Panik auf.

Was könnte denn passiert sein? Was für Ärger? Mit den Behörden? Mit der Polizei? Mit …?

In mir stieg ein ganz schlimmer Gedanke auf.

Ich griff nach meinem Handy und rief meine Schwägerin an. Die Frau von Seyed.

»Aylin? Warum rufst du mich denn an?«, fragte sie etwas verwundert. Wir hatten immer eine gute Beziehung zueinander, aber seit meiner Hochzeit überhaupt keinen Kontakt.

»Dilara, was macht ihr gerade? Wo seid ihr?«

»Ich bin zu Hause, nichts mache ich, ich telefoniere mit dir. Geht es dir nicht gut?«

»Wo ist mein Bruder?«

»Der ist unterwegs. Er wollte heute sein neues Auto anmelden oder so.«

Ich ließ das Handy fallen. Das konnte doch nicht wahr sein. Solche Zufälle konnte es doch gar nicht geben. Was sollte ich jetzt tun? Ich zog meine Jacke an und wollte mich auf den Weg machen. Vielleicht könnte ich noch Schlimmeres verhindern? Oder würde ich es nur noch schlimmer machen?

Gerade als ich zur Tür rausgehen wollte, klingelte wieder mein Handy. Es war die Nachbarin von meinen Schwiegereltern.

»Aylin, hast du schon gehört, was passiert ist?«

»Ja, Frau Ottmann«, sagte ich. »Es ist schrecklich.«

»Das ist es, Aylin. Wie kommt es bloß, dass deine Familie wusste, das Tarik heute in der Zulassungsstelle ist?«, fragte sie vorwurfsvoll.

Ich konnte es nicht fassen. Wollte sie jetzt ernsthaft mir die Schuld geben? Dachte Tariks Familie wirklich, dass ich meinen eigenen Mann verraten hätte? Ich versuchte, ruhig zu bleiben und ihr zu erklären, dass das ein Zufall gewesen sein musste. Ich konnte es ja selbst kaum glauben. Aber welchen Grund gab es für mich denn, Tarik auszuliefern? Wenn ich so was gewollt hätte, hätte ich das doch anders angestellt. Oder schon viel früher gemacht.

Kurz nachdem ich das Telefonat beendet hatte, rief mich die Schwester von Tarik an. Und fragte mich genau das Gleiche. Ich wurde leichenblass. Es war ja schon genug, dass da gerade irgendwo in Berlin eine Familienfehde eskalierte, aber dann gab man auch noch mir die Schuld dafür? Ich hatte doch alles getan, um das zu verhindern. Das hatte ich doch, oder? Ich fing an, mich selbst infrage zu stellen. Dann riss ich mich aus den ewig kreisenden Gedanken raus. Hör auf, Aylin, sagte ich mir selbst. Ich wurde wütend und schrie Tariks Schwester an: »Frag das doch deinen Bruder, er wird dir sagen können, ob man sich dort zufällig getroffen hat oder ob meine Familie ihm aufgelauert hat. Und außerdem: Ich will jetzt als Allererstes wissen, wie es Tarik geht, wie es meinen Brüdern geht und was passiert ist, statt irgendeine Schuldfrage zu beantworten.«

Ich wusste nicht, was ich tun sollte. Ich befürchtete, dass es wirklich ausarten würde, wenn ich jetzt zu der Zulassungsstelle fahren würde. Immerhin gab es diesen Streit ja nur wegen mir. Aber ich saß auf glühenden Kohlen. Ich hielt es nicht aus. Ich musste wissen, was passiert war. Tariks Handy war aus und auch sonst erreichte ich niemanden, der etwas wusste. Ich fühlte mich, als hätte man mich in einen Käfig eingesperrt. Diese Ungewissheit brachte mich um.

Dann rief ich Sabine an. Die Kriminalpolizistin. Sie musste doch Bescheid wissen. Sie musste mir doch irgendetwas sagen können.

Und tatsächlich. Obwohl sie es eigentlich nicht durfte, erzählte sie mir ganz genau, was passiert war: Als Tarik gemeinsam mit seinem Bruder Bülo an der Zulassungsstelle ankam, traf er auf meinen Bruder, auf Seyed. Tarik wollte keinen Stress, aber Bülo und Seyed gerieten sofort aneinander. In den vergangenen Monaten war so viel passiert. So viele Familienmitglieder wurden in diesen unsinnigen Streit hineingezogen, so viele Beleidigungen wurden ausgesprochen, dass die beiden sich eigentlich kaum noch etwas zu sagen hatten. Sie gingen direkt aufeinander los. Tarik stellte sich dazwischen – doch das machte Seyed nur noch wütender. Er schlug zu. Tarik schlug zurück. Und irgendwann prügelten die drei immer weiter aufeinander ein, sodass die Leute vom TÜV Panik bekamen und die Polizei anriefen. Es dauerte ein paar Minuten, bis die Beamten kamen und die Männer voneinander trennten. Mein Bruder war verletzt. Er hatte ein paar Schläge gegen den Kopf bekommen und blutete. Noch während er von einem Sanitäter versorgt wurde und die Polizisten Tarik und Bülo befragten, schrieb er meinem Vater offenbar eine SMS. Und dann ging es richtig los. Mein Vater rief die halbe Familie zusammen und marschierte mit gut zwanzig Leuten an der Zulassungsstelle auf. Die beiden Polizisten, die gerade noch Tarik und Bülo befragten, wurden kreidebleich.

»Forder sofort Verstärkung an«, sagte einer der beiden.

Und während sie sich vor die zwanzig wütenden Männer stellten, um die Situation zu deeskalieren, blieb Tarik gar nichts anderes übrig, als auch seine Familie zu mobilisieren. Anders wäre er nicht lebend aus der Sache herausgekommen.

Es dauerte keine Viertelstunde und Tariks Familie war ebenfalls bei der Zulassungsstelle. Die Polizei konnte trotz Verstärkung kaum etwas machen. Die Männer gingen aufeinander los. Sie hatten Holzbretter, Teleskopschlagstöcke und Schlagringe dabei. Und sie schlugen brutal aufeinander ein. Mein Bruder Seyed saß noch im Krankenwagen, da wurde er schon wieder von Bülo angegriffen. Seyed zog sein Messer und stach Tariks kleinem Bruder zwei Mal in die Rippen. Aber Bülo war so voller Adrenalin, dass er das nicht einmal spürte. Er stand auf und lief wieder auf meinen Bruder zu. Die Polizei hatte die Situation überhaupt nicht mehr im Griff. Überall prügelten Männergruppen aufeinander ein. Messer wurden gezogen. Und die Beamten vollkommen ignoriert. Einer der Polizisten wusste sich nicht mehr anders zu helfen, nahm seine Waffe und schoss in die Luft.

Erst in dem Moment kehrte Ruhe ein.

***

Ich wählte die Nummer meiner Schwester. Ich wollte wissen, wie es meinen Brüdern ging. Ob jemand aus der Familie verletzt war. Oder ob vielleicht sogar noch etwas Schlimmeres … Allein der Gedanke war ein Albtraum. Mit zitternder Hand hielt ich den Apparat an mein Ohr. Es tutete. Jetzt nimm schon ab. Es tutete wieder. Mein Herz überschlug sich beinahe. Es tutete ein drittes Mal.

»Hallo?«

Das war nicht meine Schwester am anderen Ende der Leitung. Das war …

»Hallo Baba, ich bin es, Aylin.«

»Aylin …«, er machte eine lange Pause. Mein Arm zitterte so stark, dass ich das Handy kaum noch am Ohr halten konnte.

»Dass du es noch wagst, hier anzurufen! Du bist eine Schande für die ganze Familie! Schäm dich!«

Dann legte er auf.

Ich ließ das Telefon sinken und setzte mich auf mein Bett. Ich starrte ins Leere. Dann fing ich an zu beten. Ich bat Gott, dass niemand wegen mir gestorben war oder sterben musste. Nach etwa einer halben Stunde klingelte mein Handy. Es war meine Schwester.

»Tut mir leid, Aylin. Baba hat mir das Handy aus der Hand gerissen.«

»Kein Problem«, sagte ich. »Wie geht es Seyed?«

»Wir waren gerade im Krankenhaus. Er hat einen Messerstich abbekommen. Er musste notoperiert werden.«

»Um Gottes Willen …«

»Die Ärzte sagen, er wird durchkommen. Wie konnte es nur so weit kommen, Aylin?«

»Wenn ich das nur wüsste …«

Ich bekam einen Anruf auf der anderen Leitung. »Leyla, ich rufe dich später zurück, okay? Bitte sag allen, dass es mir sehr leidtut.«

Dann hatte ich meine Schwiegermutter am Apparat. Sie war völlig aufgelöst. Weinend erklärte sie mir, dass mein Schwiegervater verletzt war. Er lag im Krankenhaus. Und auch Yamal war verletzt. Tariks jüngster Bruder. Er schwebte in Lebensgefahr.

Ich konnte das alles nicht glauben. Nach und nach erreichten mich neue Horrormeldungen. Auch Bülo war schwer verletzt worden. Von Tarik hörte ich gar nichts. Ich erreichte ihn auch nicht. Ich wusste nicht, was ich tun sollte, aber ich konnte auf keinen Fall zu Hause bleiben. Also fuhr ich in das Krankenhaus, von dem ich wusste, dass mein Schwiegervater dort eingeliefert worden war. Es brach mir das Herz, den alten Mann in seinem Krankenbett zu sehen. Ich hatte ein fürchterlich schlechtes Gewissen. Das war alles meine Schuld, dachte ich mir. Wenn ich nicht gewesen wäre, dann wäre es nie so weit gekommen. Mittlerweile hatte diese ganze Fehde solche Ausmaße angenommen, dass ich nicht mehr damit leben konnte. Es wurden Unbeteiligte in einen Krieg reingezogen, der niemals ein Ende finden würde.

»Aber Aylin«, sagte mein Schwiegervater, als er sah, dass mir bei seinem Anblick die Tränen in die Augen schossen. »Es ist doch nicht deine Schuld, mein Kind.«

»Doch, natürlich ist das meine Schuld«, sagte ich. »Ich kann das nicht mehr. Ich kann nicht verantworten, dass wegen mir irgendjemand sein Leben verliert.«

Mein Schwiegervater nahm mich in die Arme und schwieg. Wahrscheinlich wusste er, dass ich recht hatte. Ich war die Einzige, die diesen Irrsinn beenden konnte. Und ich wusste, dass ich diesen Irrsinn jetzt beenden musste.

»Wie geht es Tarik?«, fragte ich seinen Vater.

»Er wurde schwer verletzt, aber er wird es überstehen.« Dann sagte mir mein Schwiegervater, in welchem Krankenhaus Tarik war. Ich fuhr direkt zu ihm.

Tarik war wirklich schwer mitgenommen, mein Bruder hatte ihn mit seinem Messer erwischt und ihm vier Sehnen durchtrennt. Tarik hätte fast seine Finger verloren. Er sah übel zugerichtet aus.

Ich weinte, als ich an seinem Krankenbett stand.

»Weine nicht, mein Schatz«, sagte er.

»Es wird niemals enden, Tarik, das weißt du.«

Tarik starrte ins Nichts.

»Egal. Wir werden weiterkämpfen, wenn es nötig ist. Wir werden dich verteidigen. Du bist jetzt ein Teil von unserer Familie.«

»Nein, das kann ich nicht zulassen. Ich kann nicht zulassen, dass wegen mir irgendeinem Menschen Schaden zugefügt wird.«

Tarik schaute mich an.

»Was willst du denn tun?«

Ich nahm seine gesunde Hand und rückte ganz nah an ihn heran. »Ich werde dich pflegen, bis es dir wieder gut geht. Bis du wieder ganz fit bist. Und dann werde ich mich von dir scheiden lassen. Sag jetzt nichts, Tarik. Du weißt, dass es keinen anderen Weg mehr gibt. Nicht nach dem, was passiert ist.«

Er schaute mich an und drückte meine Hand ganz fest. Dann fing er an zu weinen. Es war das erste Mal, dass ich sah, wie Tarik weinte. Ich nahm ihn in den Arm.

»Ich liebe dich, Aylin. Ich habe noch nie eine Frau so geliebt wie dich. Ich kann dich nicht gehen lassen«, flüsterte er.

»Doch, das musst du, Tarik. Du musst es tun, um deine Familie zu schützen.«

KAPITEL 4
Emanzipation

Ich hatte einen Plan gefasst. Und ich war bereit, diesen Plan auch durchzuziehen. Also pflegte ich Tarik gesund. Und dann trennte ich mich von ihm.

Nach der Trennung packte ich alle meine Sachen zusammen und zog in ein Frauenhaus. Ich wollte Tarik die Brautgabe zurückgeben, aber er bestand darauf, dass ich sie behielt. Nach allem, was mir wiederfahren war, sei diese Geste das Mindeste, was er mir anbieten könnte, sagte er. Ich war ihm dankbar. Mit dem Geld konnte ich zumindest ein paar Monate überleben. Ich hatte keine Ahnung, wie es weitergehen sollte. Ich wusste nicht, was die Zukunft für mich bringen würde. Aber ich nahm mir vor, nie wieder zurückzublicken. Als ich mit meinem Koffer in das Frauenhaus kam, fühlte ich mich an meine Kindheit erinnert. An die Zeit im Asylantenheim. Auch da hatten wir so gut wie nichts. Auch das war ein kompletter Neustart.

Das Frauenhaus hatte drei Stockwerke und in jedem Stockwerk waren vier Zimmer. Jede Frau und jedes Kind hatten ein eigenes Zimmer. Die Räume waren sehr klein. In meiner neuen Unterkunft hatte ich nicht viel mehr als ein Hochbett, einen Kleiderschrank und einen kleinen Tisch. Aber das war mir egal. Ich setzte einfach alles auf Null. Ich startete ganz von vorne. Was brauchte ich da schon? Ich redete es mir schön. Und dennoch war es eine verdammt schwere Zeit. Ich war wahnsinnig alleine. Ich habe mich in mein Zimmer gesperrt und die meiste Zeit einfach nur geweint.

***

Jeden Tag bekam ich Anrufe und Nachrichten von Leyla. Sie sagte mir, dass sich etwas verändert hatte. Dass die Eskalation an der Zulassungsstelle auch für die Familie eine Art Weckruf war. Und sie sagte mir, dass mein Vater mich sehr vermissen würde. Dass er vor Sehnsucht oft weinte. Ich konnte das nicht glauben. Ich war mir zwar sicher, dass mein Vater tief in seinem Inneren ein guter Mensch war, der bereute, was er mir alles angetan hatte. Aber ich war mir auch sicher, dass sein Stolz stärker war als die Scham. Sonst hätte er nicht die Dinge getan, die er getan hatte.

»Er wollte sich nicht mit Mama streiten«, sagte Leyla. »Du weißt doch, dass sie es war, die alle gegen dich aufgehetzt hat.«

»Und?«, fragte ich. »Macht es das irgendwie besser?«

»Nein, natürlich nicht. Alles, was Mama getan hat, war falsch und schrecklich. Aber sie hat in ihrem verrückten Kopf gedacht, dass sie etwas Gutes tut. Sie wollte, dass du nicht mit dem Mann zusammenleben musst, der dich vergewaltigt hat.«

»Leyla, der Mann, der mich vergewaltigt hat, hat mich besser behandelt als meine eigene Familie. Wie krank ist es, dass ich gezwungen bin, so einen Satz zu sagen?«

Leyla schwieg. Dann versuchte sie es noch einmal. »Ich weiß, dass du mit allem recht hast, was du sagst, Aylin. Mit allem. Ich wollte dir nur versuchen klarzumachen, wie Mama gedacht hat. Sie wollte, dass du zurück zur Familie kommst. Sie dachte, sie würde sich besser um dich kümmern können.«

»Ich werde nie wieder zurückkommen. Das schwöre ich bei allem, was mir heilig ist. Ja, ich bin jetzt allein. Dieses Ziel habt ihr erreicht. Aber lieber bin ich allein, als in den Fängen der Familie. Ich werde jetzt mein eigenes Ding durchziehen.«

»Baba vermisst dich sehr.«

»Das habe ich schon ein paar Mal zu oft gehört.«

»Aylin, da ist aber etwas, was dieses Mal anders ist … Baba hat Krebs.«

Mir fiel fast das Handy aus der Hand. »Was?«

»Er bekam vor ein paar Wochen die Diagnose. Knochenkrebs.«

»Wieso hast du mir das nicht gleich erzählt?«

»Ich wollte auf den richtigen Moment warten.«

Und in dem Moment fiel das ganze Kartenhaus, das ich mir in meinem Kopf aufgebaut hatte, wieder zusammen. Ich wollte meine Familie meiden, mit ihnen nichts mehr zu tun haben – aber mein Vater war noch immer mein Vater. Und ich wusste, was die Diagnose Knochenkrebs bedeutete. Ich versprach Leyla, dass ich ihn anrufen würde.

Es fiel mir verdammt schwer, mich zu überwinden. Ich wählte die Nummer unzählige Male. Aber bevor es klingelte, legte ich immer wieder auf. Ich wusste nicht, was ich ihm sagen sollte. Aber er wollte ja mit mir sprechen. Ich atmetete tief durch – und überwand mich.

»Hallo?«

»Hallo … ich bin es …«

»Wer?«

»Aylin. Ich bin es Baba, Aylin.«

Es verpasste mir einen fürchterlichen Stich ins Herz, dass mein eigener Vater meine Stimme nicht erkannte.

»Aylin«, sagte er und atmete schwer. »Schön, dass du dich meldest.«

»Ich habe von deinem Krebs gehört …«

Schweigen.

Ich hörte, wie er ansetzte, um etwas zu sagen, aber dann abbrach. Ich hörte, wie er am anderen Ende der Leitung anfing zu weinen. So hatte ich meinen Vater noch nie wahrgenommen. Er war doch immer der starke Mann.

»Aylin, es tut mir sehr leid. Alles, was passiert ist. Es tut mir sehr, sehr leid. Ich möchte dich um etwas bitten.«

»Natürlich, Baba«, sagte ich und musste mich zusammenreißen, nicht gleich selbst loszuweinen. Er war immer noch mein Vater. Und es war das erste Mal, dass er mich um etwas bat.

»Ich möchte dich gern noch einmal sehen. Würdest du mir das erlauben?«

»Aber natürlich. Du darfst mich immer sehen. Wir können uns in dem Park treffen. Gegenüber von eurer Wohnung.«

»Magst du nicht bei uns vorbeikommen?«

Leyla hatte recht. Es hatte sich wirklich etwas verändert. Aber nach allem, was passiert war, blieb ich skeptisch. Ich wusste, dass mein Vater gerade in einer Ausnahmesituation war. Aber wenn ich jetzt zu viele Zugeständnisse machte, dann würde alles wieder von vorne beginnen. Und das konnte ich nicht zulassen. Ich musste die alte Aylin hinter mir lassen.

»Nein, Baba, das mag ich nicht.«

Er stimmte zu.

Als ich am nächsten Tag in den Park ging, sah ich ihn schon von Weitem auf der Parkbank sitzen. Er war alleine. Er war dünn geworden. Und er hatte einen Verband um den Hals. Leyla hatte mir erzählt, dass er kürzlich eine Operation hatte. Man sah ihm an, dass es ihm nicht gut ging. Als ich auf ihn zukam, stand er auf und humpelte mir entgegen.

»Baba, vorsichtig«, sagte ich. Er sah zerbrechlich aus. Ich wollte nicht, dass er sich überanstrengte.

Dann nahm er mich in den Arm. Und er weinte. Bestimmt

fünfzehn Minuten lang saßen wir einfach nur nebeneinander und weinten. Ich hatte meinen Vater noch nie so gesehen. So schwach. So zerbrechlich. So mitgenommen. Es fiel ihm schwer, mir ins Gesicht zu sehen.

»Ich schäme mich sehr, Aylin«, flüsterte er irgendwann. »Ich habe schlimme Dinge getan. Und ich weiß nicht, welche Dämonen in meinem Kopf mir diese Dinge eingeflüstert haben.«

»Wir können die Vergangenheit nicht ändern, Baba.«

Er nickte.

»Wie geht es dir? Wie geht es deinem Mann?«, fragte er.

»Du siehst doch, wie es mir geht«, antwortete ich ihm. »Wahrscheinlich nicht besser als dir. Und von Tarik habe ich mich getrennt.«

»Wirklich?«, fragte er und ich sah, wie seine Augen glänzten. »Und wo wohnst du jetzt? Wo lebst du?«

»Ich lebe allein«, sagte ich.

»Allein? Das ist nicht gut. Komm doch zurück zu uns.«

»Nein, Baba. Das geht nicht. Und das weißt du.«

Er nickte. »Dann gehen wir jetzt getrennte Wege«, sagte er.

»Dann muss es so sein«, sagte ich.

»Es war gut, dich noch einmal gesehen zu haben«, sagte er. Ich half ihm beim Aufstehen. Ich sah, wie er sich sehr langsam umdrehte und nach Hause ging. Ich spürte ganz deutlich, wie er am liebsten anders reagiert hätte. Aber sein Stolz verbot es ihm. Ich hätte heulen können. Aber ich durfte nicht nachgeben.

***

Am nächsten Tag traf ich mich mit meiner Schwester und ihrem Mann in einem Café. Ich wusste nicht, dass Selim dort jobbte. Wir suchten uns gerade an einem der Tische draußen einen Platz, als wir ihn sahen und meine Schwester Panik bekam.

»Lass uns woanders hingehen«, flüsterte sie und zog mich weg.
»Nein, lass uns hierbleiben«, sagte ich.
»Bist du blind? Da ist Selim.«
»Ich weiß«, sagte ich und fixierte meinen kleinen Bruder, der gerade herauskam und den Gästen Kaffee brachte.
»Wenn er dich sieht, wird er die anderen rufen.«
»Dann soll er das tun«, sagte ich. »Dann sollen sie kommen.«
»Bist du verrückt, Aylin?«
»Nein. Aber ich habe es satt wegzulaufen. Ich habe es satt, mich zu verstecken. Wenn sie mich umbringen wollen, dann sollen sie es tun.«
Meine Schwester starrte mich mit offenem Mund an.
»Setz dich, Leyla«, sagte ich und zog sie auf den Stuhl. Ihr Mann nickte ihr zu. »Sie hat recht«, sagte er. »Irgendwann wird es eh zu einer Konfrontation kommen.«
»Ihr seid doch verrückt«, sagte Leyla und setzte sich sichtlich unangenehm berührt zu uns.
Wir setzten uns hin und bestellten bei Selim einen Café. Er schaute mich mit einem Blick an, als würde er mich am liebsten sofort umbringen. Aber er hielt sich zurück. Und ich wurde traurig. Wir haben uns einmal so gut verstanden. Selbst als alle in meiner Familie schon gegen mich waren, hielt er noch zu mir. Was hat meine Familie nur mit ihm gemacht, dass er mich nun so ansah.

Nach einer halben Stunde kamen dann auch tatsächlich zwei meiner Cousins. Merkwürdig, dass Seyed nicht kam. Ich blieb auf meinem Platz sitzen und machte gar nichts. Ich nickte ihnen nur zu. Und wartete ab, was wohl passieren würde. Ich wusste nicht, ob sie ihre Drohungen wahr machen würden. Aber ich war mittlerweile zu müde, um mich noch davor zu fürchten.
Meine Cousins tippten dem Mann meiner Schwester auf die

Schulter und baten ihn, mit in das Café zu gehen. Leyla und ich blieben draußen sitzen.

»Wenn das mal nicht böse ausgeht«, sagte sie.

Nach einer Weile kamen die Männer gemeinsam raus und setzten sich an unseren Tisch.

»Sie wollen dich nach Hause bringen«, sagte Leylas Mann.

»Aber ich will nicht mehr zurück nach Hause.«

Ich schaute meine Cousins und Selim herausfordernd an.

»Aylin, du weißt, dass wir dich hier auf offener Straße einfach totschlagen könnten.«

»Dann macht es doch.«

Sie schüttelten den Kopf und warfen sich vielsagende Blicke zu.

»Komm mit nach Hause. Deine Mutter will mit dir reden.«

»Nein«, sagte ich.

»Komm mit. Du musst ja nicht bleiben. Wir sprechen uns alle gemeinsam aus. Mehr wollen wir nicht.«

»Das habe ich schon so oft gehört«, lachte ich. »Das letzte Mal, als ich in unserer Wohnung war, das letzte Mal, als ihr euch mit mir aussprechen wolltet, habt ihr mich mit Farbe übergossen.«

»Aylin«, mischte sich jetzt der Mann meiner Schwester in das Gespräch ein. »Fahr doch mit. Sprecht euch aus. Deine Cousins haben mir eben versichert, dass sie dir nichts tun werden.«

Ich wägte alles ab.

»Also gut«, sagte ich schließlich. »Sprechen wir uns aus.«

Dann fuhren wir mit zwei Autos in die Wohnung meiner Eltern. Es war ein bedrückendes Gefühl, den Hausflur zu betreten. Als wir in den Fahrstuhl stiegen, sah ich immer noch Spritzer der Farbe, mit der man mich an meinem Hochzeitstag übergossen hatte. Und alles kam wieder hoch. Die Wut schnürte mir den Hals zu.

Als wir die Wohnung betraten, begrüßte mich meine Mutter ungewöhnlich freundlich. Sie küsste mich, nahm mir die Jacke ab und fragte mich, ob ich einen Tee trinken wollte. Ich nickte. Ich nahm mir vor, distanziert und wachsam zu bleiben. Ich war wirklich sehr angespannt, rechnete damit, dass jeden Moment etwas Schlimmes passieren konnte. Aber ich hatte einen Plan. Ich hatte mir fest vorgenommen, standhaft zu bleiben. Ich hatte mir fest vorgenommen, meiner Familie Schritt für Schritt beizubringen, dass ich jetzt ein eigenständiges Leben führen würde. Ich musste daran denken, was mir meine Arbeitskollegin Shirin vor vielen Jahren beigebracht hatte. Sie sprach von einer »Politik der kleinen Schritte«. So hatte sie es geschafft, sich von ihrer Familie zu emanzipieren. Ich wollte das auch schaffen. Ob es ihnen gefiel oder nicht. Doch meine Mutter, mein Vater und Selim blieben ruhig. Sie setzten sich mit mir an einen Tisch und wir führten ein ganz normales, freundliches Gespräch. Die Atmosphäre entspannte sich. Bis mein Onkel kam.

»Was macht Aylin hier?«, schrie er, als er mich am Wohnzimmertisch sitzen sah. »Was macht diese Verräterin hier?«

»Beruhig dich«, sagte meine Mutter scharf. »Sie ist noch immer meine Tochter.«

»Ach, auf einmal?«, schrie mein Onkel. Meine Mutter hatte ihn in den letzten Monaten so extrem gegen Tarik und mich aufgehetzt, dass er nicht verstehen konnte, warum ich jetzt wieder am Tisch saß und mit allen Tee trank, als wäre nie etwas gewesen. Ich konnte meinen Onkel sogar verstehen. Denn auch für mich war es eigentlich nicht vorstellbar, dass ich tatsächlich hier saß. Doch während ich ruhig blieb, steigerte er sich immer mehr in seine Wut hinein.

»Ihretwegen habe ich mich geprügelt. Ihretwegen habe ich gegen drei andere Männer gekämpft. Ihretwegen hatte ich die Polizei in meinem Haus. Und jetzt ist alles wieder gut?« Er schaute zu meinem Bruder. »Habt ihr keinen Funken Ehre in eurem Körper? Dass ihr sie wieder hierherbringt? Sie gehört verstoßen, dieses Miststück.«

Das reichte mir. Ich hatte genug. Das wollte ich mir wirklich nicht mehr geben. Ich stand auf, griff nach meiner Jacke und wollte die Wohnung verlassen.

»Du bleibst schön hier«, sagte mein Onkel und zog mich an meinem Arm. Es war wie damals, kurz nach der Trauung, wo er mich in seine Wohnung entführte. Doch dieses Mal machte ich das nicht mit. Ich stieß ihn mit aller Kraft von mir weg.

»Fass mich nie wieder an!«, schrie ich. »Keiner von euch hat das Recht, mich jemals wieder anzufassen!« Dann ging ich zwei Schritte auf meinen Onkel zu. »Du, ausgerechnet du redest von Ehre? Du Heuchler! Du kommst hier an und machst meine Eltern fertig? Du hast dich damals dafür entschieden, gegen mich vorzugehen. Du hast dich dafür entschieden, mir das Leben zur Hölle zu machen! Du hättest dich nicht einmischen müssen. Im Gegenteil. Du hättest schlichten können. Aber ihr habt alle nur gehetzt. Und der einzige Grund, warum ich hier bin, ist mein Vater. Nicht wegen irgendjemandem von euch. Ich bin hier wegen Baba. Weil ich ihn liebe und weil er totkrank ist. Ihr seid in meinen Augen alle nichts wert. Ihr bedeutet mir nichts mehr. Schon lange nicht mehr.«

Ich war außer mir. Ich schrie meinen ganzen Zorn, meine ganze Wut, die sich all die Jahre aufgestaut hatte, aus mir raus.

»Aylin, was ist denn nur los mit dir?«, fragte meine Mutter, die sich nun weinend vor mich kniete.

»Was los ist? Das fragst ausgerechnet du? Du weißt doch ganz genau, was los ist. Du bist schuld an all dem, was bis jetzt passiert ist. Deinetwegen sind beinahe Menschen gestorben. Wegen deiner ewigen Hetze.«

Als ich ihr das sagte, brach sie völlig zusammen und weinte.

Und in dem Moment schlug mein Vater mit seiner Faust auf den Tisch.

»Raus!«, schrie er meinen Onkel an. »Verschwinde hier. Und

ihr anderen auch.« Er schaute meine Brüder an. »Dass ihr nicht versteht, was wir getan haben! Ich schäme mich. Aylin ist jetzt hier. Und wir haben etwas gutzumachen. Und niemand, niemand hat das Recht, meine Tochter noch einmal anzufassen oder ihr etwas anzutun.«

Es war das erste Mal, dass mein Vater mich verteidigte und so klar Partei für mich ergriff. Im Wohnzimmer war es totenstill. Niemand traute sich, etwas zu sagen. Mein Vater atmete schwer. Sein kurzer Ausbruch hatte ihn angestrengt. Ich ging zu ihm und gab ihm einen Kuss auf die Stirn.

»Danke, Baba«, sagte ich. »Aber ich bin nicht gekommen, um zu bleiben. Ich bin gekommen, um dich zu sehen. Und ich werde immer wieder kommen, wenn du mich sehen magst. Das verspreche ich dir. Aber ich werde mir von niemandem mehr in meinem Leben irgendetwas vorschreiben lassen.«

Dann nahm ich meine Jacke und verließ die Wohnung. Als ich wieder auf der Straße stand, fühlte ich mich gut. Ich hatte meinen Standpunkt deutlich gemacht. Und ich hatte das Gefühl, dass ich auf dem richtigen Weg war.

***

Etwa eine Woche später bekam ich die Zusage für eine Wohnung am Berliner Stadtrand. Eigentlich wollte ich ganz aus Berlin wegziehen. Aber ich konnte nicht. Ich musste mich an das erinnern, was Mahmoud damals zu mir gesagt hatte. Dass ich nie ganz loskommen würde von meiner Familie. Und er hatte recht gehabt. Ich konnte nicht weg. Ich war in dieser Stadt aufgewachsen. Berlin war meine Heimat. Und weglaufen hätte mir auch nichts gebracht. Das wollte ich nicht. Ich wollte kein neues Leben haben, das darauf basierte, dass ich meine Geschichte verleugnete. Ich wollte im Reinen mit mir selbst sein. Mit meiner

Vergangenheit. Mit meiner Familie. Ich wollte mir mein eigenes Leben erkämpfen. Und ich hatte das Gefühl, ich war auf dem besten Weg.

Ich richtete mir meine Wohnung komplett alleine ein. Ich machte alles ganz ohne Hilfe. Das war mir wichtig. Ich suchte mir meine wenigen Möbel zusammen. Ich renovierte. Ich strich die Wände. Es war ein merkwürdiges Gefühl, einen ganzen Haushalt für sich allein zu führen. Aber ich tat es. Ich suchte mir einen neuen Job. Ich wollte mein Leben unter meine eigene Kontrolle bringen. Und es funktionierte. Mit jedem Tag, den ich allein in meiner eigenen Wohnung lebte, wurde ich selbstbewusster und fröhlicher. Ich suchte auch nach und nach wieder den Kontakt zu meiner Familie. Aber es war völlig klar, dass ich nicht zu ihnen zurückkehren würde. Ich begegnete ihnen als eine andere, eine stärkere Person. Und das bekamen sie auch mit. Nach und nach fingen sie an, es zu akzeptieren. Der Einzige, mit dem ich nicht sprach, war Seyed. Er hatte mich die Jahre über am schlimmsten gequält und misshandelt. Und mit ihm hatte ich seit meiner Hochzeit nicht mehr gesprochen.

Aber auch das wollte ich hinter mich bringen. Es waren mittlerweile zwei Jahre vergangen. Ich hatte immer mal wieder Kontakt mit seiner Frau. Sie war ein wirklich lieber Mensch, der einen guten Einfluss auf ihn hatte. Und irgendwann, da schrieb ich ihr eine Nachricht, damit sie die Lage etwas für mich sondierte. Ich muss zugeben: Ich hatte Angst vor Seyed. Er hatte mir damals gedroht, dass er mich mit Säure verätzen wollte, wenn ich ihm das nächste Mal unter die Augen treten würde. Und ich zweifelte nicht daran, dass er wirklich in der Lage war, das zu tun. Aber ich wollte von ihm Antworten haben. Ich wollte wissen, warum er so war. Wieso er das machte. Wieso er seiner eigenen Schwester so viel Leid antun konnte. Anders würde ich meinen Frieden nicht finden können. Seine Frau schrieb mir, dass Seyed durchaus bereit war, mit mir Kontakt aufzunehmen. Nur würde er niemals den ersten Schritt gehen. Er wäre zu stolz dafür.

Also schrieb ich ihn an.

Und er antwortete mir.

»Bist du alleine?«

»Natürlich bin ich alleine. Wer sollte denn bei mir sein?«

»Keine Ahnung.«

»Ich bin seit zwei Jahren alleine.«

Es entstand eine Pause. Ich war mir nicht sicher, ob er mir nur geschrieben hatte, um mich auszuforschen oder ob er wirklich Interesse an einem Kontakt zu mir hatte. Dann schrieb er mir: »Soll ich dich abholen?«

Ich musste lange darüber nachdenken. Niemand von meiner Familie wusste, wo ich wohnte. Ich hatte ihnen meine Adresse bewusst nicht gegeben. Ich wollte, dass meine Wohnung ein Rückzugsort war. Ein Ort, an dem ich keine Angst haben müsste. Aber wenn ich meine Angst überwinden wollte, dann müsste ich auch bereit sein, Risiken einzugehen, dachte ich. Und dann gab ich Seyed meine Adresse.

Zwei Stunden später klingelte es an meiner Tür. Ich hatte wirklich Angst. Aber ich öffnete die Tür und dann stand mein großer Bruder vor mir. Wir hatten uns seit mehr als zwei Jahren nicht gesehen oder gesprochen. Er trug eine Lederjacke, seine Haare waren zurückgegelt. Er sah aus wie früher.

»Hallo Aylin«, sagte er.

»Komm rein, Seyed.«

Er ging durch meine Wohnung. »Hier wohnst du also?«

»Ja«, sagte ich.

»Ganz alleine. Das ist bestimmt nicht einfach.«

»Wann war jemals irgendetwas einfach für mich?«

Er rang sich ein gequältes Lächeln ab. Die Wohnung war noch immer sehr karg eingerichtet. Ich hatte nur das Nötigste. Einen

Kleiderschrank. Eine Matratze. Ich meinte, in seinem Blick so etwas wie Mitleid zu erkennen. Dafür, dass ich so einsam, so karg am Stadtrand lebte.

»Komm«, sagte er. »Wir fahren zu mir. Meine Frau freut sich, dich wiederzusehen.«

Er strich mir über den Arm und wir fuhren zu ihm nach Hause. Und fingen an zu reden. Über sein Leben. Über mein Leben. Über unsere Familie. Mein Bruder hatte sich verändert. Er war ruhiger geworden. Reifer. Er entschuldigte sich mit keinem Wort für die Dinge, die er getan hatte. Aber das erwartete ich auch nicht von ihm. Dass er bereit war, sich mit mir an einen Tisch zu setzen und mit mir zu sprechen, war das Maximum, was man von ihm erwarten konnte. Es war seine Art der Entschuldigung.

***

Meine Familie drängte mich weiter, nach Hause zu kommen. Jetzt, wo man sich versöhnt hätte. Jetzt, wo doch alles ausgestanden war. Aber ich blieb standhaft. Egal was passierte, es gab kein Zurück mehr. Nicht nach dem, was in den letzten Jahren passiert war. Ich konnte mit diesen Menschen nicht mehr unter einem Dach leben, ohne dass ich ihnen jeden Tag Vorwürfe machen würde. Anfangs kam es dadurch immer wieder zum Streit. Aber nach und nach akzeptierte es meine Familie. Aus dem anfänglichen Drängen wurde vorsichtiges Fragen, und nach ein paar Monaten war meine Wohnsituation kein Thema mehr. So langsam hatte ich nicht bloß das Gefühl, dass ich mein eigenes Leben führte, ich hatte auch das Gefühl, dass meine Familie verstand, dass es mein Leben war. Und das fühlte sich wirklich gut an. Ich wusste, dass ich einen Schritt nach dem anderen gehen musste, um sie nicht zu überfordern. Und 2012 war es Zeit, einen weiteren Schritt zu gehen. Ich wollte reisen.

Bislang war ich nur mit meiner Familie gereist. Und dabei hatte ich nie wirklich das Gefühl, dass ich Urlaub machen würde. Im Gegenteil. Mit der Familie im Ausland zu sein, war stets noch anstrengender als mein Leben in Berlin.

Ich wollte allerdings nicht ganz alleine wegfahren. Das hätte ich mich zu diesem Zeitpunkt doch noch nicht getraut. Also rief ich meine beste Freundin Yasmin an und erzählte ihr von der Idee.

»Und wo willst du hin, Aylin?«

»In den Libanon.«

In den Libanon zu reisen, war mir wichtig. Der Libanon war meine Heimat. Ich kannte mich dort aus. Ich kannte die Menschen dort, die Mentalität und die Sprache. Und es war für mich auch ein symbolischer Akt. Ich wollte in das Land meiner Eltern reisen. Dieses Mal als erwachsene und gereifte Frau. Als selbstständige Frau. Wenn ich das Land betreten würde, würde ich es nicht mehr als Anhängsel meiner Eltern betreten. Ich wollte nicht bloß in Deutschland frei sein, ich wollte auch im Libanon frei sein. So hatte ich es mir zumindest vorgestellt. Doch es sollte ganz anders kommen.

Yasmin ist so alt wie ich, sie ist halb Deutsche, halb Araberin. Eigentlich war ihr Vater auch ziemlich streng, aber aus irgendeinem Grund erlaubte er ihr, mit mir gemeinsam diesen Urlaub zu machen. Er sagte, dass er mir vertrauen würde. Also vertraute er mir gewissermaßen seine Tochter an. Das war ein großes Kompliment.

Yasmins Eltern besaßen Immobilien im Libanon. Ihr Vater gab ihr den Schlüssel zu einer Ferienwohnung, die wir nutzen durften. So konnten wir uns auch das Geld für ein Hotel sparen. Also ging ich ein Reisebüro und buchte uns zwei Flugtickets.

Und dort traf ich Ali, einen engen Freund von Tarik, wieder.

Wir hatten uns seit einer Ewigkeit nicht mehr gesehen. Ich hatte keine Ahnung, dass er in einem Reisebüro arbeitete. Als er mir meine Unterlagen fertig machte, fing er an, mich auszufragen.

»Wer fliegt denn noch mit, Aylin?«

»Eine Freundin«, sagte ich knapp.

Er musterte mich skeptisch von oben bis unten.

»Nur deine Freundin?«

»Ist das hier ein Verhör oder was? Gib mir meine Tickets.«

»Schon gut, schon gut – ich war ja nur neugierig.«

Ich wunderte mich. Da steckte doch mehr dahinter. Aber Ali sagte nichts mehr.

Bevor wir abflogen, traf ich mich noch einmal mit Sabine auf der Polizeistation. Ich hatte mit der Polizistin immer mal wieder Kontakt. Sie hatte mir den Wohnplatz im Frauenhaus organisiert und nahm aufrichtig Anteil an meinem Leben. Ich erzählte ihr von meinen Reiseplänen – und ich konnte an ihrem Blick erkennen, dass ihr diese Idee gar nicht gefiel.

»Willst du das wirklich machen?«, fragte sie. »Ausgerechnet in den Libanon fliegen?«

»Gerade dorthin«, bestätigte ich ihr.

»Wenn deine Familie irgendetwas planen sollte, dann bist du ihnen dort vollkommen ausgeliefert. Es gibt so viele andere Orte, an die man reisen könnte …«

»Ich weiß«, unterbrach ich sie. »Aber es geht mir hier eigentlich mehr ums Prinzip.«

»Und mir geht es um deine Sicherheit.«

Ich lächelte die Kriminalpolizistin an. Sie schien mich wirklich zu mögen. Und ich war ihr dankbar für alles, was sie für mich getan hatte. Ich schätzte auch ihren Rat. Aber diese Reise war mir wichtig. Und nach den Erfolgen im letzten Jahr war ich mir absolut sicher, dass ich das hinbekommen würde.

»Wieso willst du es unbedingt darauf anlegen, dass es Stress gibt?«, fragte sie mich.

»Ganz ehrlich? Es kann sein, dass etwas passieren wird, ja. Aber wenn etwas passiert, dann werde ich mich dagegenstellen. Ich kann nicht mehr weglaufen. Ich bin mein ganzes Leben lang weggelaufen. Ich habe angefangen zu kämpfen. Und ich werde weiter kämpfen.«

Sabine nickte mir zu. Während unseres Gesprächs setzte sich ein Mann in einer dunkelblauen Uniform zu uns an den Tisch. Ich konnte mich nicht daran erinnern, ihm zuvor schon einmal begegnet zu sein.

»Aylin, wir haben hier alle deine Geschichte verfolgt«, sagte er und rührte seinen Kaffee um. »Wenn du irgendwelche Probleme bekommst auf deiner Reise – dann ruf uns jederzeit an. Wir werden alles tun, was nötig ist, um dir zu helfen.«

Der Mann drückte mir seine Visitenkarte in die Hand, nahm seinen Kaffee und verschwand. Ich schaute mir das Kärtchen an. »Polizeipräsident Berlin« stand da. Wow, es schien, als hätte ich mittlerweile wirklich schwergewichtige Freunde.

Ich verabschiedete mich von Sabine, versprach ihr, dass ich auf mich aufpassen würde, und machte mich dann auf den Weg nach Hause, um meinen Koffer zu packen. Am nächsten Morgen würde es losgehen.

***

Frühmorgens kamen Yasmin und ihr Vater bei mir vorbei und sammelten mich ein. Wir fuhren gemeinsam zum Flughafen Berlin-Tegel. Ich freute mich auf die Reise. Ich freute mich wirklich. Aber ich hatte noch immer ein ungutes Gefühl, weil Ali mich beim Ticketkauf so merkwürdig angequatscht hatte, doch wahrscheinlich war ich nach wie vor viel zu paranoid. Ich versuchte, mir nichts anmerken zu lassen. Yasmin hatte wirklich gute Laune.

Ich wollte sie nicht runterziehen. Als ihr Vater uns am Flughafen absetzte, schaute ich mich erst einmal um. Ich konnte mittlerweile nicht mehr anders.

»Alles okay, Aylin?«

»Klar«, sagte ich und lächelte die Sorgen einfach weg. »Ich freu mich echt, dass wir das hier machen«, sagte ich zu Yasmin.

»Ja, ich mich auch. Das war eine tolle Idee.«

Wir zogen unsere Koffer zum Gate, passierten die Sicherheitskontrolle und warteten auf das Check-in. Aber erst, als ich im Flugzeug saß, konnte ich durchatmen. Ich hatte mir umsonst Sorgen gemacht. Hier war niemand, der mir irgendetwas hätte tun können. Als das Flugzeug abhob, war ich unfassbar glücklich. Yasmin und ich bestellten uns Tomatensaft und Süßigkeiten. Je weiter wir uns von Deutschland entfernten, desto gelöster wurde ich. Wir machten Witze und alberten rum und ich konnte endlich einmal wieder lachen. Und es war ein ehrliches Lachen.

Irgendwann küsste mich Yasmin auf die Wange. »Es ist schön, dich so glücklich zu sehen, Aylin. Du hast dir das verdient.«

Ich strahlte sie an. »Ja, und jetzt machen wir uns den schönsten Urlaub, den wir uns nur vorstellen können.«

Mir ging es wirklich gut. Da war nur eine Sache, die mich seit Tagen beschäftigte und die ich einfach nicht verdrängen konnte: Mahmoud. Kurz bevor ich die Tickets für den Libanon gekauft hatte, hatte ich wieder Kontakt zu ihm aufgenommen. Ich weiß nicht, warum ich das tat. Ich wusste, dass aus unserer Liebe niemals etwas werden konnte. Nicht nach allem, was passiert war. Es waren zu viele Hindernisse auf unserem Lebensweg, die uns alles versperrt hatten. Aber ich wollte ihn wissen lassen, dass es mir gut ging. Also hatte ich ihn angerufen.

Wir telefonierten. Stundenlang. Er erzählte mir, dass er mit den Drogengeschäften schon vor über einem Jahr aufgehört hatte.

»Wirklich? Mahmoud, das ist toll!«

»Ja, ich verdiene mein Geld nun ehrlich. Als Reinigungskraft. Das ist nichts Besonderes, aber …«

»Es ist toll!«, fiel ich ihm ins Wort. Ich war wirklich stolz auf ihn.

»Trotzdem habe ich sehr schlechte Nachrichten. Schon lange nachdem ich mit dem Dealen aufgehört hatte, wurde mein ehemaliger Zulieferer von der Polizei hochgenommen. Und … er hat mich verpfiffen.«

»Das darf doch nicht wahr sein!«

»Ausgleichende Gerechtigkeit vielleicht«, sagte Mahmoud und lachte leise. »Oder einfach nur schlechtes Karma. Es ist verrückt, dass du mich ausgerechnet heute angerufen hast. Denn ab nächster Woche muss ich eine dreijährige Haftstrafe wegen meiner Drogengeschäfte antreten.«

Ich konnte nicht glauben, wie sich das Schicksal immer wieder gegen uns stellte.

Kurz bevor wir unseren Urlaub in den Libanon antraten, nahm ich mir vor, ihn noch einmal im Gefängnis zu besuchen. Doch das war gar nicht so einfach. Ich ging zu einem Mann in Polizeiuniform, der vor dem Besuchertrakt in einem kleinen Büro saß.

»Guten Tag«, sagte ich. »Ich würde gern einen Freund besuchen. Er ist seit ein paar Wochen inhaftiert, sein Name ist Mahmoud.«

»Ja, den kenn ick«, sagte der groß gewachsene ältere Mann mit der prägnanten Glatze.

»Wer sind Se denn? Familie?«

»Offiziell bin ich niemand.«

»Und inoffiziell?«

»Inoffiziell bete ich zu Gott, dass ich diesen Mann eines Tages heiraten werde.«

»Na jut, ick fass ditt mal als Verlobte uff, wa?«

Ich lächelte. »Danke«, flüsterte ich. Und dann durfte ich tatsächlich zu Mahmoud. Wir hatten zwanzig Minuten. Und eigentlich sprachen wir in dieser Zeit kaum miteinander. Wir saßen uns nur gegenüber und weinten.

Als ich das Gefängnis wieder verließ, war ich mir ganz sicher, dass Mahmoud mich vergessen würde. Nach drei Jahren würde er nicht mal mehr wissen, wer ich war. Ich lehnte mich in meinen Sitz zurück und versuchte, nicht mehr an Mahmoud zu denken. Es machte mich einfach zu traurig.

Nach knapp vier Stunden Flug waren wir da. Die Maschine landete in Beirut. Wir holten unser Gepäck ab und gingen durch die Passkontrolle. Alles ganz ohne Probleme. Es war fast zu schön, um wahr zu sein. Vielleicht würde ja dieses Mal wirklich alles gut laufen.

Wir gingen aus der Sicherheitszone in die Haupthalle, als mich Yasmin plötzlich zu sich ranzog.

»Sag mal, spinne ich oder ist das da hinten …« Sie zeigte in die Menschenmenge in der Haupthalle.

Nein. Das durfte doch nicht sein. Das durfte doch nicht wahr sein. Ich ließ meinen Koffer fallen. Da stand doch tatsächlich meine Mutter. Ich stand wie versteinert da.

»Was macht sie hier?«, fragte Yasmin, doch ich konnte ihr nicht antworten. In dem Moment hatte Mama mich entdeckt und kam auf uns zugerannt. Und dann sah ich auch meine Tanten.

»Was wird das, Aylin?«, fragte mich Yasmin.

»Ich weiß es nicht.«

»Hallo, mein Schatz«, begrüßte mich meine Mutter. »Schön, dass du da bist. Willkommen in Beirut.«

»Was machst du hier, Mama?«

»Ich bin hier, um dich zu beschützen?«

»Vor was willst du mich beschützen?«

»Ich habe gehört, dass du nach Beirut kommst. Und ich habe gehört, dass Tarik auch hier ist.«

Jetzt verstand ich. Darum hatte Ali gefragt. Tarik war auch hier. Aber er konnte nicht wissen, dass wir kommen würden. Es musste reiner Zufall gewesen sein. Und meine Mutter hatte das irgendwie mitbekommen und sich gedacht, wir würden uns hier heimlich treffen.

»Mama, wenn ich mich mit Tarik treffen wollen würde, dann würde ich dafür doch nicht extra in den Libanon fliegen. Dann hätte ich mich gar nicht erst von ihm getrennt.«

»Du handelst nicht immer ganz logisch, mein Kind.«

Ich konnte es nicht fassen.

»Und jetzt gib uns deinen Koffer, vorne wartet schon ein Wagen auf uns. Wir nehmen dich erst einmal mit zu meinen Eltern. Die erwarten dich schon.«

Ich schaute zu Yasmin. Sie zuckte nur überfordert mit den Schultern. Und so stiegen wir in das Taxi, das vor dem Flughafen stand. Yasmin, meine Mutter, zwei meiner Tanten und ich.

Der Taxifahrer war etwa in meinem Alter, hatte eine Lederjacke an und ein umgedrehtes Cap auf. Als ich einstieg, drehte er sich um und starrte mich mit offenem Mund an.

»Was ist denn mit dem los?«

»Nichts«, sagte meine Mutter. »Er ist ein guter Junge. Fahr uns nach Hause, Adi.«

Es war mittlerweile schon recht spät, als wir bei meinen Großeltern ankamen. Als ich mich auf das Gästebett legte, nahm ich mir vor, dass das die einzige Nacht hier bleiben würde. Morgen würde ich mit Yasmin in unsere Wohnung ziehen. Ich würde mich hier nicht einwickeln lassen. Es dauerte lange, bis ich mit Wut im Bauch einschlafen konnte. Wut über meine Familie. Und Wut auf mich selbst.

***

Als ich am nächsten Morgen aufwachte, hatten meine Großeltern schon Frühstück gemacht und den Tisch großzügig gedeckt. Alle behandelten mich liebevoll. Sie freuten sich wohl wirklich, mich zu sehen.

»Wollen wir heute gemeinsam in die Stadt fahren?«, fragte mich meine Tante.

Ich lächelte sie an. »Nein, danke«, sagte ich. »Ich werde heute Mittag mit Yasmin in das Haus ihres Vaters fahren. Dort werden wir wohnen.«

Auf einen Schlag war es totenstill im Wohnzimmer.

»Das kannst du doch nicht machen, Aylin!«, fielen meine Tanten plötzlich ein. »Weißt du eigentlich, wie gefährlich das ist?« Sie stachelten sich gegenseitig immer mehr auf und wurden auch zunehmend hysterischer, je mehr ich versuchte, ihnen zu erklären, dass Yasmin und ich auf uns selbst aufpassen könnten. Ob ich denn wüsste, wie dramatisch die Lage hier in Beirut wäre, fragten sie mich. Es gäbe »bürgerkriegsähnliche Zustände« beschworen sie und tippten auf die Zeitung, die auf dem Tisch lag. Sie hatten nicht ganz unrecht. Die politische Lage im Libanon war gerade extrem angespannt. Trotz mehrerer Wahlgänge konnte kein neues Staatsoberhaupt gewählt werden. Die Kriminalität stieg. Beinahe täglich wurde irgendwer von irgendwem einfach auf offener Straße erschossen. Ich ließ mich überreden. Ist ja auch egal, dachte ich mir. Wir sind zwei Wochen im Libanon. Auf ein paar Tage mehr oder weniger, die ich hier verbringen würde, käme es ja auch nicht an. Und Yasmins Familie wohnte nur ein paar Straßen weiter. Sie hatte kein Problem, dort die Zeit zu verbringen.

Das Haus meiner Großeltern war ziemlich groß und ständig kamen und gingen irgendwelche Menschen ein und aus. So auch Hasim. Er war ein entfernter Verwandter meines Vaters. Hasim war Mitte dreißig, ein ganz ruhiger, zurückhaltender Mann. Ich mochte ihn. Vielleicht, weil er mich an Mahmoud erinnerte. Wir saßen im Wohnzimmer zusammen und unterhielten uns über alle möglichen Dinge.

Am Nachmittag wollte ich mit Yasmin und meiner Lieblingstante in die Stadt fahren. Vor der Haustür wartete schon ein Taxi. Als wir einstiegen, erkannte ich den Fahrer sofort wieder. Es war dieser Adi. Was für ein ekliger Mensch. Er gaffte mich schon wieder die ganze Zeit an und spielte dabei mit seinem Zahnstocher, den er immer im Mund hatte. Aber das war nur der Anfang. Irgendwann fing er an, mir Komplimente zu machen.

»Aylin, du bist das hübscheste Mädchen, das ich je gesehen habe«, fing er an zu schleimen. Ich verdrehte die Augen.

»Das muss in der Familie liegen. Also, bei so einer Tante und so einer hübschen Mutter. Das war doch gestern deine Mutter?«

Meine Tante lachte. Sie empfand diese unsägliche Schleimerei offenbar nicht als sonderlich schlimm. Als wir in der Innenstadt ankamen, machte ich meinem Ärger Luft.

»Wieso fährt uns denn dieser Typ schon wieder?«, fragte ich meine Tante.

»Adi? Den kennen wir schon lange. Der ist ein ganz lieber Junge.«

»Ich finde ihn extrem aufdringlich.«

»Er scheint dich zu mögen, Aylin.«

»Ja, ich mag ihn aber nicht. Ich finde ihn abstoßend.«

»Aber wieso? Er sagt doch so liebe Dinge.«

Wir gingen durch die Innenstadt von Beirut. Und wieder einmal war ich erstaunt, wie wenig die Vorstellungen, die man sich in der westlichen Welt vom Libanon machte, mit der Realität übereinstimmten. Die Frauen hier waren viel freizügiger und offener als die libanesischen Frauen, die in Deutschland lebten. Ich war hier als Kopftuchträgerin eine Ausnahme. Beinahe exotisch kam ich mir vor. Aber das tat ich in Deutschland ja auch. Dort wurde ich angestarrt. Hier nicht. Im Libanon konnte man als Frau rumlaufen, wie man wollte, es schien die Menschen nicht zu interessieren. Es war alles sehr viel liberaler, als man es sich vorstellen würde. Und das machte das Verhalten von Adi nur noch viel verwunderlicher.

Ich konnte nicht verstehen, dass meine Tante nicht durchschaute, wie billig seine Sprüche waren. Aber ich konnte auch nicht verstehen, was Adi an mir fand. Und warum er das machte. Ich hatte nie ein sonderlich ausgeprägtes Selbstbewusstsein, fand mich selbst nie besonders hübsch. Das änderte sich erst langsam, als ich anfing, mir von meiner Familie nichts mehr vorschreiben zu lassen. Als ich anfing, meine eigenen Klamotten zu tragen, viel Sport zu machen, abzunehmen. Und dennoch: Das Gefühl, dass ich nichts Besonderes war, ist bis heute geblieben. Im Libanon gab es so viele wunderschöne Mädchen. Warum war Adi so auf mich fixiert? Da konnte irgendetwas nicht stimmen.

Und es wurde immer schlimmer. Wir wurden Adi nicht mehr los. Oder eher gesagt: Ich wurde ihn nicht mehr los. Der Rest meiner Familie war ja ganz begeistert von ihm und seinen komischen Komplimenten. Sie luden ihn immer wieder zum Essen ein und er wurde zu einem gern gesehenen Gast in unserem Haus. Besonders meine Mutter wickelte er mit einer beängstigenden Leichtigkeit um den Finger. Ich begriff nicht, wie sie sich über so plumpe Sprüche freuen konnte.

»Frau Said, wo haben Sie bloß so eine hübsche Familie her? Als wäre sie aus dem Katalog bestellt.«

Mir stellten sich die Nackenhaare auf.

Daher zog ich mich, wenn Adi da war, nach Möglichkeit zurück und verbrachte die Zeit mit Hasim. Er war der Ruhepol in diesem aufgedrehten Frauenhaushalt.

Wir saßen immer wieder zusammen und redeten. Was ich besonders toll an Hasim fand, war, dass er nicht aufdringlich war. Er war interessiert. Er wollte wissen, was ich dachte und wie ich mich fühlte. Das war seltsam für mich. Bei fast allen Männern, mit denen ich bisher zu tun hatte, war es nie um mich gegangen, sondern immer nur um sie. Um ihre Wünsche, ihre Vorstellungen, ihre Ehre und ihren Stolz. Mahmoud war da die einzige Ausnahme.

Am vierten Tag im Libanon bekam ich eine SMS. Von Tarik. Er fragte mich, wo ich gerade bin und was ich machen würde. Als ich seine Nachricht las, wurde ich unglaublich wütend. Was bildete er sich eigentlich ein? Er wusste doch genau, wo ich war. Alle wussten das ja offenbar. Ich schrieb ihm eine harte Antwort.

»Du weißt, wo ich bin. Was willst du von mir??«

Ich wusste genau, was jetzt passieren würde. Ich wusste genau, dass mich die Probleme, die ich hinter mir lassen wollte, verfolgten. Dass sie mich ausgerechnet hier im Libanon wieder einholen würden. Ich sollte mich nicht täuschen.

»Ich will dich sehen. Ich würde dich gern abholen, ist das okay?«, schrieb Tarik mir. Und sendete mir seine Adresse.

Er war total verrückt, dachte ich. Er musste den Verstand verloren haben. Nein. Nein, verdammt noch mal, es war nicht okay. Wegen unserer Ehe ist ein Familienkrieg ausgebrochen. Wegen unserer Ehe sind beinahe Menschen gestorben. Ich hatte mich von ihm getrennt, damit es Frieden geben würde. Und jetzt wollte dieser Idiot ausgerechnet hier, ausgerechnet im Libanon vor das Haus meiner Familie kommen, um mich abzuholen? So liberal die Menschen hier auch sein mögen, im Libanon gelten dennoch andere Regeln und Gesetze als auf deutschen Straßen. Wahrscheinlich würde irgendein Onkel von mir ihn einfach erschießen. Wie dämlich war Tarik eigentlich?

Ich kochte innerlich. Ich wollte das nicht. Ich wollte nicht wieder die Kontrolle über etwas verlieren, das ich mir so unendlich mühsam erkämpft hatte: ein eigenes, ein friedliches Leben. Es reichte doch schon, dass ich jetzt wieder bei meiner Familie einquartiert war. Verdammt, Aylin. Du hast schon diesen einen Fehler gemacht. Ich schmiss mein Handy gegen die Wand und fing an zu schreien. Sofort kamen meine Tanten und meine Mutter angerannt.

»Was ist denn los? Was ist mit dir, mein Kind?«

»Nichts«, sagte ich, noch immer wahnsinnig wütend. »Ich muss hier raus. Ich brauche frische Luft.«

Ich werde jetzt zu Tarik gehen und werde ihn rundmachen, nahm ich mir vor. Nicht nur dafür, dass er mir einmal mein Leben zerstört hatte, sondern, weil er es gerade ein zweites Mal tat.

»Du gehst nirgendwo hin«, sagte meine Mutter in einem scharfen Ton.

»Du hast mir nichts mehr zu sagen«, fuhr ich sie an.

»Ich weiß doch, was du planst. Du willst dich mit deinem Exmann treffen, stimmt's?«

Ich stockte eine Sekunde. Ja, ich wollte mich mit meinem Exmann treffen, aber bestimmt nicht so, wie sie sich das dachte. Ich überlegte kurz, ob es irgendeine Möglichkeit gäbe, ihr das zu erklären. Aber die gab es nicht. Sie würde es nicht verstehen. Und ganz ehrlich, ich war meiner Mutter auch keine Erklärungen mehr schuldig. Ich ließ sie einfach stehen und ging zur Haustür, als sich meine Tante mir in den Weg stellte.

»Nein, Aylin, geh jetzt nicht«, weinte sie und ich spürte, wie diese Situation kurz davor war zu eskalieren.

In mir stiegen plötzlich die ganzen Erinnerungen und Emotionen hoch. Plötzlich fühlte ich mich wieder zurückgeworfen in eine Zeit, von der ich erhofft hatte, dass sie hinter mir lag. Mir schnürte sich die Kehle zu.

»Ich lasse mich nicht mehr einsperren«, schrie ich und wurde zunehmend panischer.

»Du tust, was wir dir sagen, Aylin«, schrie meine Mutter zurück. »Wir sind deine Familie, wir wollen das Beste für dich.«

Ich hatte das Gefühl, das wäre ein Albtraum. Meine Mutter und ich, wir schrien uns so laut an, ich glaube, die gesamte Nachbarschaft wurde geweckt.

Mitten in dieses Chaos kam der Cousin meiner Mutter. Omar. Er war noch unterwegs, wollte ein paar Besorgungen machen und als er die Haustür aufschloss und sah, wie wir uns beinahe an die Kehle gingen, ließ er schockiert seine Einkaufstüten fallen und zog uns auseinander.

»Was ist denn mit euch los? Seid ihr jetzt verrückt geworden?«

Ich griff mir meine Tasche und wollte rauslaufen, aber da sah ich, dass mein Ausweis und mein Pass nicht mehr da waren. Ich blickte mich um und sah nur noch, wie meine Großmutter mit den Papieren in der Hand das Zimmer verließ. Das machte mich nur noch wütender. Während meine Mutter und ich stritten und meine Tanten weinten und versuchten, uns zu beruhigen, muss meine Großmutter meine Tasche durchsucht und mir meinen Reisepass und meinen Ausweis weggenommen haben. Sie hatte wohl Angst, dass ich etwas Unüberlegtes tue und mit Tarik abhauen oder durchbrennen würde. Sie wusste es nicht besser, denn alles was sie wusste, wusste sie von meiner Mutter.

»Aylin! Jetzt beruhig dich!«, rief Omar.

»Ihr Exmann wartet auf sie, der Mann, der sie vergewaltigt hat«, warf meine Mutter ein.

»Ist das wahr?«, fragte Omar.

»Es ist …«

»Das gibt es ja nicht!«, schrie er. »Dieser Hund! Was bildet der sich ein? Ich werde ihn umbringen! Der wird nicht am Leben bleiben, dieser Ehrenlose!« Innerhalb weniger Sekunden war Omar vollkommen in Rage, sein Kopf war ganz rot. Wie schnell es doch geht, dass wir alle den Verstand verlieren, dachte ich, und machte dem Mann eine klare Ansage.

»Du mischst dich hier gar nicht ein!«, schrie ich. »Du hast überhaupt keine Ahnung, was Sache ist. Du hast keine Ahnung, was in den letzten drei Jahren passiert ist. Also wirst du dich hier nicht einmischen und alles noch schlimmer machen, als es ist.«

Es kostete mich so viel Kraft. Ich war doch an diesen Ort gekommen, um neue Energie zu sammeln. Aber jetzt brach alles wieder über mir ein. Ich fing vor lauter Wut an zu weinen. »Ich muss hier raus«, sagte ich. »Ich brauche frische Luft.«

Der Cousin meiner Mutter hatte sich nach meinem Anfall selbst wieder ein wenig beruhigt. Er sah wohl ein, dass er sich hier tatsächlich in etwas einmischte, von dem er keine Ahnung hatte. Er nahm mich an der Schulter. »Komm, lass uns eine Runde spazieren gehen. Wir kühlen uns alle ein wenig ab. Und dann erzählst du mir, was eigentlich los ist, in Ordnung?«

Ich nickte. Dann machten wir uns auf den Weg.

Wir gingen durch die Straßen von Beirut. Die Luft war angenehm warm und es war noch jede Menge los. Im Orient blühen die Menschen erst in der Nacht so richtig auf. An den Straßenrändern waren kleine Marktstände aufgebaut. Es roch nach Gewürzen und Grillfleisch.

»Ganz ehrlich«, sagte ich zu Omar, »ich wollte mich nicht mit Tarik treffen, weil er mir noch etwas bedeutet. Ich wollte mich mit ihm treffen, um ihm ein für alle Mal klarzumachen, dass er sich aus meinem Leben raushalten soll.«

»Wieso hast du das denn eben nicht einfach gesagt?«

»Weil es mir sowieso keiner glaubt. Es ist egal, was ich sage, meine Mutter glaubt mir nicht. Das hat sie nie getan. Und die Sache ist ja auch die: Selbst wenn ich mich mit ihm getroffen hätte, weil ich ihn noch liebe, dann würde das auch niemanden was angehen. Es ist mein Leben. Ich kann damit machen, was ich will.«

»Ja, natürlich. Es ist ja nur so, dass sich deine Mutter um dich sorgt.«

»Das ist keine Sorge. Vielleicht war das einmal so. Jetzt ist es nur noch krankhaft.«

»Wir mischen uns in dein Leben ein, weil wir Anteil an dir nehmen, Aylin. Du gehörst zu uns.« Wir gingen über die staubigen Straßen der Altstadt und ein paar lachende Kinder liefen an uns vorbei. »Das ist doch das Konzept von Familie. Dafür sind wir da«, führte Omar weiter aus. »Vielleicht ist vieles von dem, was passiert ist, in deinen Augen falsch gewesen. Vielleicht war es auch falsch. Bestimmt war es das. Aber ich glaube, nichts davon passierte aus einer bösen Intention.«

Ich nickte. Ich wusste, dass er recht hatte. Aber wenn man das Gute will und ständig nur das Schlechte schafft, dann muss man sich doch mal Gedanken über sein eigenes Wertesystem machen.

»Das Leben ist kompliziert, Omar. Es ist nicht schwarz oder weiß. Und die Dinge sind oft nicht so, wie sie auf den ersten Blick erscheinen. Ja, Tarik hat mir etwas Furchtbares angetan, was ich ihm niemals verzeihen werde. Aber er hat es nicht im Bewusstsein gemacht, etwas Böses zu tun.«

»Wie deine Familie.«

»Wie meine Familie«, bestätigte ich nachdenklich.

»Und die Zeit mit ihm war auch nicht nur schlecht. Er hat mich gut behandelt. Ich habe ihn nicht geliebt. Aber er war besser zu mir, als die meisten anderen Menschen es sind – meine Familie eingeschlossen.«

Wenn meine Eltern nicht gewesen wären, erklärte ich Omar, wenn sie mich mit dem ewigen Druck, den sie ausübten, nicht in diese ausweglose Lage gebracht hätten, dann hätte ich ihn nie geheiratet.

Omar blieb plötzlich stehen. Er schaute mich an und er wirkte sehr traurig. Dann nahm er mich in den Arm und entschuldigte sich. »Es tut mir so leid, was dir passiert ist. Ich habe davon nichts gewusst.«

Ich lächelte müde. »Schon okay. Es ist ja nicht deine Schuld.«

»Komm«, sagte Omar. »Lass uns noch in ein Café setzen und eine Shisha rauchen.«

Es war spät in der Nacht, als wir wieder nach Hause kamen.

***

Am nächsten Morgen schlief ich erst einmal aus. Als ich aufwachte, kamen mir sämtliche Bilder des letzten Abends wieder in den Kopf. Als ich zu Hause ankam, hatte meine Mutter schon geschlafen. Auch meine Tanten waren schon im Bett. Ich hatte die Hoffnung, dass sich über Nacht alles wieder abgekühlt hätte. Langsam stand ich auf, zog mich an und ging in das Wohnzimmer. Ich hatte mir fest vorgenommen, mich nicht mehr aufzuregen. Ich hatte mir vorgenommen, nicht wieder irgendeine Situation eskalieren zu lassen. Auf dem Sofa saß meine Mutter, vor ihr zwei Tassen Tee.

Meine Tanten waren offenbar nicht im Haus.

»Guten Morgen, mein Schatz, hast du gut geschlafen?«

»Hallo«, sagte ich und musterte meine Mutter. Sie schien ganz ruhig zu sein. Ein bisschen zu ruhig. Ich kannte das. Man durfte ihrer Freundlichkeit nicht trauen.

»Setz dich zu mir«, sagte sie, schenkte in meine Tasse ein wenig Tee ein und rückte etwas zur Seite, um mir Platz zu machen. »Ich wollte mich bei dir entschuldigen.«

»Ach ja?«

»Ja. Ich habe gestern überreagiert. Bitte versteh das nicht falsch. Ich will dir doch nichts Böses. Ich will nur, dass dir nichts Böses passiert.«

Ich dachte an das Gespräch mit Omar. Ich dachte kurz darüber nach, meiner Mutter zu erklären, dass sie mit ihren Handlungen immer nur das Gegenteil von dem erreichte, was sie erreichen wollte, aber bevor ich überhaupt zu Wort kam, setzte sie ihr breitestes Lächeln auf und kündigte mir eine »gute Nachricht« an.

»Gestern, als du mit Omar noch in der Stadt warst, ist etwas passiert, etwas ganz Wundervolles, Aylin.«

»Ach?«

»Ich bin mir sicher, dass du dich freuen wirst. Du kennst doch Adi?«

»Der nervige Taxifahrer?«

»Aylin!«, fuhr mich meine Mutter scharf an. »Der charmante junge Mann, der nur noch Augen für dich hat!«

»Was ist mit ihm?«

»Er hat gestern um deine Hand angehalten.«

Ich ließ mein Teeglas fallen. Es zersprang sofort auf dem Boden.

»Du Trampel!«, schimpfte meine Mutter.

»Mama! Das ist doch nicht dein Ernst? Dieser Typ ist ekelhaft.«

»Kind! Das hier ist eine einmalige Chance!«

Eine einmalige Chance. Ich wusste genau, was sie meinte. Ich war geschieden. Geschiedene Frauen waren in den Augen der meisten Männer einfach weniger wert. Und zudem war ich keine Jungfrau mehr. Das minderte meinen »Wert« noch einmal drastisch. Aber Adi war das offenbar egal. Er hatte meine Mutter komplett um den Finger gewickelt und ihr erzählt, wie sehr er mich lieben würde und dass ihm die Umstände und meine Vergangenheit vollkommen egal seien. Ja, was für eine Chance. Ich hatte keine Ahnung, was er plante. Aber irgendwas stimmte da ganz und gar nicht. Wir kannten uns ja auch überhaupt nicht. Adi war nicht verliebt. Er war einfach nur ein Schauspieler.

»Mama. Ich will das nicht. Ich werde diesen Mann nicht heiraten«, sagte ich ganz ruhig, nachdem ich meinen ersten Schock überwunden hatte.

Innerhalb von Sekunden schwang die Stimmung meiner Mutter um. »Bist du wahnsinnig? Da ist ein Mann, der dich *trotz allem* nimmt und liebt und du lehnst ihn ab?«

Trotz allem. Wie meine Mutter über mich dachte, machte mich sprachlos.

»Du hast es bis heute nicht verstanden, oder? Du treibst mich wieder in dieselbe Situation, in der ich schon einmal war. Warum tust du das?«

»Ich will das Beste für dich. Und ich bin überzeugt, dass du zu blind und zu verblendet bist, um zu erkennen, was wirklich gut für dich ist.«

Ich schüttelte nur den Kopf. Ich würde mich nicht mehr provozieren lassen. Gestern war es geschehen, ja. Gestern habe ich die Fassung verloren. Aber nicht noch einmal. Ich würde mich aus dieser Situation selbst wieder rausarbeiten. So wie ich es schon einmal geschafft habe. Bleib einfach nur bei klarem Verstand, beschwor ich mich selbst.

Ich holte einen Handfeger und kehrte die Scherben der Teetasse auf. Meine Mutter schrie und fluchte derweil. Dann griff sie nach dem Telefon und rief zu Hause an. Ich ignorierte sie, aber sie sprach, nein, sie schrie so laut in den Hörer, dass ich gar nicht weghören konnte.

»Kannst du dir das vorstellen? Kannst du dir das vorstellen?«, quieckste sie und ihre Stimme überschlug sich fast. »Da ist ein guter, junger Mann, der Aylin heiraten will, weil er sie liebt, weil er sie wirklich liebt und bereit ist, ihre Vergangenheit zu akzeptieren, und sie lehnt es ab! Sie muss doch den Verstand verloren haben.«

Dann bat sie meinen Bruder, dass Baba ans Telefon kommen

sollte. Dem erzählte sie das Ganze noch einmal. Noch etwas überdrehter und lauter. Und mit ein paar Zusätzen. »Sie lehnt das bestimmt ab, weil sie mit ihrem Exmann durchbrennen will. Ja, sie wollte ihn gestern schon treffen. Ja. Ja, wir konnten sie gerade noch davon abhalten.«

Ich unterdrückte die Wut, die in mir aufstieg. Ruhig bleiben, Aylin. Dann reichte sie mir den Hörer.

»Hier, dein Vater will mit dir sprechen.«

Ich atmete tief durch und nahm das Telefon.

»Hallo, Baba.«

»Was muss ich da hören, Kind? Du willst zurück zu deinem Exmann?«

»Nein, das stimmt nicht.«

»Und was ist mit diesem anderen Jungen? Diesem Adi? Er hat um deine Hand angehalten und du lehnst es ab?«

»Ja. Ich lehne es ab. Ich kenne diesen Mann nicht. Und das, was ich von ihm kenne, das mag ich nicht. Ich will ihn nicht heiraten.«

»Sei kein dummes Stück! Dieser Mann ist vielleicht der letzte Mann, der kommen wird.«

»Und selbst wenn es so ist …«

»Komm schon, Aylin!«, schimpfte mein Vater. »Hast du denn keinen Verstand mehr? Du wolltest immer jemanden heiraten, der dich liebt. Jetzt ist da jemand. Und du lehnst es ab?«

Ich war ernsthaft erschrocken, wie schnell diese Situation schon wieder zu eskalieren drohte. Und wie sehr auch mein Vater sich schon wieder von meiner Mutter einwickeln ließ. Hatte er nichts gelernt? Da kam ein wildfremder Mann, der mir nach wenigen Tagen einen Antrag machte, und meine Familie versuchte alles, um mich in eine Ehe mit ihm zu drängen?

»Aylin«, sagte mein Vater mit einem drohenden Ton. »Denk darüber nach.« Dann legte er auf.

»Du wirst diesen Jungen heiraten, dafür werden wir sorgen,

Aylin«, giftete meine Mutter. »Und eines Tages wirst du uns dafür dankbar sein. Auch wenn du es heute noch nicht verstehen magst.«

Ich antwortete ihr nicht und ging zurück in mein Zimmer. Ich musste nachdenken. Ich brauchte einen Plan. Am liebsten wäre ich zum Flughafen gefahren und zurück nach Deutschland geflogen. Aber meine Familie hatte mir meinen Pass weggenommen. Verdammt. Ich saß in der Falle. Was ich in Deutschland noch hätte regeln können, das funktionierte hier nicht. Ich war im Libanon. Ich war hier meiner Familie vollkommen ausgeliefert. Also gut, dachte ich. Sie wollen mit mir also erneut ihre Spiele spielen. Dann werde ich mitspielen. Ich überlegte mir einen genauen Plan. Ich dachte jedes Detail durch. Ich werde hier rauskommen, versprach ich mir selbst. Ich hatte schon ganz andere Probleme bewältigt. Das hier, das wird meine letzte Prüfung sein. Wenn ich sie bestehe, wird mir niemals jemand wieder irgendeine Vorschrift machen können. Weder in Deutschland. Noch im Libanon. Noch sonst irgendwo.

Ich ging zurück zu meiner Mutter ins Wohnzimmer.

»Okay«, sagte ich.

»Okay, was?«

»Okay, ich werde mich auf die Ehe mit Adi einlassen.«

***

Ich schrieb Yasmin eine Nachricht. Ich wollte mit ihr reden. Sie war der einzige Mensch hier, dem ich vertrauen konnte. Und sie hatte ja noch gar nichts von dem Terror der letzten 24 Stunden mitbekommen. Aber natürlich hatte sie sich gedacht, dass nicht alles in Ordnung war. Sie kannte ja meine Vorgeschichte.

Wir trafen uns vor meinem Haus, setzten uns in die Sonne und ich erzählte ihr, was passiert war.

»Ach, Aylin, es hört bei dir wohl nie auf«, sagte sie mitleidig.

»Doch, Yasmin. Es wird aufhören. Glaub es mir. Aber lass uns darüber jetzt nicht nachdenken, lass uns lieber ein wenig Spaß haben.«

»Wir wollten doch ein paar Erinnerungsfotos machen …«

»Ja, und das machen wir auch.«

Mir war bewusst, dass mir nichts anderes übrig blieb, als dass wir uns von Adi kutschieren ließen. Aber das war okay. Wir bestellten ihn ein und sagten ihm, dass er uns zu den schönsten Plätzen der Stadt fahren sollte. Dafür war er zumindest zu gebrauchen.

»Das ist er, oder?«, flüsterte mir Yasmin auf dem Rücksitz zu. Sie kannte ihn ja schon, hatte ihn bisher aber kaum beachtet.

»Ja, furchtbarer Kerl, was?«

Wir lachten.

»Hey Mädels, die Stimmung ist gut da hinten?«

»Konzentrier dich auf die Straße«, sagte ich scharf.

Wir machten uns einen schönen Tag, hatten ausgelassen Spaß. Dass Adi die ganze Zeit in unserer Nähe rumlungerte, ignorierten wir einfach. Wir behandelten ihn wie Luft. Natürlich merkte ich, wie er mich die ganze Zeit anstarrte, aber es war mir egal. Er wird seine Lektion noch bekommen. Und das hier war erst der Anfang.

Als er uns am Abend wieder nach Hause fuhr und ich gerade ausstieg, hielt er mich an meinem Kleid fest.

»Hey, Aylin, sag mal, können wir kurz reden?«

»Fass mich nicht an.«

»Ja, sorry, hey, war nicht so gemeint. Ich meine ja nur, wir hatten heute irgendwie keine Gelegenheit, miteinander zu sprechen, oder?«

»Ja, wie schade, Adi.«

»Ja, finde ich nämlich auch. Ich habe gehört, dass du einverstanden wärst, also, einverstanden, mich zu heiraten?«

Ich wurde ernst.

»Nein, ich bin nicht einverstanden, dich zu heiraten. Meine Familie setzt mich unter Druck. Ich würde niemals jemanden wie dich heiraten.«

»Äh, meinst du das jetzt ernst?«

»Ja, ich meine das ernst. Ich fände es gut, wenn du deinen Antrag zurücknehmen würdest.«

Adi dachte nach.

»Nee, das kann und will ich nicht. Weil, ich liebe dich ja und ich fände es toll, wenn du mir die Chance gibst, mich ein bisschen kennenzulernen. Vielleicht verliebst du dich dann ja auch?«

Dieser Mann ekelte mich an, weil er so leicht zu durchschauen war. Und weil er so ein offensichtlicher Lügner war. Ich kann doch keinem Menschen bei der ersten Begegnung auf so unverfrorene Art Komplimente machen. Einem Menschen, den man gar nicht kennt. Man tastet sich doch an jemanden heran, versucht zu verstehen, wie er ist, wie er denkt. Und selbst wenn es so etwas wie die Liebe auf den ersten Blick geben sollte, dann würde man doch der geliebten Person gegenüber vorsichtig und zurückhaltend sein, statt sich ihr aufzudrängen. Das war Adi alles egal. Denn er wollte etwas ganz anderes. Er wusste, dass ich aus Deutschland komme, und er wollte, dass ich ihn mitnehme, damit er dort ein besseres Leben führen konnte. Er war genau wie der Cousin meiner Mutter. Wie Imad. Nur noch viel verlogener.

Und Adi war ein Player. Er hatte jede Menge Frauen, die ihm hinterherliefen. Das bemerkte ich schnell. Jedes Mal, wenn wir irgendwo in der Stadt unterwegs waren, kam von irgendwo irgendein Mädchen, das ihn wohl kannte und sich ihm an den Hals warf. Adi war das vor mir und meiner Familie natürlich äußerst unangenehm. Er drückte die Mädchen dann weg und spielte das Geschehene runter. Aber wer auch nur eine Sekunde mitdachte, dem war klar, dass er kein Kind von Traurigkeit war.

Adi übte wahnsinnigen Druck auf meine Mutter aus. Und die gab den Druck auf mich weiter. Nach drei Tagen war er zusammen mit seiner Oma bei uns zum Essen eingeladen.

Er hielt noch einmal ganz förmlich um meine Hand an. Ich sagte nein. Er schaute zu Boden und fasste sich theatralisch an sein Herz, als hätte er plötzlich starke Schmerzen. Dabei verzog er sein Gesicht maskenhaft. Was für ein Schauspieler. Meine Mutter blickte erschrocken zu mir. Immerhin war sie der Annahme, dass eigentlich schon alles geklärt wäre.

»Der arme Junge«, murmelte meine Tante. »Siehst du nicht, wie er leidet?«, flüsterte sie mir ins Ohr. Ich musste lachen. Nein, er litt ganz bestimmt nicht. Er spielte seine Rolle einfach nur sehr schlecht.

Adi ließ sich tief in seinen Stuhl sinken. Er schob demonstrativ seinen Teller weg und setzte zu seiner großen Rede an.

»Ich habe nur einmal in meinem Leben eine Frau wirklich geliebt«, sagte er mit großem Pathos. »Und diese Frau, Aylin, das bist du. Ich weiß es ganz tief in meinem Herzen, dass es niemanden mehr nach dir geben wird. Ich akzeptiere es, wenn du mich nicht heiraten willst. Ich akzeptiere es, wenn du meine Liebe nicht erwiderst. Aber merke dir eins: Wenn du mir heute nicht dein Jawort gibst, dann werde ich heute Nacht nicht mehr lebend meine Wohnung erreichen.«

Meine Tanten zogen die Luft ein. Totenstille in dem Raum. Meine Mutter fing an zu schluchzen. »Oh, Aylin, was tust du diesem tollen Mann bloß an?«

Alle schauten gespannt auf mich. Und ich musste anfangen zu lachen. Es war so falsch, so offensichtlich falsch.

»Adi«, fuhr ich ihn dann etwas ernster an. »Du kennst mich seit wenigen Tagen. Und jetzt willst du dich wegen mir umbringen? Ich glaube nicht, dass ich mit einem so labilen Mann zusammensein möchte.«

Er warf mir einen sehr, sehr bösen Blick zu und senkte dann den Kopf. Seine Oma nahm ihn in den Arm. Durchschaute denn an diesem Tisch wirklich niemand dieses Schauspiel? Das war eine Vorstellung, wie man sie in keinem Bollywood-Film zeigen würde.

Und dennoch hörte meine Familie nicht auf, mich zu bedrängen. Also gab ich irgendwann auf. Ich sagte: »Wisst ihr was? Ihr könnt tun und lassen, was ihr wollt. Macht, was ihr wollt. Denkt, was ihr wollt. Aber eins sage ich euch schon jetzt: Ich sehe keine Zukunft.«

Meine Mutter schaute mich skeptisch an.

»Wie meinst du das, Kind?«

»Ich meine, was ich sage: Macht, was ihr wollt!«

Meine Mutter wusste nichts von meinem Plan. Und sie würde sehen, was sie von dem Terror haben würde.

Meine Mutter fing plötzlich an zu strahlen. Sie küsste mich. »Gut, dass du endlich vernünftig geworden bist. Du wirst es nicht bereuen. Ich verspreche dir, dass du es nicht bereuen wirst.«

Und dann ging alles ganz schnell. Am nächsten Tag sollte schon die islamische Hochzeit vollzogen werden.

Wir fuhren mit mehreren Autos zu einem befreundeten Imam, der erst einmal alle Erwartungen dämpfte. Denn so einfach wie in Deutschland war es nicht. Der Imam wollte jede Menge Unterlagen haben. Und er bestand darauf, dass ich ihm einen libanesischen Ausweis vorlegte. Aber um den zu beantragen, mussten wir erst einmal den deutschen Pass übersetzen lassen, was gar nicht so leicht war.

Es waren jede Menge Behördengänge notwendig. Und nachdem wir stundenlang in einem überhitzten Warteraum ohne Fenster rumgesessen hatten, schwor ich mir, mich nie wieder über die deutschen Bürgerämter zu beschweren.

Das ganze Prozedere kostete uns drei Tage – und Adi jede Menge Nerven. Das hatte er verdient, dachte ich, und trauerte doch meinem Urlaub nach. Denn ich musste bei den Behördengängen ärgerlicherweise mitlaufen. Adis schlechte Laune waren sie mir allerdings wert.

Als wir dann nach islamischem Recht verheiratet waren, beschloss meine Mutter, wieder abzureisen. Sie hatte erledigt, was sie erledigt haben wollte.

»Und mich lässt du hier mit diesem Mann zurück?«, fragte ich in gespielter Empörung.

»Wieso? Er ist doch jetzt dein Mann. Du bist doch gut aufgehoben. Ach übrigens …«

»Ja?«

»Ich habe heute mit deinem Vater telefoniert. Er hat mir erzählt, dass er gestern ein längeres Telefonat mit Hasim hatte.«

»Ja und?«

»Er hatte auch um deine Hand angehalten.«

Ich fiel aus allen Wolken. Nicht, dass ich etwas für Hasim empfunden hätte. Aber er war ein netter, zurückhaltender, liebevoller Mann. Ich konnte mich gut mit ihm unterhalten. Er schätzte mich und hörte mir gern zu. Wenn ich schon zwangsverheiratet wurde, warum dann nicht mit ihm?

»Er kam halt zu spät«, sagte meine Mutter und zuckte mit den Schultern.

»Hättet ihr mich nur gezwungen, diesen Mann zu heiraten. Er ist wenigstens nicht aufdringlich und den ganzen Tag damit beschäftigt, Lügen zu erzählen.«

Mein Flug würde erst zwei Wochen später gehen. Tatsächlich war ich nicht begeistert von der Aussicht, die restliche Zeit hier mit

Adi gefangen zu sein. Aber das würde ich auch noch durchhalten. Ich war die nächsten Tage sehr ruhig und nachdenklich. Ich hatte einen festen Plan im Kopf. Und den wollte ich umsetzen. Ich war mir sicher, ich würde es hinbekommen. Bis meine Oma zu mir kam und mir in einem Nebensatz eine Hiobsbotschaft verkündete. Sie erzählte mir, dass im Libanon eine islamische Hochzeit staatlich anerkannt sei. Das verkomplizierte die Sache etwas.

An einem Mittwoch holte mich Adi ab. Er wollte mich unbedingt seinen Eltern vorstellen. Da wir ja offiziell verheiratet waren, konnte ich das nicht umgehen. Ich hatte es bereits zwei Mal herausgezögert. Ein drittes Mal war kaum möglich. Ich stieg also in sein Taxi. Zur Feier des Tages hatte er heute ein weißes Käppi und ein weißes Shirt an.

»Toll siehst du aus«, sagte er.

»Ja, ja«, sagte ich und wandte mich ab, als er mir einen Kuss geben wollte. »Fahr lieber los, wir sind schon spät dran.«

Seine Familie wohnte am anderen Ende der Stadt. Sie hatten ein kleines Häuschen, sehr spartanisch eingerichtet. Aber sie gaben sich alle Mühe, mich willkommen zu heißen. Sie servierten Tee und Gebäck und waren wirklich sehr aufmerksam. Ich versuchte, mich zusammenzureißen. Adis Familie konnte ja nichts für die Dinge, die gerade passierten. Sie schienen sich aufrichtig zu freuen, dass ihr Sohn eine Frau gefunden hatte. Sie waren sehr bemüht. Wir unterhielten uns oberflächlich und sie fragten mich nach meinem Leben in Deutschland. Während seine Mutter gerade einen neuen Tee aufsetzte, rückte Adi etwas näher an mich heran.

»Ich will, dass wir heute hier zusammen übernachten«, sagte er.

»Spinnst du? Auf gar keinen Fall«, antwortete ich ihm empört.

»Aber warum nicht?«, fragte er.

»Ich kenne deine Eltern noch überhaupt nicht richtig. Ich werde ganz bestimmt nicht hier mit dir übernachten!«

»Aber wir sind doch verheiratet.«

»Nein, Adi!«

Und damit war zumindest auch Adis Stimmung hinüber. Er rutschte tief auf das Sofa und blieb den Rest des Nachmittags missmutig so sitzen. Hin und wieder spielte er mit seinem Handy rum. An Gesprächen beteiligte er sich nicht mehr. Nach dem Abendessen bat ich ihn, mich nach Hause zu meinen Großeltern zu fahren.

Ich kurbelte das Fenster herunter und genoss die warme Abendluft. Ich sah die vielen Menschen, die auf den Bürgersteigen an uns vorbeizogen. Junge, Alte, Männer, Frauen. Ich fragte mich, was sie für Geschichten hatten, wie ihr Leben aussah. Lebten sie einfache Leben? Waren diese Menschen glücklich mit dem, was sie hatten? Träumten sie von mehr?

»Was denkst du, Aylin?«

Adi riss mich aus meinen Tagträumen.

»Was denkst du?«, wiederholte er seine Frage, als ich nicht reagierte.

»Nichts«, antwortete ich kühl.

»Wieso bist du so kalt zu mir?«

Ich hatte in meinem Leben mit so vielen Männern zu kämpfen und noch immer überraschte es mich, wie einfältig einige von ihnen waren. Wie empathielos. Vollkommen unfähig, sich auch nur ein klein wenig in einen anderen Menschen hineinzuversetzen. Ich hatte nicht mal Lust, ihm auf diese dumme Frage eine Antwort zu geben. Ich schüttelte nur den Kopf und lachte verächtlich.

Adi schwieg und fuhr weiter. Aber es ließ ihm offenbar keine Ruhe.

»Ist es wegen deinem Exmann?«, fragte er. »Liebst du ihn noch?«

»Warum fragst du mich das jetzt, Adi? Warum hast du mich das nicht gefragt, bevor du mich geheiratet hast?«

Er schaute mich mit großen Augen an. »Also heißt das, ja? Du liebst ihn noch?«

»Ja, das tue ich«, log ich ihn an. Ich hatte nicht viel Hoffnung, dass es funktionieren würde, aber vielleicht gelang es mir ja heute schon, ihn ein klein wenig aus der Fassung zu bringen.

»Das wusste ich nicht …«, stammelte er.

»Ich habe ein Jahr mit ihm zusammengelebt. Es war eine schöne Zeit. Eine intensive Zeit. Es fiel mir sehr schwer, mich von ihm zu trennen.«

Je mehr ich erzählte, desto bleicher wurde er. Also machte ich weiter. »Wenn meine Familie nicht gewesen wäre, dann wäre ich noch heute mit Tarik zusammen. Ich vermisse ihn sehr.«

Das war ein Satz zu viel.

Adi lenkte hart ein, fuhr auf den rechten Standstreifen und machte eine Vollbremsung. Das Auto, das hinter uns fuhr, konnte gerade noch ausweichen, beinahe hätte sein riskantes Manöver zu einem Unfall geführt. Der Fahrer hupte wie ein Verrückter und schrie uns aus dem heruntergekurbelten Fenster an.

»Sag mal, spinnst du?«, motzte ich Adi jetzt auch an, der mit beiden Händen sein Lenkrad umklammerte und starr geradeaus schaute. Der Schweiß tropfte ihm von seiner Stirn.

»Scheiße«, schrie er und schlug auf das Armaturenbrett. »Scheiße, scheiße, scheiße.«

Dann riss er die Tür auf und stieg aus. Dieser blöde Spinner, dachte ich mir nur. Ich schaute mich um. Hinter uns war eine Brücke, um uns herum nichts außer Büsche und Gestrüpp. Wir waren mitten im Nirgendwo. Ich wusste nicht, was Adi vorhatte, aber ich hoffte inständig, dass er mich nicht allein im Nirgendwo zurücklassen würde. Ich überlegte kurz, ob ich ihm hinterhergehen sollte. Ich entschied mich dagegen. Adi würde schon zurückkommen. Ich machte das Autoradio an und hörte etwas Musik. Dann hörte ich meinen Namen.

»Ayliiiiin!«

Ich schaute mich um. Ich sah niemanden.

»Ayliiiiiin!«

Ich stieg aus dem Auto.

»Hier oben!«

Ich drehte mich um – und sah Adi, wie er auf der Brücke stand.

»Was machst du da? Bist du bescheuert?«

»Du denkst die ganze Zeit an deinen Exmann. Ich kann ohne dich und ohne deine Liebe nicht leben.«

»Tickst du eigentlich noch ganz sauber?«

»Entweder er oder ich«, schrie er theatralisch. Die vorbeifahrenden Autos hupten.

»Erstens: Das hättest du dir überlegen sollen, bevor du mich geheiratet hast. Zweitens: Wir sind hier nicht in einem Bollywood-Film, also spiel hier kein Theater. Und drittens: Komm jetzt runter und fahr mich nach Hause. Mir ist kalt und ich bin müde.«

»Ich bringe mich um, Aylin.«

»Hör mal, du Spinner, du fährst mich jetzt nach Hause. Danach kannst du machen, was du willst. Wenn du mich jetzt hier hängen lässt, werde ich ernsthaft sauer!«

Dann stieg ich wieder ins Auto. So ein Idiot.

Nach ein paar Minuten kam er angetrottet. Er setzte sich auf den Fahrersitz und guckte mich mit großen Augen an.

»Wäre es dir egal gewesen, wenn ich springe?«

»Du wärst nicht gesprungen und jetzt fahr endlich. Ich würde es ja selbst tun, aber ich habe keinen Führerschein, wie du weißt.«

»Wie kann man nur so kalt sein?«, fragte er und startete den Motor.

Steck nur mal für ein paar Tage in meinen Schuhen, dann würdest du das nicht mehr fragen, dachte ich mir und schloss die Augen. Ich war Mitte zwanzig und lebte mit dem Erfahrungsschatz einer Hundertjährigen.

***

Ich zählte die Stunden, bis endlich mein Flieger nach Deutschland ging. Jeder Tag fühlte sich wie eine Woche an und jede Woche wie eine Ewigkeit. Aber dann war es endlich so weit. Mein Rückflug stand an. Ich packte am Vorabend meine Sachen zusammen, fein säuberlich, in dem Bewusstsein, dass ich nie wieder in den Libanon zurückkehren würde. Nur noch eine Nacht. Zehn Stunden. Das sind 600 Minuten. Das sind 36 000 Sekunden. Verdammt, ich wollte nur noch weg. Am nächsten Vormittag holte mich Adi ab, um mich zum Flughafen zu bringen.

»Bist ja ganz schön gut drauf«, stellte er fest.

»Ach, ich freue mich einfach auf Deutschland. Meine Heimat. Und darauf, meine Familie wiederzusehen«, sagte ich mit einem ganz breiten Grinsen im Gesicht.

»Ich dachte, du hast Streit mit denen?«

»Ach was. Ist doch meine Familie, darf ich mich nicht mehr auf meine Familie freuen?«

»Doch klar. Habe dich nur die ganze Zeit hier nie so glücklich gesehen.«

Ich versuchte, mir meine Freude nicht mehr ganz so doll anmerken zu lassen und schaute jetzt etwas ernster.

»Irgendwie habe ich ein komisches Gefühl«, sagte Adi.

»Wovon redest du?«

»Ich weiß auch nicht. Es ist so ein Gefühl, dass du nicht mehr zurückkehren wirst.«

Okay, Aylin, sei jetzt vorsichtig, sagte ich mir selbst. Riskier jetzt bloß nichts.

»Was?«, spielte ich empört. »Wie kommst du denn auf so einen Unsinn? Der Libanon ist meine Heimat. Natürlich werde ich wiederkommen.«

»Komisch. Eben hast du noch gesagt, dass Deutschland deine Heimat wäre.«

»Der Libanon ist die Heimat meines Herzens«, sagte ich pathetisch. Adi war nicht der Einzige, der Schmierentheater spielen konnte.

»Irgendwas in mir sagt, dass es besser wäre, wenn ich jetzt wieder umkehre und dich nicht fliegen lasse«, sagte Adi nachdenklich und schaute mich dabei nicht an.

»So ein Quatsch. Das kannst du nicht machen. Ich habe ... alle meine Sachen gepackt.« Er schaute mich skeptisch mit zusammengekniffenen Augen an. Okay, Aylin, komm schon, das kannst du besser, ärgerte ich mich. »Ich habe ja auch das Ticket schon bezahlt. Das ist für mich jede Menge Geld. Und ich denke nicht, dass du mir das von deinem Taxifahrerlohn ersetzen könntest, oder?«

Adi wurde kleinlaut. »Nee«, sagte er. »Aber ich habe halt Angst, dass du nicht wiederkommst.«

»Natürlich komme ich wieder. Wir sind doch jetzt verheiratet. Warum sollte ich denn nicht wiederkommen, jetzt wo mein Mann auf mich wartet?«

Es war nicht sonderlich schwer, ihn einzuwickeln. Dennoch wollte er, dass ich es ihm verspreche. Ich sollte es ihm schwören, dass ich zurückkomme.

»Schau mal, ich bin doch auch dieses Mal alleine in den Libanon gekommen. Was sollte mich denn davon abhalten, das nächsten Monat wieder zu tun?«, wich ich seinem Schwurwunsch aus.

Aber er kaufte es mir offensichtlich ab. Wir erreichten den Flughafen.

»Du, fahr ruhig wieder, ich komme von hier alleine zurecht.«

»Nee, ich komme noch mit«, beharrte er und trug meinen Koffer zum Gate.

Ich war extrem angespannt. Ich war kurz vor meinem Ziel. Aber der Gedanke, dass jetzt noch etwas schiefgehen könnte, machte mich wahnsinnig. Noch immer könnte es sich Adi anders überlegen und mich zwingen hierzubleiben. Er war mein Mann. Ich hätte mich rein rechtlich nicht dagegen wehren können. Wenn er mir verbot, nach Deutschland zu fliegen, hätte das Flughafenpersonal das so hingenommen.

Als wir zum Check-in-Schalter kamen, wurde Adi immer nervöser. Und ich mit ihm. Er sollte jetzt bloß keinen Rückzieher machen. Ich legte meinen Ausweis vor und gab mein Gepäck auf. Dann ging es zur Sicherheitsschleuse. Mein Handgepäck wurde durchsucht. Es war fast geschafft. Ich sprach mir selbst Mut zu. Gleich ist alles durch. Gleich kann ich alles hinter mir lassen. Ich muss nur noch durch die Sicherheitsschranke gehen, dann ist es …

»Aylin, warte!«

Ich spürte, wie mich Adi zurückzog. Ich schaute ihn an und sah, dass sein Gesicht ganz verzerrt war. Um Gottes Willen, dachte ich, er wird doch jetzt nicht …

Doch. Er tat es. Er kniete sich auf den Flughafenboden, hielt mich an den Beinen fest und fing an zu weinen. »Du wirst mir so fehlen«, flennte er. Die Leute drehten sich schon nach uns um. Einige fingen an zu lachen. Ich wäre vor Scham fast im Boden versunken. »Mensch, Adi, steh auf«, sagte ich und zog ihn hoch. »Mach hier kein Theater.«

»Wirst du wirklich, wirklich wiederkommen?«

»Ja«, sagte ich. »Ich muss jetzt los, sonst verpasse ich meinen Flug.«

»Aber der geht doch erst in einer guten Stunde.«

»Trotzdem«, sagte ich, riss mich von meinem neuen Ehemann los und ging durch das Sicherheitstor. Als ich es passiert hatte, winkte ich ihm durch die Glasscheibe zu, mit dem süßesten Lächeln, dass ich aufsetzen konnte. Ich hatte es geschafft.

»Bis bald, Aylin«, rief er.

Ja, genau, dachte ich mir.

***

Als ich in Deutschland ankam, wusste ich, dass noch nicht alles ausgestanden war. Aber jetzt war ich zumindest wieder in meiner gewohnten Umgebung und hatte die Kontrolle über die Dinge. Der erste Schritt war getan. Und ich war bereit, alles Nötige zu tun, um diese Pseudo-Ehe so schnell wie möglich zu beenden. Mein Plan ging nun in Phase zwei über. Aber bevor ich wirklich aktiv werden konnte, musste ich erst einmal die Sensationslust meiner Verwandten ein wenig einfangen. Denn offensichtlich hatte sich in Berlin mittlerweile rumgesprochen, dass mein Urlaub im Libanon nicht ganz so endete, wie ich es mir ursprünglich erhofft hatte. Statt mit schönen Erinnerungen und der erhofften Entspannung kam ich schließlich mit einem neuen Beziehungsstatus zurück.

Die Anrufe und Nachrichten hörten gar nicht mehr auf. Alle gratulierten mir und teilten mir mit, wie sehr sie sich doch für mich »freuten«. Ich erklärte jedem, der es wissen wollte, dass es keinen Grund zur Freude gab. Und dass diese Ehe nicht lange halten würde.

Im Libanon war Adi zwar ein miserabler, aber immerhin ein bemühter Schauspieler. Vom ersten Tag an, an dem ich wieder in Deutschland war, zeigte er seine wahren Intentionen. Er schrieb mir eine WhatsApp-Nachricht, ob ich gut gelandet wäre – und fragte zwei Minuten später, wann ich denn die Papiere rausschicken könnte?

Ich stellte mich dumm. Welche Papiere er denn meinen würde, fragte ich, obwohl mir natürlich klar war, was er wollte. Er wollte, dass unsere Ehe auch in Deutschland anerkannt wird. Damit er hierzulande ein Aufenthaltsrecht bekam. Das war alles, was für ihn zählte. Er war genau wie der Cousin meiner Mutter. Adi verbarg es nur besser, oder sagen wir so: Er gab sich anfangs mehr Mühe, es zu verbergen.

»Wieso willst du diese Papiere haben?«, schrieb ich zurück. »Ich will doch gar nicht, dass du nach Deutschland kommst. Ich will mit dir im Libanon leben.«

Wenige Sekunden später klingelte mein Handy.

»Ja, hallo Aylin, ich bin's, sag mal, was redest du denn da? Im Libanon leben? Das ist doch Unsinn. Wir haben hier keine Zukunft. Unsere Zukunft liegt in Deutschland.«

»Ach«, sagte ich. »Deutschland langweilt mich. Ich fände es schöner, bei dir zu wohnen.«

»Aber deine Familie … du musst in der Nähe deiner Familie sein.«

»Mit denen habe ich sowieso Streit.«

»Aber auf dem Weg zum Flughafen hast du noch gesagt …«

»Ich muss jetzt mal weitermachen, Adi. Ich melde mich später.«

Ich legte auf und legte mein Handy weg. Als ich es ein paar Stunden später wieder in die Hand nahm, hatte ich 37 Nachrichten von ihm. In jeder erklärte er mir, warum es doch so viel besser sei, in Berlin zu leben. Er schien ein wenig nervös zu werden. Genau das, was ich erreichen wollte.

Ich ging auf seine Nachrichten zu den Papieren gar nicht mehr ein. Nach drei Tagen wechselte Adi seine Strategie.

»Ich habe schlechte Nachrichten. Es kann sein, dass ich mich bald nicht mehr bei dir melden kann.«

»Schade«, schrieb ich zurück.

»Willst du nicht wissen, warum das so ist?«

»Ja, erzähl es mir.«

»Meine Familie hat gerade echte Geldsorgen. Darum muss ich wohl mein Handy verkaufen.«

Ich schüttelte nur den Kopf. Es war unfassbar, wie leicht dieser Mann zu durchschauen war. Er wollte, dass ich ihm Geld schicke. Aber das konnte er vergessen.

»Das ist schade. Aber gut, dass du deine Familie so unterstützt. Meld dich halt, wenn du ein neues Handy hast.«

»Bist du gar nicht traurig?«

»Warum?«

»Weil wir dann nicht mehr miteinander reden können.«

»Ich muss nicht mit dir reden, ich trage dich auch so in meinem Herzen.«

Es wunderte mich nicht, dass er sein Handy dann doch nicht verkaufen musste.

Nach weiteren drei Tagen war das Geldthema auch kein Thema mehr und Adi versuchte es mit einer dritten Strategie. Jetzt wollte er mich eifersüchtig machen. Er erzählte mir, wie meine Tante sich angeblich an ihn rangemacht hätte.

»Ach, red doch keinen Quatsch«, antwortete ich gelangweilt. »Meine Tante ist glücklich verheiratet, sie hat sechs Kinder. Und du bist so alt wie ihr Sohn.«

»Nein, Aylin! Sie ist total hinter mir her, schon seit du weg bist. Sie stellt mir nach. Du kannst dir überhaupt nicht vorstellen, was hier passiert.«

»Nein, das kann ich wirklich nicht.«

Jetzt hatte ich Adi genau da, wo ich ihn haben wollte. Es ging schneller als gedacht.

»Erzähl doch mal, was meine Tante gemacht hat.«

»Sie schrieb mir dauernd Nachrichten. Dass sie mich sehen will. Dass sie nachts zu mir kommen will. Vor drei Tagen kam sie dann auch wirklich vorbei. Sie saß in meiner Wohnung, hatte ein ultrakurzes Abendkleid an und wollte mit mir schlafen.«

»Einfach so?«

»Einfach so, Aylin. Ich habe natürlich abgelehnt und sie wieder nach Hause geschickt. Ich bin ja verheiratet. Aber du hättest sie sehen sollen, sie war so aufdringlich. Sie wollte mich unbedingt ins Bett kriegen.«

»So schätze ich meine Tante gar nicht ein.«

»Du hast keine Ahnung. Vor dir ist sie immer nett und freundlich. Aber in Wahrheit ist sie eine durchtriebene und hinterlistige Schlampe. Aber das scheint ja in der Familie zu liegen.«

»Wie meinst du das?«

»Na ja, deine Mutter ist ja wohl auch nicht ganz astrein drauf. Das weißt du doch auch selbst …«

Okay, jetzt hatte er meine Tante und meine Mutter beleidigt. Das Einzige, was mir noch fehlte, war die Sache mit der Brautgabe.

»Sag mal, Adi, wenn ich das nächste Mal in den Libanon komme … wirst du mir dann eigentlich meine Brautgabe geben?«

»Aylin, ich hatte dir doch schon gesagt, dass das finanziell etwas schwierig ist momentan.«

»Es ist mir nur so peinlich, weil meine Familie ja denkt, ich hätte die schon längst bekommen.«

»Ist doch scheißegal, was deine Familie denkt.«

Das war genug. Mehr brauchte ich nicht. Ich sagte Adi, dass ich jetzt aufhören musste, weil ich noch einen wichtigen Termin hätte. Und freute mich, dass ich das gesamte Gespräch mit einem kleinen Diktiergerät aufgezeichnet hatte. Ich hörte mir die Aufnahme an. Es war alles drauf. In bester Tonqualität.

Ich rief meine Eltern an und kündigte meinen Besuch an. Ich wollte, dass sie so schnell wie möglich hörten, wie Adi wirklich war. Er galt ihnen ja als netter, junger Mann. Besonders meine Mutter fand ja, dass er ein regelrechter »Engel« war. Das sagte sie wieder und wieder. Mal sehen, wie sie das sehen würde, nachdem sie hörte, was er über sie dachte.

Die Aufnahme ging ganze 27 Minuten. Es reichten die ersten fünf, um meinen Vater zur Weißglut zu treiben. Dass Adi ganz ungeniert unsere halbe Familie durch den Dreck zog, war ihm zu viel.

»Ich kann nicht glauben, was ich da höre! Er tut die ganze Zeit auf Engel und wir haben es ihm geglaubt. Und jetzt hör ich das mit meinen eigenen Ohren. Ich werde ihm die Hölle heiß machen.«

Auch meine Mutter wurde ganz bleich, als sie die Aufnahmen hörte. Sie schaute beschämt auf den Boden.

»Aylin, es tut mir leid. Ich … ich hätte auf dich hören sollen«, stammelte sie. Ich glaube, das war das erste Mal in meinem Leben, dass meine Mutter mir recht gab.

»Und was machen wir jetzt?«, fragte ich meinen Vater.

Er nahm meine Hand. »Wir werden eine Lösung finden, das verspreche ich dir. Wir haben dich in diesen Mist reingebracht. Wir holen dich da wieder raus.«

Meine Mutter nickte. »Gestern hat Hasim bei deinem Bruder angerufen«, warf sie ein. »Er hat ihm erklärt, dass er gern um deine Hand angehalten hätte. Er wollte aber nicht aufdringlich sein. Er konnte gar nicht glauben, dass es so schnell mit dir und Adi ging. Sonst hätte er schon vorher sein Interesse bekundet.«

Mein Vater schaute uns an.

»Kann es sein, dass du Adi verlassen willst, weil du mehr für Hasim empfindest?«, fragte er mich.

»Nein, das tue ich nicht. Aber wenn ich die Wahl zwischen den beiden gehabt hätte, hätte ich mich für Hasim entschieden.«

»Könntest du dir denn vorstellen, ihn zu heiraten?«

Ich atmete tief durch. Nein, das konnte ich mir nicht vorstellen. Oder sagen wir so: Ich wollte es mir nicht vorstellen. Ich wollte überhaupt niemanden heiraten. Aber genau das war das große Ziel meiner Eltern. Sie wollten unbedingt, dass ich verheiratet war. Nur so wäre meine Ehre wiederhergestellt, nur so führte ich ein »anständiges« Leben, nur so konnten sie sicher sein, dass da jemand war, der auf mich aufpasste. In ihrer Vorstellungswelt war mein Leben nur vollständig, wenn es einen Mann an meiner Seite gab. Sie hatten eine andere Vorstellung von Glück und sie hatten überhaupt keine Vorstellung von Selbstbestimmung. Aber ich wusste auch, dass sie zu alt und zu eingefahren waren, um sie von einem anderen Weltbild überzeugen zu können. Und ich wusste leider auch, dass ich sie brauchte. Ohne sie konnte ich Adi nicht loswerden. Schon gar nicht, nachdem ich erfahren hatte, dass unsere Ehe auch staatlich anerkannt war.

Also sagte ich, dass ich es mir vorstellen könnte. Allerdings war mir klar, dass es niemals zu einer Ehe mit Hasim kommen würde. Es tat mir ein wenig leid, dass ich ihn instrumentalisierte. Aber anders bekam ich meine Eltern nicht auf meine Seite.

»Und du«, sagte mein Vater zu meiner Mutter, »du wirst unserer Tochter helfen bei allem, was sie braucht, denn du bist für das alles verantwortlich.«

Meine Mutter nickte. Ich sah, wie viel Kraft das alles meinen eh schon angeschlagenen Vater kostete.

***

Und dann begann der Krieg. Mein Vater rief Adi an, um ihm mitzuteilen, dass wir die Scheidung wollten. Doch er stellte sich komplett quer. Er war zu keiner Einigung bereit. Als mein Vater ihn mit den Aufnahmen vom Band konfrontierte, ließ er alles an sich abprallen. Das seien Fälschungen, behauptete er frech. Während er sich bei meinem Vater betont cool und unantastbar zeigte, wurde er im Gespräch mit mir aggressiv und bösartig.

»Warum hast du Miststück ihm die Telefonate gezeigt?«, schrie er mich an.

»Weil alle dein wahres Gesicht sehen sollten, du Heuchler. Und jetzt stimm schon der Scheidung zu.«

»Niemals werde ich das tun!«

»Ich liebe dich nicht, ich habe dich nie geliebt und ich werde dich nie lieben!«, schrie ich ihn an. »Lös endlich unsere Ehe!«

»Nein. Du bist meine Frau und egal was passiert, ich werde diese Ehe niemals lösen. Und eins verspreche ich dir: Wenn du das nächste Mal in den Libanon kommst, dann werde ich die Polizei informieren, ich werde dich noch am Flughafen abführen lassen, dich mit nach Hause nehmen und dich hier nie wieder gehen lassen! Du bist meine Frau, du bist mein Besitz!«

Jetzt zeigte er also endlich sein wahres Gesicht. Aber ich hatte keine Angst vor ihm. Nein, nicht vor Adi.

»Hör mir gut zu! Ich werde jetzt ein Ticket buchen. Ich werde dir das Datum sagen, wann ich komme – und dann versuch es. Versuch doch, mich irgendwohin mitzunehmen. Ob mit Polizei oder ohne. Ob mit 400 Mann oder alleine. Versuch es. Aber ich werde mich verteidigen. Und ich werde um mein Leben kämpfen. Und das willst du nicht erleben.«

Das machte Eindruck. Adi wurde wieder kleinlaut und beendete das Gespräch. Ich war stinksauer. Ich ging zu meinem Vater und erzählte ihm alles. Dann fragte ich, ob er mich in den Libanon begleiten würde. Ich wollte Ernst machen. Ich wollte die Scheidung so schnell wie möglich durchziehen. Mein Vater war mein Erziehungsberechtigter und auch wenn ich schon erwachsen war – im Libanon zählte sein Wort. Wir kauften noch am selben Tag unsere Tickets. Und zwei Wochen später landeten wir in Beirut. Wie versprochen kündigte ich den Termin auch Adi an.

Am Flughafen hielt uns niemand auf. Am zweiten Tag schrieb

er aber meiner Tante eine SMS. Er fragte, ob wir wirklich gekommen seien. »Ja«, antwortete sie.

»Dann werde ich Aylin jetzt abholen kommen.«

Ich hatte noch immer keine Angst vor diesem Mann. Ich schickte ihm eine Sprachnachricht und kündigte ihm an, was ich mit ihm machen würde, wenn er es wagen sollte, vor unserer Tür zu stehen. Es hatte etwas mit einem Topf heißem Öl und seinem Gesicht zu tun. Adi kam dann nicht. Er hatte sich wahrscheinlich gedacht, so eiskalt wie ich war, würde ich tun, was ich ankündigte.

Mein Vater und ich gingen vor Gericht und haben förmlich die Scheidung eingereicht. Man sagte uns, dass die Bearbeitung einige Zeit in Anspruch nehmen würde. Und gab uns einen Termin in drei Monaten. Dort sollten wir zu einer Art Anhörung gemeinsam mit Adi erscheinen. Und in dieser Anhörung mussten beide Ehepartner den Scheidungswillen aussprechen. Das war ein Problem, von dem ich noch nicht wusste, wie ich es lösen sollte. Zurück in Deutschland hatte ich drei Monate Zeit, mir darüber Gedanken zu machen.

***

In dieser Zeit schrieb Hasim mich an. Er fragte mich, warum ich damals nicht mit ihm gesprochen hatte. Warum ich ihm nicht erzählt hatte, dass ich kurz davor war, eine Ehe zu schließen. Ich erklärte ihm, was ich mir selbst nicht so wirklich erklären konnte. Dass alles so schnell ging und ich selbst von dem überfordert war, was damals passierte.

»Hasim, du hast erlebt, was mir im Libanon passiert ist. Und das ist nichts im Gegensatz zu dem, was ich davor erlebt hatte.«

Er ließ sich für seine Antwort Zeit.

»Ja, Aylin, das habe ich erlebt. Und ich kann mir nicht ansatzweise vorstellen, was du in deinem Leben schon durchmachen musstest.«

Das tat gut. Es tat gut, dass da ein Mensch war, der mir zuhörte und sich kein Urteil über mich oder mein Leben erlaubte. Dann weinte ich mich bei Hasim aus. Ich war so fertig. Drei Stunden sprachen wir miteinander. Und nach dem Telefonat bot er mir an, dass er zu Adi gehen würde, um ihm etwas anzutun.

»Lass das, Hasim. Das Beste, was du tun kannst, ist es, dich nicht einzumischen. Das ist ja die Tragödie meines Lebens. Dass sich ständig irgendwelche Menschen eingemischt und die Dinge noch schlimmer gemacht haben, als sie eh schon waren.«

»Okay«, sagte Hasim. »Ich verspreche dir, nichts zu tun, was ich nicht tun soll. Aber wenn du irgendetwas von mir verlangst, egal, was es ist – ich werde es tun. Versprochen.«

»Tu mir einen Gefallen. Akzeptier bitte, dass ich Abstand brauche. Zu allen Männern, okay?«

»Okay«, sagte er traurig.

Adi terrorisierte mich derweil täglich mit Nachrichten. Er war völlig schizophren. Mal schrieb er mir, wie sehr er mich doch angeblich liebte, an anderen Tagen dann wieder, was er mit mir anstellen würde, wenn ich das mit der Scheidung durchziehen sollte. Einmal drohte er mir sogar, er werde nach Syrien gehen und in den Dschihad ziehen. »Ja, bitte Adi, bitte tu das«, schrieb ich ihm zurück. »Bitte, bitte, lass dich in die Luft jagen oder verkriech dich in irgendeiner Höhle, aus der du nie wieder rauskommst. Aber unterschreib vorher die Scheidungspapiere.«

»Du bist echt eiskalt«, antwortete er nur.

Ich versuchte wirklich alles, um Adi irgendwie loszuwerden. Ich schmiss sogar einmal meine SIM-Karte weg und kaufte mir eine neue, damit er mich nicht mehr nerven konnte. Es dauerte genau drei Tage, bis er meine neue Nummer hatte. Und ich brauchte zwei Wochen, um herauszufinden, dass meine Schwester sie ihm gegeben hatte.

»Entschuldige, Aylin, er rief weinend bei mir an. Ich hatte Mitleid mit ihm.«

»Das ist ja genau das Problem, alle haben Mitleid mit diesem Schauspieler.«

Aber ich wusste, dass das sowieso nichts brachte. Ob neues Handy oder nicht, ob Kontakt zu Adi oder nicht, das Problem war ein anderes: Wir waren auf dem Papier noch immer verheiratet. Und wir konnten die Ehe nur lösen, wenn er einer Scheidung zustimmte.

Meine Mutter und ich flogen vier Tage vor unserer gerichtlichen Anhörung zurück nach Beirut. Mein Vater blieb zu Hause. Er war zu schwach. Noch immer hatte Adi nicht eingewilligt, sich scheiden zu lassen. Da keine Überredungskunst etwas brachte, wussten wir uns nur noch anders zu helfen. Es gab da einen Mann im Libanon, einen Imam, der sehr, sehr viel Einfluss hatte. Er wurde Imam Ali genannt. Doch Imam Ali war nicht bloß sehr einflussreich, er war auch extrem gefürchtet. Meine Mutter hatte über ihre Familie einen direkten Draht zu diesem Mann, der etwas außerhalb von Beirut residierte. Also beschlossen wir, zu ihm zu fahren und ihn als Schlichter hinzuzuziehen. Mein Cousin begleitete uns. Die Fahrt dauerte etwa eine halbe Stunde. Ich war noch nie in diesem Teil vom Libanon gewesen. Wie verließen Beirut und fuhren über staubige Landstraßen. Am Wegesrand war nichts außer verdorrtem Gestrüpp. Hin und wieder standen da auch ein paar ausgebrannte Ruinen. Sonst gab es nichts außer Staub und Leere.

»Bist du dir sicher, dass wir hier richtig sind?«, fragte ich meinen Cousin.

»Ja. Der Imam wohnt etwas außerhalb.«

Ich hatte das Gefühl, wir würden direkt in die Wüste fahren. Mein Cousin bog irgendwann ab und fuhr von der befestigten Straße auf einen kleinen schlecht angelegten Weg direkt auf ein großes, weiß getünchtes Haus zu. Um das Haus herum war ein Stacheldrahtzahn aufgestellt.

»Sieht mehr aus wie ein Militärstützpunkt«, sagte ich.

»Imam Ali ist ein wichtiger Mann«, sagte mein Cousin ernst. »Und wichtige Männer werden nun einmal gut bewacht.«

Er hatte offensichtlich recht. Das Haus war nicht nur gut abgeschirmt – es war auch gut gesichert. Imam Ali schien sich eine kleine Privatarmee zu leisten. Zumindest standen allein vor dem Haus vier ernst blickende Männer in Tarnfarben-Uniformen.

»Wir würden gern zum Imam«, sagte meine Mutter zu einem der Männer.

»Haben Sie einen Termin?«

»Ja, er erwartet uns«, entgegenete sie und ich staunte über die Kontakte, die meine Mutter so einfach mobilisieren konnte.

Die Männer deuteten uns schließlich an, dass wir das Haus betreten könnten und führten uns in das Wohnzimmer, einem großen Raum, in dem gut verteilt überall Sofas und kleine Tische standen. Auf den Tischen war etwas Obst angerichtet. Wohnlich war der Raum nicht. Es war mehr eine Art Wartezimmer. Hier saßen Menschen, die zum Imam gepilgert kamen, weil sie sich von ihm erhofften, dass er etwas für sie klären oder erledigen könnte. Menschen wie wir. Wir setzten uns auf eines der Sofas und schauten uns um. Es wurde nur leise gesprochen. Zwei Männer unterhielten sich über ein Grundstück, das ihnen irgendjemand abkaufen wollte. Ich verstand nur Bruchstücke.

Nach wenigen Minuten gab uns einer der Männer ein Signal, dass wir mitkommen sollten.

»Ich warte hier«, sagte mein Cousin und meine Mutter und ich gingen einen langen Flur entlag in einen Raum, in dem nur ein großer, massiver Schreibtisch stand. Davor ein paar Stühle. Hinter dem Schreibtisch saß Imam Ali. Ein großer, massiver Mann mit einem langen schwarzen Bart und tiefschwarzen Augen.

»Bitte«, sagte er und deutete auf die Stühle, auf die wir uns setzen sollten. »Was kann ich tun?«

Ich schaute meine Mutter an. Und sie fing an, dem eindrucksvollen Mann, der da vor uns saß, die Geschichte von Adi und mir zu erzählen.

»Meine Tochter hat diesen Mann nur geheiratet, weil wir sie alle unter Druck gesetzt haben«, schloss sie. »Aber wir wussten doch nicht, dass dieser Adi ein Lügner und Betrüger ist.«

Imam Ali hatte sich die ganze Geschichte angehört, ohne meine Mutter zu unterbrechen. Als sie ihre Erzählung beendet hatte, schaute er mich an.

»Ist das alles wahr?«

»Ja, das ist es.«

»Du wolltest diese Ehe nie und du willst sie auch jetzt nicht?«

»Nein!«

»Dann«, sagte der Imam sehr bedächtig und fuhr sich durch seinen langen Bart, »ist diese Ehe ungültig. Wir werden veranlassen, dass dieser Adi sich mit der Scheidung einverstanden erklärt.« Er gab einem seiner Assistenten, der die ganze Zeit an der Tür stand, ein Zeichen.

»Was werden Sie denn tun?«, fragte ich.

»Aylin!«, zischte meine Mutter mich an.

»Schon gut«, sagte der Imam in einem gütigen Ton. »Wir werden mit deinem Ehemann reden.« Er lächelte und gab uns ein Zeichen, dass wir nun gehen sollten. Wir küssten seine Hand und verließen das merkwürdige Haus dieses merkwürdigen Mannes.

***

Am nächsten Morgen weckte mich meine Mutter.

»Aylin, steh auf. Es gibt gute Nachrichten. Ein Mann von dem Imam hat uns gerade angerufen. Adi hat eingewilligt, sich scheiden zu lassen.«

Ich war noch im Halbschlaf und konnte kaum glauben, was ich da hörte. Erst nach und nach realisierte ich, was das bedeutete.

»Ist das wirklich wahr?«

»Ja, das ist es«, sagte meine Mutter und küsste mich auf die Wange.

Ich hatte es geschafft! Ich hatte es tatsächlich geschafft. Ich war Adi los. Er musste es nur noch vor Gericht bestätigen. Und dann würde dieser Albtraum endlich ein Ende finden. Wir hatten einen Termin um 16 Uhr. Als wir den Gerichtssaal betraten, saß Adi schon auf einem Stuhl vor dem Richter. Sein Anzug war ziemlich lädiert. Und sein Gesicht auch. Er hatte ein blaues Auge und ein paar deutliche Schrammen im Gesicht. Ich erschrak. »Was ist denn mit dir passiert?«

Er schaute mich mit zusammengekniffenen Augen an. »Frag doch nicht so scheinheilig.«

Da verstand ich erst.

Der Richter wollte die Sitzung schnell hinter sich bringen. »Also«, sagte er und wandte sich an Adi. »Ihre Frau will die Scheidung. Was sagen Sie?«

Adi ließ eine kurze Pause und starrte auf den Boden. Dann hob er seinen Blick und sagte trotzig, dass er die Scheidung noch immer nicht wolle.

»Unglaublich!«, schrie meine Mutter auf. »Er hat die Scheidung schon ausgesprochen gehabt!«

»Ist das wahr?«, fragte der Richter. Adi blickte nervös zu seiner Familie, die in dem Raum saß, und schüttelte den Kopf.

»Herr Richter«, intervenierte meine Mutter. »Er hatte die Scheidung ausgesprochen. Und dafür gibt es zwei Zeugen. Zwei Männer, die bei ihm waren. Sie wären sicherlich bereit, das auch hier zu bezeugen.«

Adi wurde immer nervöser und strich sich mit der Hand durch sein Haar.

»Ist das wahr?«, fragte der Richter streng. »Junger Mann, ich habe das Gefühl, dass sie nicht wissen, in welcher Situation sie sich hier gerade befinden. Sollten Sie die Scheidung tatsächlich ausgesprochen haben und uns hier anlügen, begehen Sie eine schwere Straftat.«

»Ich habe die Scheidung ausgesprochen!«, platzte es aus Adi heraus. »Aber nicht weil ich das wollte, sondern weil man mich unter Druck gesetzt, mich verprügelt hat. Schauen Sie mich doch an«, schrie er dem Richter entgegen.

Und ich habe dich nur geheiratet, weil ich unter Druck gesetzt wurde, dachte ich für mich, ohne es auszusprechen. Ich verachtete Adi in diesem Moment noch mehr als je zuvor. Er spielte mir in den letzten Wochen und Monaten doch so gern den harten Superman vor, schickte mir Fotos, wie er mit Waffen posierte, und jetzt weinte er beinahe vor Gericht, weil man ihn angeblich unter Druck gesetzt hatte? Ich wusste ja nicht wirklich, was die Männer mit ihm angestellt hatten. Aber sein Auftreten hier war einfach traurig.

»Ich habe langsam genug!«, sagte der Richter. »Wir unterbrechen diese Verhandlung. Ich gebe Ihnen fünf Minuten. Sie einigen sich! Es ist mir egal, wie.«

Meine Mutter rannte aus dem kleinen Verhandlungsraum und wählte die Nummer von Imam Ali. Ich blieb mit Adi zurück. Er schaute mir nicht mehr in die Augen.

»Willst du das wirklich mit allen Mitteln durchziehen?«, fragte ich ihn kalt. »Wieso willst du diese Ehe aufrechterhalten? Ich hasse dich. Und ich bin mir ziemlich sicher, dass du nicht sehr viel mehr für mich empfindest.«

Adi antwortete nicht, er blickte weiter starr zu Boden. Dann kam meine Mutter in den Raum. »Ich habe gerade mit den Männern von Imam Ali gesprochen. Sie wären bereit, gleich vorbeizukommen. Und zu bezeugen, dass du die Ehe geschieden hast.«

»Die Anwaltskosten«, nuschelte Adi vor sich hin.

»Was?«, fragte ich. Er schaute jetzt zum ersten Mal auf und blickte meine Mutter und mich an. »Ihr bezahlt meine Anwaltskosten und ich unterschreibe alles, was ich unterschreiben soll.«

»Auf keinen Fall!«, sagte meine Mutter. »Wir sind im Recht, wir fechten das aus!«

»Mama«, sagte ich. »Lass uns drauf eingehen. Dann haben wir es endlich hinter uns.«

Meine Mutter überlegte kurz und stimmte dann zu. Sie zahlte Adi seine 320 Euro Anwaltskosten. Und er ließ sich von mir scheiden.

Ich habe mich noch nie so frei gefühlt.

KAPITEL 5
Freiheit

Ich baute mir nun Stück für Stück mein eigenes Leben wieder auf. Ich nahm mir ganz fest vor, dass ich mich niemals wieder von irgendeinem Menschen auf dieser Welt bevormunden lassen würde. Ich hatte keinen Mann und ich wollte keinen Mann mehr haben. Ich wollte mein Leben, ich wollte meine Träume leben. Ich wollte selbstständig sein. Ich wollte niemanden mehr haben, der mir Vorschriften machen dürfte.

Im Jahr 2015 hatte ich einen wirklich guten Job in der Buchhaltung einer Autowerkstatt angenommen. Ich verdiente mein eigenes Geld, hatte meine eigene Wohnung. Und wenn ich morgens in den Spiegel sah, sah ich nicht mehr das verschüchterte Mädchen von früher, sondern eine selbstbewusste junge Frau, die wusste, was sie vom Leben wollte. Ja, mein Schicksal hat mich gezeichnet. Aber nur so lange, wie ich es zugelassen habe. Ich nahm mir vor, den Rest meiner Geschichte selbst zu schreiben.

Während ich mich Tag für Tag besser fühlte, spürte ich, wie es meinem Vater hingegen immer schlechter ging. Seine Kraft ließ nach. Die aggressive Chemotherapie schwächte ihn. Und meine Familie fing ihn überhaupt nicht auf. Ich hatte das Gefühl, sie ließen ihn einfach fallen. So wie sie mich damals fallen gelassen hatten. Einmal rief mein Vater mich weinend an, weil er einen Termin im Krankenhaus hatte und sich niemand Zeit nahm, ihn dort hinzufahren. Ich konnte es nicht glauben, also rief ich meine Brüder an und stellte sie zur Rede. Es schien sie nicht groß zu kümmern. Sie hatten »Besseres« zu tun. Ich war wirklich fassungslos. Was konnte ein Mensch denn Besseres zu tun haben, als jemandem zu helfen, der in Not war? Wieso sahen meine Brüder das nicht? Oder musste man selbst einmal ganz unten gewesen sein, um überhaupt zu verstehen, was Mitgefühl eigentlich bedeutete?

Ich bat meinen Chef um einen freien Nachmittag, fuhr zu meinem Vater nach Hause, bestellte ein Taxi und begleitete ihn dann ins Krankenhaus. Es war ein fürchterliches Bild. Die Chemotherapie machte ihn fertig. Der Anblick, wie er entkräftet auf seinem Stuhl saß und eine Krankenschwester ihm Gift durch die Venen jagte, in der Hoffnung, man könne den Krebs zwar nicht besiegen, aber zumindest etwas aufhalten – es brach mir das Herz. Als wir ein Taxi für den Rückweg bestellten, legte ich meine Hand auf Babas Knie und schaute ihn an.

»Weißt du was, Baba? Ich habe gerade beschlossen, dass ich einen Führerschein machen werde.«

Mein Vater zwang sich ein Lächeln ab und schüttelte den Kopf. Es war für ihn unvorstellbar, dass eine seiner Töchter Auto fahren würde. In seinen Augen war das Männersache. Er strich mir über die Wange.

»Nein, Baba. Ich meine das ernst. Ich werde einen Führerschein machen. Und dann werde ich dich ins Krankenhaus fahren, wenn du ins Krankenhaus musst. Oder ich fahre dich an den Ort, an dem du sein willst, du wirst schon sehen.«

»Du bist verrückt, Aylin«, lächelte er und tat meine Worte als nett gemeinte Spinnerei ab.

Aber es war keine nett gemeinte Spinnerei. Am nächsten Tag ging ich direkt nach der Arbeit zu einer Fahrschule und meldete mich dort an. Mit einem ziemlich unguten Gefühl. Ich hatte wirklich wahnsinnigen Respekt vor dem Autofahren. Als ich am Abend zu Hause im Bett lag, hatte ich das Gefühl, einen riesigen Fehler gemacht zu haben. Allein schon die Vorstellung: Ich auf der Autobahn. Fürchterlich. Aber dann dachte ich mir: Aylin, du hast schon so viel in deinem Leben geschafft. Dann wirst du es auch schaffen, ein Auto zu bedienen. So schwer kann es ja nicht sein.

Ich wollte es richtig machen. Also lernte ich wie eine Verrückte jeden Tag für die Theorieprüfung. Ich hatte mir eine App runtergeladen, mit der man die Prüfungsfragen lernen konnte. Es dauerte nicht lange und ich kannte sie in- und auswendig. Ich erzählte niemandem von meinen Freunden oder von meiner Familie davon. Das war mein kleines Geheimprojekt. Ich hatte keine Lust, mir von irgendjemandem anhören zu müssen, dass ich das doch eh nicht schaffen werde. Vielleicht stimmte es ja, dachte ich. Vielleicht schaffte ich es wirklich nicht. Aber dann wollte ich das mit mir selbst ausmachen.

Nach drei Monaten fuhr ich mit meinem Fahrlehrer zum TÜV, wo ich die theoretische Prüfung absolvieren sollte. Ibo, mein Lehrer, meinte, ich wäre so weit. Ich fühlte mich zwar noch ein wenig unsicher, aber ich vertraute ihm. Neben mir waren noch rund zwanzig andere Menschen, die auch die Prüfung absolvieren wollten. Wir wurden in einen großen Raum gebracht, bekamen einen Stift und einen Prüfungsbogen – und waren dann auf uns gestellt.

Ich ging Frage für Frage durch. Es gab eigentlich keine wirklichen Überraschungen. Ich war mir nicht immer absolut sicher, aber ich kreuzte alles nach bestem Wissen an. Als ich fertig war, las ich den Bogen noch einmal durch. Von oben bis unten. Ich schaute mich im Raum um. Die anderen schrieben noch. Ich stand auf und gab dem Prüfer vom TÜV meinen Bogen.

»Schon fertig?«, fragte er etwas verwundert.

»Ja.«

Er schaute auf seine Uhr. »Sechs Minuten. Ditt is mehr als schnell.«

Ich zuckte mit den Schultern.

»Sicher, dass Se die Fragen nüsch noch mal durchjehen wollen?«

»Sicher«, sagte ich.

Der Prüfer verzog die Mundwinkel. »Na, da is süsch aber jemand janz schön sicher, wa?«

Nein, ich war mir alles andere als sicher. Aber es hatte doch auch keinen Sinn, alles drei Mal durchzugehen. Was ich wusste, das wusste ich. Der Mann scannte den Bogen in seinen Computer ein. Er schaute auf den Bildschirm und verzog hin und wieder das Gesicht.

»Jetzt machen Sie es doch nicht so spannend«, drängte ich. Ich war wirklich nervös. Der Mann grinste. Dann drehte er seinen Monitor zu mir.

»Gratuliere. Sie habens jeschafft.«

Auf dem Bildschirm wurde mir eine grüne Null angezeigt. »Keine Fehler?«, fragte ich vorsichtig.

»Nüsch einen einzigen.«

»Sie verarschen mich doch?«

»Ne, Frollein, fürs Verarschen werd ick nüsch bezahlt.«

Ich war so glücklich, dass ich den alten Mann einmal umarmte. Dann lief ich raus, wo schon mein Fahrlehrer wartete.

»Du brauchst gar nichts sagen, Aylin. Ich seh's schon an deinem Gesicht. Und ich hatte auch nichts anderes erwartet. Gratuliere.«

Aber die tatsächliche Herausforderung kam ja noch auf mich zu. Die Praxis. Und Ibo, mein Fahrlehrer, schmiss mich da wirklich ins kalte Wasser. Er begann direkt mit einer Stadtfahrt durch Berlin. Ich starb tausend Tode. Aber irgendwie schaffte ich es, den Wagen einmal durch die halbe Stadt zu bewegen, ohne ihn gegen eine Laterne oder eine Hauswand zu setzen.

»Das hast du gut gemacht«, lobte mich mein Fahrlehrer nach der ersten Stunde. »Sobald du ein bisschen Routine drin hast, wirst du merken, dass es ein Kinderspiel ist. Und auch nicht mehr so nervös sein.«

»Hast du mir das angemerkt?«, fragte ich ihn. »Also … dass ich nervös war?«

»Aylin, du hast mir mein komplettes Lenkrad vollgeschwitzt. Es war nicht zu übersehen«, lachte er. »Entspann dich. Du machst das sehr gut.«

Es war merkwürdig, aber seine Worte gaben mir so viel Selbstvertrauen, dass ich mich richtig auf die nächste Fahrstunde freute. Und Ibo hatte recht. Von Fahrt zu Fahrt wurde ich selbstsicherer. Und nach weiteren drei Monaten hatte ich es tatsächlich geschafft. Ich hielt meinen eigenen Führerschein in den Händen. Ich konnte es kaum erwarten, ihn meinem Vater zu zeigen.

Als ich ihm das kleine Kärtchen unter die Nase hielt, musste er lachen. »Du bist doch total verrückt. Du hast das wirklich gemacht?«

»Nur für dich, Baba.«

Er gab mir einen Kuss auf die Stirn. »Aber ich traue mich nicht, mit dir zu fahren«, sagte er halb im Scherz. Ich kannte meinen Vater allerdings gut genug, um zu wissen, dass da auch ein Funke Wahrheit drinsteckte. Es war ihm wirklich unangenehm.

»Baba, ich habe meinen Führerschein in einem halben Jahr geschafft. Dann werde ich es auch schaffen, dich in den nächsten Wochen zu überzeugen, mit mir gemeinsam Auto zu fahren.«

Es brauchte ein bisschen, aber irgendwann hatte ich meinen Vater so weit. Und von diesem Tag an fuhren wir täglich zusammen. Wenn er sich irgendetwas wünschte, dann setzten wir uns ins Auto und besorgten es ihm. Frisches Obst, ein besonderes

Getränk, was auch immer. Wenn er Lust hatte, etwas aus der Stadt herauszukommen, dann fuhren wir aus der Stadt heraus. Ich erfüllte ihm jeden Wunsch, den er hatte. Irgendwann fragte er mich einmal, warum ich das tat.

»Weil du mein Vater bist«, antwortete ich. »Und weil ich dich liebe.«

»Ich habe dir so viel Leid angetan, Aylin. Ich bin für so viel Schlechtes in deinem Leben verantwortlich. Und trotzdem bist du noch so gut zu mir. Ich habe das nicht verdient.«

Ich lächelte. Ich konnte es mir selbst nicht erklären. Meine Familie hatte mir so furchtbare Dinge angetan. Dinge, die ich niemals vergessen würde. Unter denen ich ein Leben lang zu leiden haben würde. Aber sie waren doch meine Familie. Und in meinem Herzen wusste ich, dass nichts von dem, was sie getan hatten, in böser Absicht geschehen war. Sie dachten nur in ihrer verqueren Logik und in ihrem verqueren Weltbild, dass es etwas Gutes sei. Sie dachten, sie müssten mich versorgen, als sie mir einen Mann suchten, den ich heiraten sollte. Sie dachten, dass die Ehe mit einem Mann, der mich vergewaltigt hatte, keine gute Ehe sein konnte, als sie mich von Tarik trennen wollten. Sie dachten, dass sie mich von allem Bösen und Schlechten fernhalten könnten, wenn sie streng zu mir waren und mich schlugen. Und gerade weil ich wusste, wie es war, am Boden zu sein, konnte ich doch meinem Vater, der gerade am Boden lag, nicht die Hand verweigern, die er nach mir ausstreckte.

»Komm, Baba«, sagte ich und ließ den Motor wieder laufen. »Wir fahren noch ein Stück.«

***

Ich hatte zum ersten Mal in meinem Leben das Gefühl, dass es wirklich bergauf ging. Die Beziehung zu meiner Familie normalisierte sich und gleichzeitig hatte ich mein eigenes Leben voll im Griff. Und das Beste war: Es gelang mir wirklich, diese beiden Welten miteinander in Einklang zu bringen. Meine Familie hatte es mittlerweile akzeptiert, dass ich selbstständig war. Dass ich keinen Mann hatte, aber auch nicht zu Hause wohnte. Es war ein westlicher Lebensstil. Aber wir lebten ja auch im Westen. Und nach und nach erkannten sie, dass ich so gefestigt war in meinem Charakter, dass die Ängste, die sie hatten, nicht eintrafen. Ich glitt nicht ab. Ich trank keinen Alkohol. Ich hatte keine Affären mit fremden Männern. Meine Familie lernte nach und nach, mir zu vertrauen.

Als ich das Gefühl hatte, wirklich alle Probleme im Griff zu haben, beschloss ich, noch einmal mit meiner Freundin Yasmin einen Urlaub zu machen. Ich wollte nicht wieder übermütig werden. Der letzte Urlaub im Libanon verlief schließlich nicht ganz so, wie ich ihn mir gewünscht hatte. Darum machten wir dieses Mal nur eine kleine Reise. Yasmin hatte eine Cousine im Ruhrgebiet, die wir für ein verlängertes Wochenende besuchen wollten.

Ich wollte aus zwei Gründen verreisen. Einmal, um mir meine eigene Selbstständigkeit zu beweisen. Und einmal, um meiner Familie klarzumachen, dass auch sie sich um meinen Vater kümmern müssen. Ich übernahm den Großteil der Aufgaben. Ich machte das gern, aber ich fand, auch sie hatten eine Verantwortung ihm gegenüber. Und der sollten sie ein wenig nachkommen.

Yasmin und ich hatten eine tolle Zeit in Essen. Schon die Fahrt war so fröhlich und lustig. Ich saß am Steuer, wir ließen das Radio laut laufen, kurbelten die Fensterscheiben von ihrem Auto runter und sangen einfach laut mit. Die anderen Fahrer mussten uns für verrückt halten. Aber das war uns total egal.

»Mensch, Aylin«, sagte sie während der Fahrt. »Du bist ein ganz anderer Mensch geworden. Es tut so gut, dich wieder fröhlich zu sehen.« Dabei strich sie mir über die Wange. Wir hatten eine tolle Zeit mit ihrer Cousine. Je weiter ich von Berlin weg war, desto weniger belasteten mich die Sorgen, die ich in dieser Stadt noch hatte. Aber wenn ich alleine war, wenn ich nachts im Bett lag, dann kamen sie hoch: die Erinnerungen, die Sorgen, die schrecklichen Bilder der Vergangenheit. In Essen konnte ich sie hinter mir lassen. Zumindest dachte ich das.

Die Realität holte mich ein, als mein Vater mich anrief. Das tat er sonst nie. »Aylin, wie geht es dir?«

»Gut. Und wie geht es dir?«

»Ich weiß es nicht. Ich liege irgendwo in irgendeinem Flur im Krankenhaus. Deine Brüder haben mich stehen lassen und sind gegangen. Kannst du bitte kommen und mich auf mein Zimmer bringen?«

Ich konnte nicht glauben, was ich da hörte. Ich hätte auf der Stelle losheulen können. Wie konnten meine Brüder das meinem Vater antun? Ihn einfach hilflos irgendwo im Krankenhaus zurücklassen.

»Es tut mir leid«, sagte ich mit gefasster Stimme. »Ich bin gerade nicht in der Nähe.«

»Was soll ich nur tun?«, schluchzte er ins Telefon.

»Bleib da, wo du bist, ich kümmere mich darum, dass dir jemand hilft.«

Ich suchte im Internet die Telefonnummer von seiner Station heraus und rief dort an. Ich erklärte der Schwester die Situation. Dass mein Vater irgendwo im Krankenhaus war und den Weg zurück in sein Zimmer nicht mehr fand. Dass er sehr schwach war. Dass es ihm nicht gut ging. Noch als ich die Worte aussprach, brach meine Stimme.

Die Schwester versuchte, mich zu beruhigen und versprach mir, sich persönlich um meinen Vater zu kümmern. Als ich auflegte, brach ich zusammen. Yasmin strich mir über den Rücken.

»Wollen wir vielleicht nach Hause fahren, Aylin? Dein Vater braucht dich doch.«

Ich nickte. Am nächsten Morgen fuhren wir zurück nach Berlin.

Dieses Mal fuhr Yasmin den Wagen. Ich starrte nachdenklich aus dem Fenster.

»Das wird schon wieder«, versuchte sie, mich zu beruhigen.

»Nein«, sagte ich. »Mein Vater wird sterben. Ich hoffe nur, dass er nicht leiden muss.«

Yasmin schwieg. Das Radio lief auf der Rückfahrt nicht. Wie schnell uns das Leben doch immer wieder einholen kann, dachte ich mir. Wie schnell doch all unsere Gewissheiten wieder infrage gestellt werden können.

Als hätte Yasmin meine Gedanken gelesen, fragte sie plötzlich, wie aus dem Nichts: »Was ist jetzt eigentlich mit Mahmoud?«

Ich schaute sie verwundert an. Mahmoud. Ich hatte schon so lange nichts mehr von ihm gehört. Ich habe ihm Briefe ins Gefängnis geschrieben. Aber er hat keinen dieser Briefe jemals beantwortet.

»Was soll denn mit ihm sein?«, fragte ich meine Freundin.

»Na, er hat doch jetzt Freigang. Er ist im offenen Vollzug. Wusstest du das nicht?«

Ich sackte im Autositz zusammen. Nein, das wusste ich nicht.

***

Als wir in Berlin ankamen, besuchte ich zunächst einmal meine Mutter und stellte sie zur Rede.

»Was denkt ihr euch eigentlich?«, schrie ich sie an. »Baba so im Stich zu lassen?«

»Es ist nicht so einfach, Aylin.« Meine Mutter schaute beschämt zu Boden. Sie wusste, dass ich recht hatte. Sie wusste, dass ihr Verhalten unterirdisch war.

»Wir kümmern uns doch um ihn. Aber er ist so launisch. Er rastet wegen jeder Kleinigkeit aus. Er ist ständig wütend.«

Ich schüttelte nur den Kopf. »Natürlich ist er launisch. Sieh dir doch einmal die Medikamente an, die die Ärzte ihm geben. Er ist gar nicht wirklich bei sich. Und natürlich ist er wütend, Mama. Weil er Angst hat. Weil er weiß, dass er sterben wird. Er hat verdammt nochmal jedes Recht dieser Welt, wütend zu sein.«

»Du hast recht, Aylin.« Ich schaute meine Mutter an. »Ich bin einfach nur so hilflos«, sagte sie leise und fing an zu weinen. Und ich nahm sie in den Arm. Jetzt weißt du mal, wie sich das anfühlt, dachte ich. Aber dann vertrieb ich den Gedanken wieder. Nein, so wollte ich nicht sein. So wollte ich nicht werden. Niemals. Ich nahm meine Mutter in den Arm. »Wir kriegen das schon hin, Mama. Wir halten jetzt einfach zusammen.«

Als ich nach Hause kam, setzte ich mich auf mein Bett und überlegte mir etwas wegen Mahmoud. Ich wollte unbedingt Kontakt zu ihm aufnehmen. Ich ging davon aus, dass er mit mir abgeschlossen hatte. Dass er mich nicht mehr sehen wollte. Sonst hätte er ja auf meine Briefe geantwortet. Aber ich wollte ihm unbedingt einmal ins Gesicht sagen, was er mir bedeutete. Und dass ich ohne ihn niemals da stehen würde, wo ich heute stand. Wenn er mich dann wegschicken würde, dann würde ich das so akzeptieren.

Ich musste ihn einfach sehen. Also rief ich im Gefängnis an.

»Kotschinsky«, meldete sich eine raue Männerstimme.

»Guten Tag«, sagte ich freundlich. »Mein Name ist Aylin Said und ich würde gern einen Freund besuchen. Ich weiß, dass er Freigang hat. Aber ich weiß nicht zu welchen Zeiten.«

»Sind Se de Frau von dem?«

»Nein«, sagte ich.

»Sind Se Familje oder so?«

»Nein, auch das nicht.«

»Na, wer sind Se denn?«

»Offiziell bin ich niemand. Aber inoffiziell ho…«

»… hoff ick, den zu heiraten, wa? Ick weeß, wer Se sind. Wir ham uns doch damals schon mal jetroffen, wo Se hier zu Besuchen waren, wa?«

»Ja«, sagte ich und musste grinsen. »Ja, ich erinnere mich. Sie sind der große Mann mit der Glatze.«

»Jenau, und Sie ditt kleene Mädel mitm Kopptuch.«

»Ja, genau, die bin ich.«

»Also hörma Missy. Offiziell isset so, ditt ick natürlisch nüsch sajen kann, wann der Mahmoud Freijang hat, wa? Offiziell isset so, ditt ick een uffn Deckel krieschen würd, wenn ick dir verrate, ditt der morjen Ausjang hat und um 18 Uhr wieder hier sein muss, wa?«

»Ich verstehe«, sagte ich und musste wieder grinsen. »Da kann man dann wohl nichts machen. Dennoch, vielen, vielen Dank, Herr Kotschinsky.«

»Nüsch dafür, Kleene.«

Was hatte ich doch für ein unverschämtes Glück. Mahmoud musste also um 18 Uhr wieder in der JVA sein. Ich nahm mir vor, schon ab 15 Uhr dort zu sein und ihn abzufangen. Ich wollte ihn auf gar keinen Fall verpassen. Vielleicht war das die einzige Chance, die ich hatte.

Ich lieh mir das Auto von meinen Eltern und fuhr am nächsten Tag wie geplant zur JVA. Ich parkte direkt vor dem Haupteingang. Hier konnte ich niemanden verfehlen, der rein- oder rausging. Ich stieg aus dem Auto aus und wartete. Und wartete. Und wartete. Die Zeit schien nicht zu vergehen. Ich schaute in alle Richtungen. Nicht, dass ich Mahmoud verpasste. Und was, wenn es noch einen zweiten Eingang gab, von dem ich gar nichts wusste? Es machte mich wahnsinnig. Ich hatte beinahe panische Angst, ihn zu verpassen. Aber wenn ich ganz ehrlich zu mir selbst war, dann hatte ich noch viel größere Angst vor Mahmouds Reaktion, wenn er mich sehen würde. Würde er mich abweisen? Würde er mich wegschicken? Würde er …

»Aylin?«

Ich erschrak, als ich meinen Namen hörte. Ich drehte mich um. Und dann stand er plötzlich vor mir. Mahmoud. Drei Jahre war es her. Es fühlte sich an, als würde mein Herz Luftsprünge machen.

Er schaute mich fassungslos an.

»Was machst du denn hier? Auf wen wartest du denn?«

Ich lächelte. »Na, auf wen soll ich denn wohl warten? Auf dich natürlich.« Ich schaute auf die Uhr. Es war 17 Uhr. Mahmoud hatte also noch eine Stunde Zeit.

»Komm, steig ein«, sagte ich ihm und zeigte auf das Auto. Mahmoud verstand die Welt nicht mehr.

»Du hast einen Führerschein?«, fragte er völlig verdutzt. Ich musste lachen.

»Wir haben uns drei Jahre nicht gesehen und das Erste, was dich interessiert, ist mein Führerschein?«

Mahmoud schaute mich an und schwieg. Er schaute mir einfach nur in die Augen. Nach ein paar Minuten strich er mit seiner Hand über meine Wange.

»Aylin … ich habe dich so vermisst. Ich habe dich nie vergessen.«

Als er das sagte, floss eine Träne über mein Gesicht. »Nein, Mahmoud«, flüsterte ich. »Ich habe dich auch nie vergessen. Nicht eine Sekunde lang.«

»Ich habe alles versucht, um dich zu finden, Aylin. Ich hatte keine Nummer von dir. Ich habe alles mobilisiert, aber niemand wusste, wo du wohnst. Nicht mal Yasmin konnte oder wollte mir etwas sagen. Ich konnte nur herausfinden, dass es einen neuen Mann in deinem Leben gibt. Jemanden aus dem Libanon.«

»Nein, Mahmoud. Es gibt keinen Mann in meinem Leben. Es ist eine lange Geschichte. Aber … es gibt niemanden. Und eigentlich gab es auch nie jemanden … außer dir.«

Mahmoud nahm meine Hände und küsste sie. Er weinte. Es waren Freudentränen.

»Ich habe mir nichts mehr gewünscht in meinem Leben, als eines Tages mit dir zusammen sein zu können«, sagte er. Du warst immer da. Du warst immer in meinen Gedanken. Du warst immer in meinem Herzen. Im Gefängnis habe ich mich die ganze Zeit zusammengerissen. Ich wollte einfach nur raus. Ich wollte zu dir.«

Ich hatte nicht erwartet, dass er noch so für mich empfinden würde.

»Wieso hast du mir nie auf meine Briefe geantwortet?«, fragte ich ihn. Er sprang auf. »Das habe ich doch. Ich habe dir unzählige Briefe zurückgeschrieben. Hast du sie nicht erhalten?«

»Nein.«

Natürlich hatte ich sie nicht erhalten. Wie dumm war ich eigentlich? Als ich ihm die Briefe schrieb, war ich noch so paranoid, dass ich sie zur Sicherheit verschickt hatte, ohne einen Absender darauf zu schreiben. Ich habe nicht darüber nachgedacht, dass Mahmoud meine neue Adresse somit nicht hatte. Also schickte er seine Briefe an meine Familie. Und die haben sie wahrscheinlich ungeöffnet verbrannt. Dass ich da nicht vorher drauf gekommen war! Ich ärgerte mich über mich selbst.

»Aylin, ich möchte zu deinen Eltern gehen. Ich möchte noch einmal um deine Hand anhalten.«

»Mahmoud, das geht jetzt ein bisschen schnell.«

»Was heißt schnell? Wir kennen uns seit einer Ewigkeit. Nichts daran geht schnell.«

»Mein Vater ist mittlerweile krank. Er hat nicht mehr lange

Zeit. Ich habe keine Ahnung, wie er auf so einen Antrag reagieren würde.«

»Lass es uns probieren«, sagte er. »Was soll schon passieren, außer dass er nein sagt?«

»Gib mir ein wenig Zeit«, sagte ich. »Ich werde ihn darauf vorbereiten.«

Dann verabschiedeten wir uns. Ich sah Mahmoud nach, wie er hinter den meterhohen Gefängnismauern verschwand.

***

Im September 2015 wurde er dann endgültig entlassen. Wir trafen uns jetzt regelmäßig und brachten uns gegenseitig auf den neuesten Stand. Ich erzählte ihm alles, was in meinem Leben passiert war. Und er erzählte mir, wie sich sein Leben verändert hatte. Er hatte im Gefängnis eine Ausbildung zum Schlosser angefangen. Da sein Aufenthaltsstatus nur befristet war, durfte er das eigentlich gar nicht. Aber die Ausländerbehörde hatte einen Fehler gemacht. Und den hatte er genutzt.

Nach ein paar Wochen beschloss ich, meinen Vater auf Mahmouds Antrag vorzubereiten. Er war mal wieder im Krankenhaus. Als ich ihn besuchte, schnitt ich das Thema an.

»Baba, ich habe neulich Mahmoud gesehen, er ist wieder aus …«

»Was sagst du diesen Namen?«, fiel er mir sofort ins Wort. »Was willst du bloß immer mit dem?«

Ich stellte mich an sein Bett, nahm seine Hände und schaute ihm ins Gesicht.

»Ich liebe ihn, Baba. Ich habe ihn immer geliebt. Aber ich werde nicht mit ihm zusammen sein, wenn du das nicht willst.«

Er schaute mich überrascht an. »Wie meinst du das?«

»Ich habe in meinem Leben keine guten Erfahrungen mit Männern gemacht. Es gab und es gibt nur einen Mann für mich. Und das ist Mahmoud. Und wenn du nicht möchtest, dass ich mit ihm zusammen bin, dann werde ich das akzeptieren. Aber dann werde ich alleine bleiben. Weil ich niemals wieder in meinem Leben mit einem Mann zusammen sein will, den ich nicht liebe. Verstehst du?«

Mein Vater schaute mich an.

»Wenn du das, was du sagst, ernst meinst … dann sag deinem Mahmoud, er soll mich anrufen. Ich will mit ihm reden.«

»Echt? Wirklich? Ich meine … das meinst du ernst?«

»Natürlich.«

Damit hatte ich nicht gerechnet. Ich hatte nicht damit gerechnet, dass mein Vater jemals seinen Stolz überwinden könnte. Vielleicht tat er es im Angesicht des Todes. Ihm ging es schon sehr schlecht. Vielleicht wollte mein Vater einfach nicht, dass ich wieder alleine sein muss, wenn er stirbt. Vielleicht hatte er auch verstanden, dass ich Mahmoud wirklich liebte. Ich weiß es nicht. Ich weiß nicht, was mein Vater dachte. Aber ich freute mich wahnsinnig und brachte Mahmoud gleich die guten Nachrichten.

***

Ein paar Tage später besuchte ich meinen Vater zu Hause. Er war sichtlich gut gelaunt.

»Rate mal, mit wem ich gerade gesprochen habe, Aylin.«

»Mit wem?«

»Mit deinem Mahmoud. Er war hier. Vor einer Stunde etwa.«

Das wusste ich nicht. Mahmoud hatte den Besuch nicht mit mir abgesprochen.

»Und?«, fragte ich vorsichtig.

»Ich habe ihn total fertig gemacht.«

»Mahmoud? Du hast Mahmoud fertig gemacht?«

»Ja.«

Ich spürte, wie mein Herz immer schneller schlug.

»Warum hast du das gemacht?« Noch wollte ich abwarten, worauf mein Vater hinauswollte.

»Na, wegen der Sache mit den Drogen. Ich habe ihm richtig den Kopf gewaschen«, sagte er zufrieden und stolz.

»Und jetzt sag mir bitte nicht, dass Mahmoud dir widersprochen hat?«

Ich liebte Mahmoud. Aber mein Vater hatte nicht mehr lange zu leben. Ich wollte nicht, dass er sich noch einmal aufregen musste. Dass ihm in seinen letzten Monaten noch irgendjemand widersprach. Ich wollte, dass die letzten Monate seines Lebens seine schönsten Monate würden.

»Neein«, sagte er breit. »Er hat mir nicht widersprochen. Im Gegenteil. Ich habe meine ganze Wut an ihm ausgelassen. Ich habe ihm gesagt, dass, wenn er dich wirklich haben will, ich einige Bedingungen habe. Er soll dir eine Wohnung einrichten, er soll eine hohe Brautgabe liefern. Gold im Wert von 10 000 Euro – und dann werdet ihr noch eine Hochzeit feiern. Eine richtig schöne Hochzeit.«

Ich nahm die Hände von meinem Vater.

»Das sind aber ganz schön strenge Vorschriften, Baba.«

»Für meine Tochter nur das Beste«, sagte er.

»Und was hat Mahmoud gesagt?«

»Er hat gesagt, es wäre ihm eine sehr große Ehre, diese Bedingungen zu akzeptieren.«

Ich hätte vor Freude heulen können. Auch wenn ich keine Ahnung hatte, wie Mahmoud wohl 10 000 Euro auftreiben wollte. Aber das sollte er mir in Ruhe selbst erklären. Ich überdeckte meinen Vater mit Küssen. Und er strich mir über mein Gesicht. »Ich will nur noch das Allerbeste für dich, mein Schatz.«

»Danke, Baba. Danke!«

***

Mein Vater war mittlerweile so schwach, dass er kaum noch Kraft hatte zu gehen. Aber er hatte einen allerletzten Wunsch. Er wollte unbedingt noch einmal in den Libanon. Er wollte seine Heimat wiedersehen. Sein Arzt riet ihm dringend davon ab.

»Herr Said, es ist gut möglich, dass Sie den Flug nicht überleben werden.«

»Baba«, versuchte ich, auf ihn einzuwirken. »Mach doch keine Dummheiten. Hier in Deutschland kann man viel besser für dich sorgen.«

»Aber ich wünsche es mir so sehr«, sagte er und schaute den Arzt mit großen Augen an.

»Na ja«, lenkte der ein. »Sie müssen aber im Libanon drei Mal in der Woche eine Dialyse-Station aufsuchen. Das müssten Sie mir versprechen.«

»Aber natürlich, natürlich«, sagte mein Vater.

»Natürlich, natürlich«, schimpfte ich ihn aus, nachdem wir das Sprechzimmer verlassen hatten. »Wie willst du denn im Libanon drei Mal wöchentlich zur Dialyse kommen? Wer soll dich denn da fahren?«

»Irgendwer findet sich schon, mein Schatz. Sorg dich nicht um mich.«

Ich schüttelte nur mit dem Kopf.

Als ich zu Hause war, telefonierte ich mit Mahmoud.

»Und was ist, wenn du mitfliegst?«, schlug er vor. »Dann kannst du dich um deinen Papa kümmern. Er braucht dich doch.«

»Wir haben das Geld dafür nicht, Mahmoud.«

»Doch«, sagte er. »Das haben wir.«

Mahmoud hatte während seiner Drogendealerzeit regelmäßig große Geldsummen in den Libanon geschickt, die seine Mutter für ihn verwaltete. Es war nicht mehr viel übrig. Aber er hatte noch 10 000 Euro übrig. So ziemlich genau die Summe, die mein Vater als Brautgabe veranschlagt hat.

»Dein Vater hatte meinen Onkel letzte Woche angerufen, Aylin. Er besteht nicht auf den 10 000 Euro. Er will nur noch 7000 Euro für dich haben.«

»Was? Aber wieso?«, fragte ich. Ich verstand das nicht.

»Ich glaube, er wollte mich nur testen. Er wollte wissen, ob ich bereit war, so einen hohen Preis zu akzeptieren. Aber ich sagte ihm schon damals, dass ich bereit wäre, jede Summe dieser Welt für dich zu zahlen. Als er gesehen hat, dass es mir Ernst ist, hat er die Brautgabe runtergesetzt.«

7000 Euro war immer noch eine stolze Summe. Aber sie war wenigstens nicht ganz so utopisch wie die 10 000 Euro, die er vorher sehen wollte.

»Meine Mutter«, sagte Mahmoud, »hatte mir die 10 000 aber schon überwiesen. Nimm also die 3000 Euro, die übrig sind, und flieg mit deinem Vater in den Libanon.«

»Meinst du das wirklich ernst?«

»Natürlich«, sagte Mahmoud und bewies mir in dem Moment einmal wieder, dass er der wundervollste Mann war, den ich mir wünschen konnte.

***

Im Libanon mieteten wir ein Auto. Drei Wochen habe ich dort mit meinem Vater verbracht. Es war eine sehr anstrengende Zeit. Ich wusste nicht, wie er das überhaupt schaffte. Drei Mal die Woche fuhren wir in ein Krankenhaus, damit mein Vater die Dialyse machen konnte. Die restliche Zeit fuhren wir von Stadt zu Stadt und besuchten sämtliche Verwandte, die mein Vater unbedingt noch einmal sehen wollte. Es war unglaublich heiß und staubig. Ich hatte keine Ahnung, wie dieser stolze Mann es schaffte, die Anstrengungen so wegzustecken, dass man es ihm kaum anmerkte. Zumindest anfangs nicht. In der dritten Woche wurde sein Gesundheitszustand auf einen Schlag schlimmer und schlimmer. Mein Vater baute massiv ab. Irgendwann konnte er nicht mal mehr aufstehen. Er war zu schwach.

Er rief mich zu sich.

»Aylin, komm, mach uns einen Tee und setz dich zu mir.«

Ich half ihm, sich in seinem Krankenlager ein wenig aufzurichten, legte ihm ein Kissen in den Rücken.

»Es ist schön, dass ich diese Zeit mit dir verbringen konnte. Als Vater und Tochter noch mal gemeinsam.«

»Baba, red doch nicht so, als ob …«

»Wir müssen uns doch nichts vormachen«, sagte er ohne Wehmut in der Stimme. »Es geht zu Ende.«

Er sprach mit mir ganz gefasst. »Aylin, ich habe in meinem Leben sehr viele Fehler gemacht. Fehler, für die ich mich schäme. Ich habe dir Dinge angetan, die ich keinem Menschen der Welt hätte antun dürfen. Und schon gar nicht meiner eigenen Tochter. Ich werde mich dafür vor Gott rechtfertigen müssen. Ich will nur, dass du weißt, dass ich dich immer geliebt habe. Mehr als alles andere. Und alles, was ich getan habe, habe ich getan, weil ich dachte, es wäre gut für dich.«

»Ich weiß das doch, Baba.«

»Ich habe einen letzten Wunsch, Aylin. Einen allerletzten Wunsch. Ich will nicht gehen, ohne die Gewissheit zu haben, dass du in den richtigen Händen bist. Ich wünsche mir, dass wir die Hochzeit durchziehen.«

Ich nickte. Begeistert war ich von der Idee nicht. Mahmoud war ja nicht einmal im Libanon. Wir müssten die Hochzeit also ohne ihn machen. Aber wie konnte ich meinem Vater seinen letzten Wunsch abschlagen?

Ich stimmte zu. Auch Mahmoud erklärte sich einverstanden. Am nächsten Tag fuhr ich zu Mahmouds Mutter. Sie empfing mich so liebevoll, so herzlich, als wäre ich ihre eigene Tochter.

»Aylin, ich habe so viel von dir gehört. Mein Sohn hat so viel von dir gesprochen. Es ist so schön, dass ich dich nach all den Jahren endlich kennenlernen darf.«

Mir war die Situation sehr unangenehm. Mahmoud hat unter mir ja wahrscheinlich jahrelang gelitten. Das muss auch seine Mutter mitbekommen haben. Und dennoch behandelte sie mich so liebevoll, so zuvorkommend. Ich war überwältigt. Sie machte mir einen Tee und ich erklärte ihr die Situation. Erklärte ihr, dass mein Vater nicht mehr lange leben würde. Und dass es sein letzter Wunsch war mitzuerleben, wie die Ehe zwischen mir und Mahmoud geschlossen wird. Obwohl diese Frau, die ich erst seit ein paar Minuten kannte, weder meinen Vater noch mich jemals gesehen hatte, zeigte sie so viel aufrichtiges Mitgefühl, dass ich zu Tränen gerührt war.

Sie rief sofort einen befreundeten Imam an und trommelte die ganze Familie zusammen. »Wir sollten am besten keine Zeit mehr verlieren«, sagte sie.

Tatsächlich organisierte sie alles so perfekt, dass schon am nächsten Tag das Ritual stattfinden konnte. Wir trafen uns bei meinem Onkel, wo mein Vater und ich wohnten, und richteten alles gemeinsam her. Mein Vater war mittlerweile so schwach, dass er nur noch im Bett liegen konnte. Er hatte nicht mal mehr die Kraft, sich aufzusetzen.

Die Zermemonie war unglaublich bewegend. Mahmouds Vater übergab mir einen Goldreif, symbolisch für die Brautgabe. Sein Bruder legte mir eine Goldkette an. Dann sprach der Imam die heiligen Worte. Und Mahmoud und ich waren verheiratet. Nach der Zeremonie kamen alle Gäste an das Bett meines Vaters, um ihm Respekt zu erweisen. Er gab sich Mühe, mit jedem zu sprechen. Aber er war einfach zu schwach.

Zwei Tage später flog ich wieder zurück nach Deutschland. Mein kleiner Bruder sollte in den Libanon fliegen, um sich weiter um Baba zu kümmern, ihn regelmäßig zur Dialyse und zum Arzt zu bringen. Ich hatte ein schlechtes Gefühl, als ich den Flieger nahm, aber mein Vater bestand darauf. »Dein Leben ist in Deutschland, Aylin«, sagte er und küsste mich auf die Wange.

»Baba, ich komme so schnell es geht wieder zurück. Ich werde mich dann weiter um dich kümmern, hörst du?«

»Mir ist nur eins wichtig, mein Kind. Leb dein Leben so, wie du es dir gewünscht hast. Du bist so klug. So weise. Du weißt am besten, was gut und was schlecht ist. Lass dir nie wieder etwas von jemandem vorschreiben, in Ordnung?«

»In Ordnung, Baba.«

Ich verließ den Libanon mit gemischten Gefühlen. Auf der einen Seite war ich unglaublich froh, dass ich nun endlich mit Mahmoud verheiratet war. Ich konnte das noch immer nicht richtig glauben. So viele Jahre hatte ich gebetet, diesen einen Mann heiraten zu dürfen. Mit ihm eine Familie gründen zu dürfen. Und jetzt wurden meine Gebete erhört. Aber auf der anderen Seite hatte ich auch ein ungutes Gefühl, meinen Vater zurückzulassen. Gerade jetzt. Gerade wo es ihm so schlecht ging. Hätte ich nicht doch noch eine Weile bleiben sollen?

Als das Flugzeug in Berlin landete, machte ich mein Handy an. Ich hatte mehrere verpasste Anrufe. Und eine Nachricht von meiner Mutter. Ich solle bitte zu ihr kommen, wenn ich gelandet wäre. Ich setzte mich in das nächste Taxi und fuhr zu unserer Wohnung. Als ich sie betrat, war die ganze Familie versammelt. Alle schauten mich traurig an.

»Was ist denn los?«, fragte ich.

Seyed kam auf mich zu und drückte mich an sich.

»Aylin, sei jetzt tapfer, okay? Wir haben vorhin einen Anruf bekommen. Vor drei Stunden ist Baba gestorben.«

»Was?«, fragte ich. »Das kann nicht sein. Das ist ein Missverständnis. Ich habe ihn doch heute noch gesehen. Er lebt. Er ist schwach, aber …«

Dann fing meine Mutter an zu weinen. Und als ich meinen großen Bruder anschaute, weil ich wollte, dass er mir sagt, dass es gelogen war oder ein Missverständnis, da schaute er nur an mir vorbei. Und ich sah, wie eine Träne sein Gesicht herunterlief. Und ich drückte mich fest an ihn und realisierte, was geschehen war. Ich weinte ganz bitterlich.

Selim kam zu mir. Leyla kam zu mir. Sie versuchten, mich zu trösten. Seyed küsste mich auf die Stirn. Und er sagte: »Weine nicht, Aylin. Alles wird gut werden.«

Und ich nickte. Und ich hoffte so sehr, dass er Recht behalten würde.

Nachwort

Es waren Träume, die mich am Leben gehalten haben, als mein Leben ein nicht endender Albtraum war. Träume von einem besseren Leben. Träume von der wahren, von der bedingungslosen Liebe. Träume von Freiheit und Selbstbestimmung. Ich weiß nicht, ob das große Träume waren. Für viele Menschen sind die Dinge, von denen ich geträumt habe, Selbstverständlichkeiten. Alltag. Mein Alltag war hingegen geprägt von Angst und Paranoia. Und das ist er auch heute noch. Ich schlafe nicht gut. Jede Nacht schrecke ich auf, geplagt von schlechten Träumen.

Die Vergangenheit, sie holt mich ein, wenn ich meine Augen schließe. Aber wenn ich sie wieder öffne, dann sehe ich, dass sich meine Träume von damals erfüllt haben. Ich lebe jetzt mit Mahmoud zusammen. Und er ist ein wunderbarer Mann. Er akzeptiert mich so, wie ich bin. Er akzeptiert mich so, wie ich geworden bin. Auch wenn das nicht immer einfach für ihn ist. Auch wenn er unter meinen Angstzuständen und meiner Paranoia leidet, die ich nicht loswerde. Ich kann heute keinen Raum betreten, ohne mich gründlich umzuschauen. Vielleicht wird sich das eines Tages ändern. Aber diese Sorgen sind kleine Sorgen in einem Leben, das einmal ein Traum gewesen ist. Mahmoud weiß, wie er mit mir reden muss. Wie er mich beruhigen kann. Wie er mir die Angst nimmt, wenn sie in mir aufsteigt. Er liebt mich von ganzem Herzen. Und ich liebe ihn. Mehr, als Worte das ausdrücken könnten. Ich danke Gott jeden Tag dafür, dass er diesen Mann in mein Leben geführt hat.

Das Verhältnis zu meiner Familie hat sich auch gebessert. Ich habe ein ganz normales Verhältnis zu ihnen. Normal, wenn man sich unsere Vorgeschichte wegdenkt. Meine Brüder und ich telefonieren regelmäßig. Wir sehen uns auf Familienfeiern. Wir sprechen über alles. Wir lachen zusammen. Sie haben Mahmoud akzeptiert. Sie haben ihn sogar als Schwager lieb gewonnen. Und sie wissen, dass ich bei ihm in guten Händen bin. Vielleicht hat das vieles einfacher gemacht. Vielleicht fällt es ihnen auf diese Weise leichter, mir die Freiheit zu geben, die sie mir früher nie zugestanden haben.

Meine Mutter ist nach dem Tod meines Vaters sehr religiös geworden. Vor einigen Monaten hat sie eine Pilgerreise nach Mekka unternommen. Als sie wiederkam, hat sie sich vor mir niedergekniet und mich weinend darum gebeten, dass ich ihr verzeihe. Dass ich ihr alles verzeihe, was sie mir angetan hat. Ich habe ihr gesagt, dass ich das nicht kann. Aber dass ich mit ihr jetzt gemeinsam nach vorne schauen möchte. Seitdem ist unser Verhältnis sehr innig geworden. Sie ruft mich jeden Tag an. Egal, was sie hat, egal, was ihr durch den Kopf geht, als Erstes spricht sie mit mir und Mahmoud darüber. Mahmoud ist für sie zu einem Sohn geworden. Sie kann gar nicht mehr ohne ihn leben.

Ich habe jetzt einen tollen Job. Ich arbeite für das Bundesamt für Migration und Flüchtlinge. Als Übersetzerin. Aber ich übersetze nicht bloß. Ich höre mir Geschichten an. Geschichten von Menschen, die aus einem anderen Land geflohen sind, um ihre Träume in Deutschland zu leben. Es sind schöne Geschichten. Es sind traurige Geschichten. Es sind bewegende Geschichten. Und teilweise sind es Geschichten, die so schrecklich sind, dass man sie kaum aushalten kann. Mich bewegen diese Schicksale vielleicht so sehr, weil ich selbst ein bewegtes Schicksal hatte.

Ich versuche, den Flüchtlingen, mit denen ich in Kontakt stehe, nicht bloß bei den Übersetzungen zu helfen. Ich versuche, mit ihnen zu reden und ihnen ein realistisches Bild von ihrer Lage zu vermitteln. Anteil zu nehmen. Und zu helfen, wo ich helfen kann. Was hätten wir damals dafür gegeben, wenn uns jemand geholfen hätte, als wir nach Deutschland kamen? Vielleicht wären viele Dinge anders geworden.

Es ist mühsam zu spekulieren. Es ist mühsam zu fragen, wer Schuld an den Dingen hat, die passiert sind. Wäre alles anders gekommen, wenn meine Eltern früher die Chance bekommen hätten, sich in diesem Land richtig zu integrieren? Wie würde unser Leben aussehen, wenn wir im Libanon aufgewachsen wären? Was wäre aus mir geworden, wenn ich damals Mertem geheiratet hätte? Ich weiß das alles nicht. Und es ist mir auch egal, denn es ist die Summe aller Erfahrungen, die mich zu dem Menschen gemacht haben, der ich heute bin. Ein Mensch mit einer Vergangenheit, die mich prägt. Aber ein Mensch, der das Leben führt, von dem er immer geträumt hat.

Danksagung

Ich sehe die Welt heute mit anderen Augen. Wenn ich Menschen höre, die sagen, dass sie in einer Situation sind, in der es nicht mehr schlimmer werden kann, dann kann ich ihnen nur widersprechen. Ich weiß, dass es immer noch eine Stufe schlimmer werden kann. Auch wenn man schon ganz unten ist. Auch wenn man denkt, man hätte den Abgrund schon erreicht. Aber ich weiß auch, dass man jede Situation überstehen kann. Dass man an dem Leid, das einem wiederfährt, wachsen kann. Größer werden kann. Stärker werden kann. Und dass es vielleicht dieses Leid ist, das uns zu dem macht, was wir sind. Ich sehe die Welt heute mit anderen Augen. Und ich weiß, dass ich das nicht geschafft hätte, wenn ich nicht Menschen gehabt hätte, die für mich da waren. Menschen, die lieb, ehrlich, treu, hilfsbereit und vor allem geduldig sind. In den schwersten Stunden meines Lebens waren diese Menschen bei mir. Und bei ihnen möchte ich mich bedanken.

Baba: Mögest du in Frieden ruhen. Ich liebe dich und du wirst immer in meinem Herzen weiterleben. Ich werde diesen Moment niemals vergessen, als du mich endlich vor allen verteidigt und in Schutz genommen hast. Der Moment, in dem du mir die Hand gereicht hast. Ich wünschte, ich könnte dir noch einmal sagen, wie viel mir das bedeutet hat. Ich hoffe, du bist nun an einem besseren Ort.

Leyla: Du bist nie von meiner Seite gewichen. Du warst die Person, auf die ich immer zählen konnte, die von Anfang an zu mir stand, obwohl du dadurch selbst mit Problemen kämpfen musstest. Ich schätze sehr, was du für mich getan hast. Und was du noch heute für mich tust. Ich liebe dich, mein Schatz. Danke für alles.

Meine Freunde: Ohne euch, wäre ich nicht der Mensch, der ich bin, denn ohne euch wäre ich niemals in der Lage gewesen, das alles zu überstehen. Ihr wisst, wer ihr seid, und ich weiß, was ich an euch habe. Danke.

Kriminalpolizei Berlin: Danke, dass ihr für mich da wart, als ich euch gebraucht habe. Ihr habt mir mein Leben in der größten Not gerettet. Und ihr seid mir ans Herz gewachsen.

Dennis: Von dem Moment an, als wir das erste Mal miteinander sprachen, war ich froh, dass du derjenige sein würdest, der mir helfen wird, meine Geschichte zu Papier zu bringen. Du hast dir viel Zeit für mich genommen und mir geholfen, das Buch so zu schreiben, wie ich es haben wollte. Du hast es geschafft, dass ich ein Buch veröffentlichen konnte, dass ich selbst gern lese. Obwohl ich eigentlich niemals gern gelesen habe.

Daniela Riepe: Danke, dass Sie mir die Gelegenheit gegeben haben, meine Geschichte aufzuschreiben und somit auch zu verarbeiten. Sie haben mir mehr geholfen, als Sie sich vorstellen können.

Mahmoud: Der größte Dank gilt dir, mein Engel. Und wieder fehlen mir einfach die Worte für das, was du mir bedeutest. Egal, was ich sage, denke oder schreibe: Es wird niemals ausreichen.

Was du wegen mir alles durchmachen musstest und was du für mich alles durchgemacht hast, ist kaum vorstellbar. Ohne dich hätte ich nicht überlebt und noch heute hilfst du mir, meine Vergangenheit zu verarbeiten. Ich weiß, dass ich es dir nicht immer einfach mache. Aber ich liebe dich mehr, als ich jemals einen Menschen geliebt habe. Du bist mein ganzes Leben. Meine Familie. Mein Schutz. Ich will mit dir alt werden, mein Engel. Danke!